スッキリわかる

滝澤ななみ

日商簿記 **1**級

商業簿記・会計学

II 資産・負債・純資産編

❦はしがき

大切なのは基本をしっかり理解すること

　日商簿記1級の平均合格率は10%弱で、資格試験の中でも難易度の高い試験です。しかし、難易度が高いからといって、難問が解けないと合格できない、というわけではありません。難問（ほとんどの受験生が見たこともないような問題）が出題されることもありますが、その問題が解けなくても、ほかの問題（基本的な問題）がしっかり解ければ合格点をとることができます。

　そこで、本書は**合格に必要な知識を基礎からしっかり身につける**ことを目標とし、合格に必要なポイントを丁寧に説明することにしました。

特徴1　「読みやすいテキスト」にこだわりました

　また、1級の出題範囲はとても広いので、効率的に学習する必要があります。そこで、1級初学者の方が内容をきちんと理解し、最後までスラスラ読めるよう、**やさしい、一般的なことば**を用いて専門用語等の解説をしています。

　さらに、取引の場面を具体的にイメージできるように、2級でおなじみのゴエモン（キャラクター）を登場させ、みなさんがゴエモンといっしょに**取引ごとに会計処理を学んでいく**というスタイルにしています。

特徴2　テキスト&問題集

　簿記はテキストを読んだだけでは知識が身につきません。テキストを読んだあと、問題を解くことによって、知識が定着するのです。

　そこで、テキストを読んだあとに必ず問題を解いていただけるよう、本書はテキストと問題集（問題編）を一体型にしました（他書は通常、テキストと問題集が分かれています）。

　簿記の知識はビジネスのあらゆる場面で活かすことができます。

　本書を活用し、簿記検定に合格され、みなさんがビジネスにおいてご活躍されることを心よりお祈りいたします。

第9版から第10版への主な改訂点

　第10版は、第9版につき収益認識基準の適用により影響を受ける内容の改訂を行っています（具体的には、受注制作のソフトウェアにつき、コメントを付すとともに、製品の保証に関する取扱いにつき、参考を追加しました）。

簿記の学習方法と合格までのプロセス

1. テキストを読む

テキスト

まずは、**テキストを読みます。**

テキストは自宅でも電車内でも、どこでも手軽に読んでいただけるように作成していますが、机に向かって学習する際には鉛筆と紙を用意し、取引例や新しい用語がでてきたら、**実際に紙に書いてみましょう。**

また、本書はみなさんが考えながら読み進めることができるように構成していますので、ぜひ**答えを考えながら読んでみてください。**

2. テキストを読んだら問題を解く！

問題編

簿記は**問題を解くことによって、知識が定着**します。本書はテキスト内に、対応する問題番号を付していますので、それにしたがって問題を解きましょう。

また、まちがえた問題には付箋などを貼っておき、あとでもう一度、解きなおすようにしてください。

3. もう一度、すべての問題を解く！

問題編

上記1、2を繰り返し、テキストが全部終わったら、**テキストを見ないで**問題編の**問題をもう一度最初から全部解いてみましょう。**

こうすることで、知識を完全に身につけることができます。

そのあと、次のテキストに進みます。

4. そして過去問題集を解く！

過去問題集

すべてのテキストの学習が終わったら、本試験の出題形式に慣れ、時間内に効率的に合格点をとるために**過去問題集（別売）***を解くことをおすすめします。

＊TAC出版刊行の過去問題集…「合格するための過去問題集 日商簿記1級」

商業簿記・会計学で学習する主な内容

テキストⅠ　損益会計編

損益計算書の基礎				
一般商品売買	原価率と利益率	期末商品の評価	総記法	
収益認識基準	収益認識の手順	売上割戻	返品権付きの販売	契約における重要な金融要素
	代理人の取引	消費税の処理	発行商品券	
その他の商品売買形態	委託販売	試用販売	割賦販売	予約販売
	未着品販売	受託販売		
建設業会計				

テキストⅡ　資産・負債・純資産編

本書

資産	現金預金	金銭債権	貸倒引当金	手形
	有価証券	有形固定資産	資産除去債務	リース取引
	減損会計	無形固定資産	繰延資産	ソフトウェア
負債	引当金	退職給付引当金	社債	
純資産	株式の発行	株主資本の計数変動	自己株式	分配可能額の計算
	新株予約権	新株予約権付社債		

テキストⅢ　その他の個別論点・本支店・C/F編

デリバティブ取引	先物取引	金利スワップ取引	ヘッジ会計
外貨換算会計	外貨建取引と換算	外貨建有価証券の換算	為替予約
税 効 果 会 計	税効果会計(個別)		
本 支 店 会 計	本支店会計	在外支店の財務諸表項目の換算	
キャッシュ・フロー計算書	キャッシュ・フロー計算書(個別)		

テキストⅣ　企業結合・連結会計編

企 業 結 合	合併	株式交換	株式移転	事業分離
連 結 会 計	連結会計	持分法	税効果会計(連結)	
	連結キャッシュ・フロー計算書		在外子会社の財務諸表項目の換算	

●日商簿記1級の出題傾向と対策（商業簿記・会計学）

1．配点と合格点

　日商簿記1級の試験科目は、商業簿記、会計学、工業簿記、原価計算の4科目で、各科目の配点は25点です。また、試験時間は商業簿記・会計学であわせて90分、工業簿記・原価計算であわせて90分です。

商業簿記	会計学	工業簿記	原価計算	合計
25点	25点	25点	25点	100点

試験時間90分　　　　試験時間90分

　合格基準は100点満点中70点以上ですが、10点未満の科目が1科目でもある場合は不合格となりますので、苦手科目をなくしておくことが重要です。

2．出題傾向と対策（商業簿記・会計学）

　1級商業簿記・会計学の出題傾向と対策は次のとおりです。

出題傾向 / 対 策

商業簿記

　商業簿記は、①損益計算書の作成、②貸借対照表の作成、③本支店合併財務諸表の作成、④連結財務諸表の作成など、通常、総合問題の形式（1問形式）で出題されます。

　総合問題は個別論点の積み重ねです。したがって、まずはテキストⅠ～Ⅳまでの内容を論点ごとにしっかり学習しましょう。
　そして、ひととおりの学習が終わったら、過去問題集などで出題パターンごとに問題を解いておきましょう。

会計学

　会計学は、2問から4問の小問形式で出題され、通常、このうち1問が理論問題（正誤問題や穴埋問題）、残りが計算問題です。

　理論問題は計算問題と関連させて学習すると効率的に学習できます。したがって、商業簿記と会計学を分けずに、一緒に学習し、まずは計算をマスターしましょう（このテキストでは、理論で問われる可能性のある箇所にマークを付けています）。

※日商簿記1級の試験日は6月（第2日曜）と11月（第3日曜）です。試験の詳細については、検定試験ホームページ（https://www.kentei.ne.jp/）でご確認ください。

●CONTENTS

第1章

貸借対照表の基礎

2級でも学習したけれど、貸借対照表ってどういうものだったかな?

ここでは、貸借対照表の基礎(総論)についてみておきましょう。

CASE 1 貸借対照表のつくり

貸借対照表のつくり

貸借対照表をみてみよう！

このテキストでは資産・負債・純資産について学習します。
そこで、まずは貸借対照表について復習しておきましょう。

決算日のことを「期末」や「貸借対照表日」ともいいます。

🔵 貸借対照表

貸借対照表は、決算日における企業の資産・負債・純資産を記載した書類で、企業の財政状態（資産や負債がいくらあるのか）を表します。

🔵 貸借対照表のつくり

貸借対照表は大きく**資産の部**、**負債の部**、**純資産の部**の3つの区分に分かれます。

貸 借 対 照 表

ゴエモン㈱　　　　　　　　　×2年3月31日　　　　　　　　　（単位：円）

Ａ 資 産 の 部			Ｂ 負 債 の 部		
I 流 動 資 産 ⓐ			**I 流 動 負 債 ⓓ**		
現 金 預 金		1,130	支 払 手 形		600
受 取 手 形	800		買 掛 金		400
売 掛 金	1,200		流 動 負 債 合 計		1,000
貸 倒 引 当 金	40	1,960	**II 固 定 負 債 ⓔ**		
商 品		420	社 債		800
有 価 証 券		800	長 期 借 入 金		500
流 動 資 産 合 計		4,310	固 定 負 債 合 計		1,300
II 固 定 資 産 ⓑ			負 債 合 計		2,300
1．有形固定資産			Ｃ 純 資 産 の 部		
建 物	2,000		**I 株 主 資 本 ⓕ**		
減価償却累計額	1,200	800	1．資 本 金		3,000
備 品	1,000		2．資 本 剰 余 金		
減価償却累計額	600	400	⑴ 資 本 準 備 金		250
有形固定資産合計		1,200	⑵ その他資本剰余金		200
2．無形固定資産			資本剰余金合計		450
の れ ん		300	3．利 益 剰 余 金		
無形固定資産合計		300	⑴ 利 益 準 備 金		300
3．投資その他の資産			⑵ その他利益剰余金		
投 資 有 価 証 券		550	別 途 積 立 金	100	
投資その他の資産合計		550	繰越利益剰余金	380	480
固 定 資 産 合 計		2,050	利益剰余金合計		780
III 繰 延 資 産 ⓒ			4．自 己 株 式		△200
株 式 交 付 費		120	株 主 資 本 合 計		4,030
繰 延 資 産 合 計		120	**II 評価・換算差額等 ⓖ**		
			1．その他有価証券評価差額金		50
			評価・換算差額等合計		50
			III 新 株 予 約 権 ⓗ		100
			純 資 産 合 計		4,180
資 産 合 計		6,480	負債・純資産合計		6,480

純資産の部については、「第15章 純資産(資本) ①」で詳しく確認していきます。ここでは簡単にみておく程度でOK!

A 資産の部

資産の部はさらに ⓐ**流動資産**、ⓑ**固定資産**、ⓒ**繰延資産**の３つに分かれます。

また、固定資産はさらに①**有形固定資産**、②**無形固定資産**、③**投資その他の資産**に分かれます。

固定資産の区分

①有形固定資産

　…企業が長期的に利用する、形のある資産
　　（土地、建物、備品など）

②無形固定資産

　…企業が長期的に利用する、形のない資産
　　（のれんなど）

③投資その他の資産

　…投資や、①、②に該当しない長期的な資産
　　（投資有価証券、長期貸付金など）

B 負債の部

負債の部はさらに ⓓ**流動負債**と ⓔ**固定負債**に分かれます。

C 純資産の部

純資産の部はさらに ⓕ**株主資本**、ⓖ**評価・換算差額等**、ⓗ**新株予約権**に分かれます。

● 流動・固定の分類

資産と負債を流動・固定に分類する基準には、**正常営業循環基準**と**一年基準**があります。

通常の商品売買では、商品を掛けで仕入れ、その商品を掛けで販売し、月末に掛代金（買掛金）を支払ったり、掛代金（売掛金）を受け取ったりします。

このような一連の商品売買活動のサイクル（営業サイクル）内にあるものを**流動項目**に分類する基準を**正常営業循環基準**といいます。

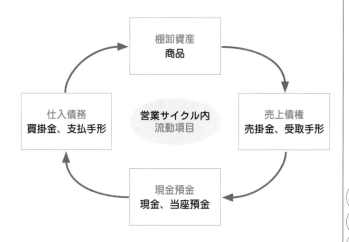

一方、**一年基準**とは、短期的（決算日の翌日から1年以内）に回収または決済（現金化）するものかどうかによって、資産と負債を流動項目と固定項目に分類する基準をいいます。

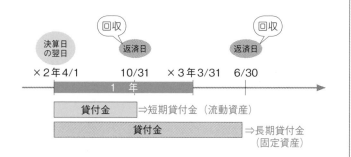

この2つの基準のうち、現行制度では、まず**正常営業循環基準**によって営業サイクル内にある資産・負債を流動資産・流動負債とし、営業サイクル外にある資産・負債については、さらに**一年基準**によって流動項目と固定項目に分けています。

なお、経過勘定（前払費用や未収収益など）については、**前払費用は一年基準の適用を受けます**が、それ以外のもの（**未払費用、未収収益、前受収益**）はつねに流動項目に分類されます。

たとえば、社債は営業サイクル外の負債で、さらに長期的に発行しているものなので、通常は固定負債に表示しますが、決算日の翌日から1年以内に満期日が到来するものについては、「一年以内償還社債」として流動負債に表示します。

「正常営業循環基準」と「一年基準」は、会計学の穴埋問題等で出題される可能性があります。内容をしっかり理解し、漢字で書けるようにしておきましょう。

● 貸借対照表の配列

　貸借対照表の勘定科目は、通常は現金化しやすいものから順に並べます。これを**流動性配列法**といいます。

　しかし、固定資産を多く所有している企業では、現金化しにくいものから順に並べるという**固定性配列法**によって表示することができます。

これまでみてきた貸借対照表は、「現金預金」から始まっていましたよね？

┌─────────────────────────────┐
│ **貸借対照表の配列** │
│ ●原則…流動性配列法 │
│ ●例外…固定性配列法 │
└─────────────────────────────┘

第2章

現金預金

- - - - -

現金や当座預金は流動資産だけど、
3年満期の定期預金も流動資産でいいのかなぁ?
また、決算日に当座預金勘定の残高と
銀行残高証明書の残高に不一致が生じていた場合、
どんな処理をするんだっけ?

ここでは、現金の範囲や預金の分類、
当座預金の調整についてみておきましょう。
この章はほとんど2級の復習です。

現金の範囲

これらは現金で処理！

他人振出
小切手

紙幣や硬貨、他人振出小切手などは現金で処理することは2級で学習したけど、現金で処理するものってほかにどんなものがあったかな？
ここでは現金の範囲についてみておきましょう。

● 現金の範囲

　簿記上、現金として処理するものには、**通貨**（硬貨・紙幣）と**通貨代用証券**（他人振出小切手や配当金領収証など）があります。

これは2級で学習
済みですね。

現金の範囲

①通貨…硬貨・紙幣
②通貨代用証券
　・他人振出小切手
　・送金小切手
　・配当金領収証
　・期限到来後の公社債利札　など

● 現金とまちがえやすいもの

　現金とまちがえやすいものには、**自己振出小切手**、**先日付小切手**<ruby>先<rt>さき</rt></ruby><ruby>日<rt>ひ</rt></ruby><ruby>付<rt>づけ</rt></ruby><ruby>切<rt>ぎって</rt></ruby>などがあります。

他人振出小切手
…現金
自己振出小切手
…当座預金
これも2級で学習
済みですね。

(1) 自己振出小切手

　小切手を振り出したときは、当座預金の減少として処理しま

す。したがって、自社が振り出した小切手を回収したときは、**当座預金の増加**として処理します。

(2)　先日付小切手

　小切手を振り出すとき、通常は実際の振出日が小切手に記載されますが、実際の振出日よりも先の日付が小切手に記載されることもあります。

　この場合、記載されている振出日までは、銀行に小切手を持ち込んでも現金を受け取ることができません。つまり、このような小切手は手形と同様の性質を有するため、所有する先日付小切手は**受取手形**として処理します。

「受取手形」で処理

小切手
振出日：4月1日

たとえば、実際の振出日が３月10日であるにもかかわらず、小切手には４月１日と記載されている場合です。

その他、現金とまちがえやすいもの

　自己振出小切手、先日付小切手以外で現金とまちがえやすいものには、収入印紙やはがき・切手、借用証書などがあります。

> 収入印紙…使用分は**租税公課（販売費及び一般管理費）**、
> 　　　　　　未使用分は**貯蔵品（資産）**で処理
> はがき・切手…使用分は**通信費（販売費及び一般管理費）**、未
> 　　　　　　使用分は**貯蔵品（資産）**で処理
> 借用証書…**貸付金（資産）**で処理

手許にある借用証書は、他人にお金を貸したときにその人から受け取ったものなので、貸付金で処理します。

預金の分類

どちらも流動資産？

定期預金
満期日：
×2年10月31日

定期預金
満期日：
×3年6月30日

預金には、普通預金、当座預金、定期預金などがあるけど、全部流動資産というわけではないみたい…。ここでは、預金の分類と表示についてみておきましょう。

預金の分類と表示

普通預金や当座預金のように、満期の定めがなく、いつでも銀行で引き出すことができる預金は、すべて**流動資産**に分類されます。

一方、定期預金のように満期の定めがある預金については、決算日の翌日から**1年以内に満期日が到来するかどうか（一年基準）**によって、流動資産と固定資産に分類されます。

すぐに（簡単に）引き出せない預金は、固定資産に分類されます。

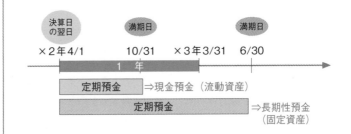

貸 借 対 照 表

Ⅰ 流 動 資 産
現 金 預 金 ×× ◀ー 現金、当座預金、決算日の翌日 から1年以内に満期日が到来す る定期預金

Ⅱ 固 定 資 産
長 期 性 預 金 ×× ◀ー 決算日の翌日から1年を超えて 満期日が到来する定期預金

● 当座借越の表示

　銀行と当座借越契約を結んでおくと、当座預金残高を超えても、借入限度額までならば小切手を振り出すことができます。

　当座預金残高を超えて小切手を振り出した場合、**当座預金の貸方**で処理します。なお、期末に当座預金が貸方残高の場合（当座預金残高を超えていた場合）には、貸借対照表上は**短期借入金（負債）**として表示することに注意しましょう。

当座借越は銀行に対して短期的に借入れをしているのと同じなので、短期借入金（負債）として表示するのです。

貸 借 対 照 表

当座借越は短期借入金 として表示します。 ー▶ Ⅰ 流 動 負 債
短 期 借 入 金 ××

⊖ 問題編 ⊖
問題 1

当座預金の修正と銀行勘定調整表

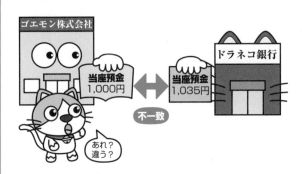

今日は決算日。銀行から受け取った当座預金残高証明書の残高と当社の当座預金勘定の残高が一致していないけど、どうしよう？
ここでは、当座預金の修正と銀行勘定調整表についてみておきましょう。

取引 決算日における当社の当座預金勘定の残高は1,000円、銀行残高証明書の残高は1,035円であった。不一致の原因を調査したところ、次の事実が判明した。必要な修正仕訳をしなさい。

①決算日に現金70円を夜間金庫に預け入れたが、銀行では翌日入金として処理していた。

②得意先から受け取った小切手20円を当座預金口座に預け入れ、その取立てを銀行に依頼したが、銀行がいまだ取り立てていなかった。

③仕入先に対する買掛金30円の支払いのために小切手を振り出したが、いまだ銀行に呈示されていなかった。

④売掛金の回収として40円が当座預金口座に振り込まれたが、当社に連絡が未達であった。

⑤売掛金の当座回収額50円を55円として当社が処理していることが判明した。

⑥仕入先に対する買掛金60円の支払いのために振り出した小切手が未渡しであった。

当座預金の修正

　本来、企業の当座預金勘定の残高は、銀行の当座預金の残高と一致するはずですが、連絡未達や小切手の未呈示などを原因に不一致が生じることがあります。

　このような場合、企業は不一致の原因を調査し、必要な修正仕訳を行います。

　修正仕訳が不要な項目および必要な項目を示すと次のとおりです。

とても
重要

修正仕訳が不要なもの、必要なもの	
修正仕訳が不要	①時間外預入 …銀行の営業時間外の入金
	②未取立小切手 …他人振出小切手について銀行に取立てを依頼したにもかかわらず、銀行がまだ取り立てていないもの
	③未取付小切手 …取引先に振り出した小切手のうち、取引先がまだ銀行に持ち込んでいないもの
修正仕訳が必要	④連絡未通知 …当座振込や当座引落しがあったにもかかわらず、企業にその連絡がないこと
	⑤誤記入 …企業が誤った処理をしていること
	⑥未渡小切手 …取引先に渡すつもりですでに小切手を作成し、当座預金の減少として処理しているにもかかわらず、取引先にまだ渡していないもの

2級の復習です。
覚えていますか？

以上より、CASE 4で必要な修正仕訳は次のとおりです。

CASE 4の修正仕訳

④　**連絡未通知**

（当 座 預 金）　　40　（売 　掛 　金）　　40

⑤　**誤記入**

（売 　掛 　金）　　 5　（当 座 預 金）　　 5

⑥　**未渡小切手**

（当 座 預 金）　　60　（買 　掛 　金）　　60

> 広告費などの費用の支払いのために振り出した小切手
> が未渡しの場合は、未払金（負債）で処理します。

問題編
問題2

銀行勘定調整表

　企業の当座預金勘定の残高と銀行の当座預金の残高との不一致
を調整するために作成する表を**銀行勘定調整表**といい、銀行勘定
調整表の作成方法には、**両者区分調整法、企業残高基準法、銀行
残高基準法**があります。

(1)　両者区分調整法

　両者区分調整法は、企業の当座預金残高と銀行の残高証明書残
高を基準として、これに不一致原因を加減し、正しい当座預金残
高を求める方法です。

(2)　企業残高基準法

　企業残高基準法は、企業の当座預金残高を基準として、これを
調整することにより銀行の残高証明書残高に一致させる方法で
す。

(3)　銀行残高基準法

　銀行残高基準法は、銀行の残高証明書残高を基準として、これ
を調整することにより企業の当座預金残高に一致させる方法で
す。

CASE 4　銀行勘定調整表

CASE4について、それぞれの方法によって銀行勘定調整表を作成するとこのようになります。

(1)　両者区分調整法

銀行勘定調整表（両者区分調整法）
×年×月×日

当社の帳簿残高		1,000	銀行残高証明書残高		1,035
（加算）			（加算）		
④売掛金回収未達	40		①時間外預入	70	
⑥未渡小切手	60	⊕100	②未取立小切手	20	⊕ 90
（減算）			（減算）		
⑤売掛金誤記入		⊖ 5	③未取付小切手		⊖ 30
		1,095	←──一致──→		1,095

(2)　企業残高基準法

銀行勘定調整表（企業残高基準法）
×年×月×日

当社の帳簿残高		1,000
（加算）		
④売掛金回収未達	40	
⑥未 渡 小 切 手	60	
③未 取 付 小 切 手	30	⊕ 130
（減算）		
⑤売 掛 金 誤 記 入	5	
①時 間 外 預 入	70	
②未 取 立 小 切 手	20	⊖ 95
銀行残高証明書残高		1,035

企業残高を基準にして加減

(3)　銀行残高基準法

銀行勘定調整表（銀行残高基準法）
×年×月×日

銀行残高証明書残高		1,035
（加算）		
①時 間 外 預 入	70	
②未 取 立 小 切 手	20	
⑤売 掛 金 誤 記 入	5	⊕ 95
（減算）		
③未 取 付 小 切 手	30	
④売 掛 金 回 収 未 達	40	
⑥未 渡 小 切 手	60	⊖ 130
当社の帳簿残高		1,000

銀行残高を基準にして加減

現金の範囲

①通貨…硬貨・紙幣
②通貨代用証券…他人振出小切手、送金小切手、配当金領収証、期限到来後の
　　　　　　　　公社債利札　など

預金の分類

貸 借 対 照 表

Ⅰ　流 動 資 産	
現 金 預 金　　××	← 現金、当座預金、決算日の翌日から1年以内に満期日が到来する定期預金
Ⅱ　固 定 資 産	
長 期 性 預 金　　××	← 決算日の翌日から1年を超えて満期日が到来する定期預金

当座預金の修正（修正仕訳が不要なもの、必要なもの）

修正仕訳が不要	①時 間 外 預 入	…銀行の営業時間外の入金
	②未取立小切手	…他人振出小切手について銀行に取立てを依頼したにもかかわらず、銀行がまだ取り立てていないもの
	③未取付小切手	…取引先に振り出した小切手のうち、取引先がまだ銀行に持ち込んでいないもの
修正仕訳が必要	④連 絡 未 通 知	…当座振込や当座引落しがあったにもかかわらず、企業にその連絡がないこと
	⑤誤 記 入	…誤った処理をしていること
	⑥未 渡 小 切 手	…取引先に渡すつもりですでに小切手を作成し、当座預金の減少として処理しているにもかかわらず、取引先にまだ渡していないもの

第3章

金銭債権と貸倒引当金

決算において、売掛金や受取手形には貸倒引当金を設定する…。
2級では、売掛金や受取手形の期末残高に貸倒設定率を掛けて
貸倒引当金を計算したけど、
1級では、売掛金や受取手形の回収可能性によって
算定方法が違うんだって!

ここでは、金銭債権と貸倒引当金について学習します。

金銭債権と営業債権

へ〜
全部同じじゃないんだ…。

金銭債権

営業債権	営業外債権
売掛金	貸付金
受取手形	

今日は決算日。ゴエモン㈱では売掛金や受取手形に貸倒引当金を設定しようとしていますが、債権の種類によって貸倒引当金繰入の表示区分が異なるようです。
ここでは、金銭債権の種類と評価についてみてみましょう。

金銭債権の種類

たとえば、売掛金はあとで商品代金を受け取ることができる権利です。このように将来、他人から一定の金額を受け取ることができる権利を**金銭債権**といいます。

また金銭債権には、売掛金や受取手形のように営業活動（商品売買活動）から生じた債権と、貸付金のように営業活動以外の活動（財務活動）から生じた債権があり、営業債権のうち売掛金や受取手形は特に**売上債権**といいます。

金銭債権の種類			
金銭債権	営業債権	売上債権	売掛金、受取手形など
		その他	営業上、継続的に発生する、取引先に対する立替金など
	営業外債権		営業債権以外の**貸付金**や未収入金など

● 貸倒引当金繰入の表示区分

　貸倒引当金は、営業債権に設定する場合と金銭債権に設定する場合があります。

　試験では、貸倒引当金を設定すべき金銭債権として、受取手形、売掛金、貸付金があります。

　ここで、問題文に「営業債権に対して貸倒引当金を設定する」とあったら、受取手形と売掛金の期末残高に貸倒引当金を設定しますが、「金銭債権に対して貸倒引当金を設定する」とあったら、受取手形、売掛金、貸付金の期末残高に対して貸倒引当金を設定することになります。

　また、損益計算書上、営業債権（受取手形、売掛金）に対する貸倒引当金繰入は**販売費及び一般管理費**に表示しますが、営業外債権（貸付金）に対する貸倒引当金繰入は**営業外費用**に表示します。

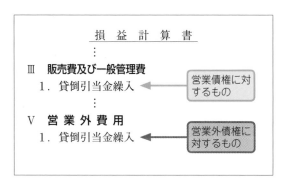

● 金銭債権の評価

　金銭債権は、原則として、金銭債権の取得原価から貸倒引当金を控除した金額を貸借対照表価額とします。

　ただし、債権を債権金額よりも低い価額（または高い価額）で取得した場合で、**取得価額と債権金額の差額が金利調整差額と認められるとき**は、**償却原価法**によって算定した価額から貸倒引当金を控除した価額を貸借対照表価額とします。

債権金額≠取得価額で差額が金利調整差額と認められない場合は、①の原則的評価になります。

金銭債権の評価

①債権金額＝取得価額の場合（原則）

貸借対照表価額＝取得価額－貸倒引当金

②債権金額≠取得価額　かつ
　差額が金利調整差額と認められる場合

貸借対照表価額＝償却原価－貸倒引当金

定額法は2級で学習した方法です。

ここでは、「原則は利息法」ということだけおさえておきましょう。

　なお、償却原価法とは、債権金額と取得価額との差額（金利調整差額）を満期日までの間、毎期一定の方法によって債権の貸借対照表価額に加減する方法をいいます。

　また、償却原価法には**利息法**と**定額法**の2つの方法があり、**原則として利息法**によって計算するものとしますが、継続的に適用することを条件に、定額法によって計算することもできます。

　償却原価法の処理について、詳しくは「第5章　有価証券」で説明します。

CASE 6 貸倒引当金

貸倒引当金を設定する際の債権の区分

これは回収可能性が高いから…。

A社受取手形

金銭債権の種類もわかったので、さっそく貸倒引当金を設定しよう！…と思ったのですが、「債権の回収可能性」によって、貸倒見積高の計算が異なるとのこと。ここでは、貸倒引当金を設定する際の債権の区分についてみてみましょう。

● 貸倒引当金を設定する際の債権の区分

貸倒引当金は期末に残っている売掛金や受取手形が、次期以降にどれだけ回収不能になる可能性があるかを見積って設定するものです。

そこで、貸倒引当金を設定する際には、債権を回収可能性に応じて、**一般債権**、**貸倒懸念債権**、**破産更生債権等**に区分して、それぞれの算定方法で貸倒見積高を計算します。

> 経営状態が良好な取引先に対する売掛金や受取手形は回収できる可能性が高いですが、経営状態が良くない取引先に対する売掛金や受取手形は回収できる可能性が低いといえます。

債権の区分

区　　分	内　　容	回収可能性
一　般　債　権	経営状態に重大な問題が生じていない債務者に対する債権	
貸倒懸念債権	経営破綻の状態には至っていないが、経営状態が悪化しており、回収が懸念される債権	
破産更生債権等	経営破綻または実質的に経営破綻に陥っている債務者に対する債権	

貸倒引当金

一般債権の貸倒見積高の算定方法

まずはこれ！

まずは、一般債権について貸倒引当金を設定してみましょう。

例 売掛金の期末残高1,500円と受取手形の期末残高2,500円（いずれも一般債権）に対し、貸倒実績率法により、貸倒引当金を設定する（期末貸倒引当金残高40円）。なお、過去３年間における一般債権の期末残高と実際貸倒高は次のとおりであり、当期（第４期）の貸倒実績率は過去３年の平均とする。

	期末債権残高	実際貸倒高
第1期	2,000円	40円
第2期	3,000円	72円
第3期	1,800円	45円

●一般債権の貸倒見積高の算定方法

　一般債権は回収可能性が高いので、債権全体（一般債権に分類された売掛金や受取手形の期末残高合計）または同種・同類の債権ごと（一般債権に分類された売掛金の期末残高合計および一般債権に分類された受取手形の期末残高合計）に、過去の貸倒実績率等を掛けて貸倒見積高を計算します。

一般債権の貸倒見積高（貸倒実績率法）

> 貸倒見積高＝債権金額×貸倒実績率

なお、貸倒実績率は次の計算式によって算定します。

> $$貸倒実績率＝\frac{ある期間の実際貸倒高}{ある期間の期末債権残高}$$

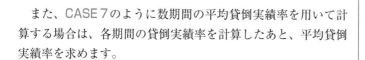

また、CASE 7のように数期間の平均貸倒実績率を用いて計算する場合は、各期間の貸倒実績率を計算したあと、平均貸倒実績率を求めます。

貸倒実績率

①第 1 期：$\dfrac{40円}{2,000円} = 0.02$

②第 2 期：$\dfrac{72円}{3,000円} = 0.024$

③第 3 期：$\dfrac{45円}{1,800円} = 0.025$

④平均貸倒実績率：$\dfrac{0.02 + 0.024 + 0.025}{3 年} = 0.023$

以上より、CASE 7の貸倒見積高と決算整理仕訳は次のようになります。

CASE 7の貸倒見積高と仕訳

貸倒見積高：$(1,500円 + 2,500円) \times 0.023 = 92円$

| （貸倒引当金繰入） | 52 | （貸 倒 引 当 金） | 52 |

92円－40円＝52円

⇔ 問題編 ⇔
問題3

前期損益修正にかかわる処理

　貸倒引当金は、決算時（前期末）において見積計上され、当期において実際に貸し倒れたときに実際の貸倒額にもとづいて取り崩されますが、前期末の見積額と実際の貸倒額に差額が生じる場合があります。

　この場合の処理は、差額の原因によって、次の2つに分けられます。

誤謬や会計上の見積りなどの意味はこのあとの参考で説明します。

発生原因	基本的な取扱い
計上時の見積誤り （誤謬の訂正）	修正再表示
当期中の状況の変化 （会計上の見積りの変更）	原則として営業損益または営業外損益

(1) 計上時の見積誤り（誤謬の訂正）

　前期末の決算において、貸倒引当金を設定するさいの見積りが誤っていたために、貸倒引当金の見積額と当期における実績額（実際の貸倒額）に差異が生じたという場合、前期の処理に誤謬（誤り）が生じていたことになります。

　このように前期の誤謬が判明した場合には、前期の損益計算書までさかのぼって数値を修正します。その結果、前期末の貸借対照表の金額が修正されることになります。これを**修正再表示**といいます。

　なお、試験で出題されるときには、当期の損益計算書と当期の貸借対照表の作成が求められると考えられるので、前期（以前）の損益勘定の修正は、当期首の貸借対照表における繰越利益剰余金の修正と考え、修正するさいの勘定科目は**繰越利益剰余金**を用いることが合理的と考えられます。

収益から費用を差し引いて当期純損益を計算し、当期純損益は最終的に貸借対照表の繰越利益剰余金に振り替えられます。したがって、前期（以前）の損益勘定の修正は、当期の財務諸表では繰越利益剰余金の修正となるのです。

> **例1** 当期において、前期に発生した売掛金100円が貸し倒れた。なお、貸倒引当金の残高は80円であり、貸倒引当金の見積額と実績額との差額は、前期末における貸倒引当金の計上時の見積誤り（誤謬）を原因とするものである。

| （貸倒引当金） | 80 | （売　　掛　　金） | 100 |
| （繰越利益剰余金） | 20 | | |

前期の損益項目（貸倒引当金繰入）の修正は、当期の財務諸表においては、繰越利益剰余金の修正となります。

(2)　当期中の状況の変化（会計上の見積りの変更）

　前期に比べて、当期の景気が上昇または下落したことによって貸倒引当金の見積額と当期における実績額（実際の貸倒額）に差異が生じたという場合や、過年度に貸倒処理した債権のうち、当期になってその一部が回収できたという場合は、当期中の状況の変化として、以下の処理を行います。

①　貸倒引当金の設定不足の場合

　当期における実際の貸倒額が貸倒引当金の見積額を超えて発生した場合で、その差額が当期中の状況の変化を原因とするときには、その差額を**貸倒損失（費用）**として処理します。

　なお、損益計算書上、営業債権（売掛金や受取手形）に対する貸倒損失は**販売費及び一般管理費**に表示し、営業外債権（貸付金など）に対する貸倒損失は**営業外費用**に表示します。

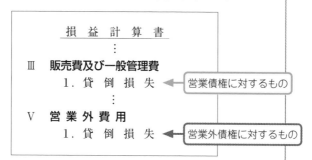

　損　益　計　算　書
　　　　　：
Ⅲ　**販売費及び一般管理費**
　　1．貸　倒　損　失　←─　営業債権に対するもの
　　　　　：
Ⅴ　**営　業　外　費　用**
　　1．貸　倒　損　失　←─　営業外債権に対するもの

例2　当期において、前期に発生した売掛金100円が貸し倒れた。なお、貸倒引当金の残高は80円であり、貸倒引当金の見積額と実績額との差額は、当期中の状況の変化を原因とするものである。

| （貸倒引当金） | 80 | （売　掛　金） | 100 |
| （貸倒損失） | 20 | | |

損益計算書上、「販売費及び一
般管理費」に表示します。

> 例3　当期において、前期に発生した貸付金100円が貸し
> 倒れた。なお、貸倒引当金の残高は80円であり、貸
> 倒引当金の見積額と実績額との差額は、当期中の状
> 況の変化を原因とするものである。

| （貸 倒 引 当 金） | 80 | （貸　付　金） | 100 |
| （貸 倒 損 失） | 20 | | |

損益計算書上、「営業外費用」
に表示します。

ただし、貸倒引当
金の計上時に見積
りを誤ったことに
よって差額が発生
した場合には、そ
の処理は修正再表
示となります。

② 当期の見積額が貸倒引当金の残高よりも少ない場合

　当期の決算において見積った貸倒引当金が、期末貸倒引当金
の残高よりも少ない場合、その差額だけ**貸倒引当金を取り崩す**
とともに、相手科目は**貸倒引当金戻入**として処理します。

　なお、損益計算書上、貸倒引当金戻入は原則として、**営業
費用または営業外費用から控除する**か、**営業外収益に表示し**
ます。

基準（実務指針）
では、「原則とし
て、営業費用また
は営業外費用から
控除するか、営業
外収益として認識
する」と記述され
ています。しかし、
控除する場合の具
体的な規定（勘定
科目）がないた
め、営業外収益と
する場合が多いと
考えられます。
試験では問題文の
指示にしたがって
解答してくださ
い。

> 例4　当期の決算において、貸倒引当金80円を設定する。
> なお、貸倒引当金の期末残高は100円であり、この
> 過剰額は当期中の状況の変化による会計上の見積り
> の変更に該当する。

| （貸 倒 引 当 金） | 20 | （貸倒引当金戻入） | 20 |

③ 過年度に貸倒処理した債権を当期に回収した場合

　前期以前に貸倒処理した債権を当期に回収した場合には、原則として**償却債権取立益（収益）**として処理します。

　なお、損益計算書上、償却債権取立益は**営業外収益**に表示します。

> ただし、貸倒処理したときの判断を誤ったことによって償却債権取立益が発生した場合には、その処理は修正再表示となります。

例5 前期に貸倒処理した売掛金100円のうち60円を当期に現金で回収した。これは当期中の状況の変化による会計上の見積りの変更に該当する。

| （現　　　金） | 60 | （償却債権取立益） | 60 |

　損益計算書上、「営業外収益」に表示します。

⇔ 問題編 ⇔
問題4

会計上の変更および誤謬の取扱い

(1) 会計上の変更の取扱い

会計上の変更とは、会計方針の変更や表示方法の変更、会計上の見積りの変更のことをいいます。

会計上の変更	①	会計方針の変更
	②	表示方法の変更
	③	会計上の見積りの変更

① 会計方針の変更

会計方針とは、財務諸表の作成にあたって採用した会計処理の原則および手続きをいいます。

会計方針を変更した場合、原則として、**新たな会計方針を過去の期間に遡及して適用**します。

② 表示方法の変更

表示方法とは、財務諸表の作成にあたって採用した表示の方法をいい、**表示方法の変更**とは、従来採用していた表示方法から新たな表示方法に変更することです。

表示方法を変更した場合には、原則として過年度に開示した財務諸表の表示について、新たな表示方法によって**財務諸表の組替え**を行います。

③ 会計上の見積りの変更

会計上の見積りとは、財務諸表作成時に入手可能な情報にもとづいて、合理的な金額を算出することをいい、**会計上の見積りの変更**とは、新たに入手可能となった情報にもとづいて、過去に財務諸表を作成するさいに行った見積りを変更することをいいます。

会計上の見積りを変更した場合、その変更が当該期間のみに影響するときは、変更期間中に会計処理を行い、その変更が将来の期間にも影響するときは、変更した会計期間から将来にわたって変更後の見積りによって会計処理をします。

なお、①で説明したように、会計方針の変更は原則として遡及適用するのですが、**会計方針の変更と会計上の見積りの変更とを区別することが困難な場合に限っては、会計方針の変更を会計上の見積りの変更と同様に取り扱います。**

「遡及して適用」とは、過年度にさかのぼって、あたかもそのときから適用していたかのように処理をすることをいいます。

表示方法には、注記も含みます

たとえば、備品の耐用年数を当初は6年（入手可能な情報にもとづく合理的な見積り）と見積ったものの、数年後に当初は予測できない状況が生じたことによって、耐用年数を6年から4年に変更する場合などです。

当期首に変更した場合には、当期から変更後の見積りを用いて処理し、当期末に変更した場合には、次期から変更後の見積りを用いて処理します。

遡及適用しません

(2) 誤謬の取扱い

誤謬とは、意図的かどうかにかかわらず、財務諸表作成時に入手可能な情報を使用しなかったことによる（またはこの情報を誤って使用したことによる）誤りをいい、たとえば次のような誤りをいいます。

誤　謬	①　財務諸表の基礎となるデータの収集または処理上の誤り
	②　事実の見落としや誤解から生じる会計上の見積りの誤り
	③　会計方針の適用の誤りまたは表示方法の誤り

過去に作成した財務諸表に誤謬があった場合には、それを訂正し、財務諸表に反映させます。これを**修正再表示**といいます。

以上より、会計上の変更および過去の誤謬の訂正についてまとめると、次のとおりです。

区　　分		処　　理
会計上の変更	会計方針の変更	遡及適用する
	表示方法の変更	財務諸表の組替え （遡及適用する）
	会計上の見積りの変更	当期首に変更した場合は当期から、当期末に変更した場合は次期から変更後の見積りによって処理する （遡及適用しない）
過去の誤謬の訂正		修正再表示（遡及適用する）

8

貸倒懸念債権の貸倒見積高の算定方法①

これ、回収できるのかなぁ…。

ハナコ株式会社

貸付金 10,000円

ゴエモン㈱はハナコ㈱に10,000円を貸し付けていますが、ハナコ㈱の経営状況は悪化しています。そこで、ハナコ㈱に対する貸付金は貸倒懸念債権に区分することにしました。

例 次の資料にもとづき、財務内容評価法により貸倒引当金を設定しなさい。

［資　料］
1. ハナコ㈱に対する貸付金10,000円は、貸倒懸念債権として処理する。なお、ハナコ㈱から担保として土地（処分見込額8,000円）を受け入れている。
2. 貸倒設定率は40%とする。
3. 当該貸付金に対する貸倒引当金残高は200円である。

貸倒懸念債権の貸倒見積高の算定方法

　貸倒懸念債権は、対象となる債権ごとに回収可能性が異なるので、個々の債権ごとに貸倒見積高を計算します。
　貸倒懸念債権の貸倒見積高の算定方法には、(1)**財務内容評価法**と(2)**キャッシュ・フロー見積法**の2つがあります。

> キャッシュ・フロー見積法については CASE 9 で学習します。

財務内容評価法

　CASE 8のように、担保として土地等を受け入れている場合、まんいち、債務者（ハナコ㈱）から貸付金を回収できなくて

も、担保を処分すれば処分金額を回収することができます。

　したがって財務内容評価法では、債権金額から担保処分見込額を差し引いた残額に、債務者の財政状態に応じた貸倒設定率を掛けて貸倒見積高を計算します。

貸倒懸念債権の貸倒見積高①（財務内容評価法）

> 貸倒見積高＝（債権金額−担保処分見込額）×貸倒設定率

とても
重要

　以上より、CASE 8の貸倒見積高と決算整理仕訳は次のようになります。

CASE 8の貸倒見積高と仕訳

貸倒見積高：（10,000円 − 8,000円）× 40％ = 800円

（貸倒引当金繰入）　　600　　（貸 倒 引 当 金）　　600

800円 − 200円 = 600円

⇔ 問題編 ⇔
問題5

貸倒懸念債権の貸倒見積高の算定方法②

2つ目の方法ね！

つづいて、キャッシュ・フロー見積法についてみてみましょう。

例 次の資料にもとづき、キャッシュ・フロー見積法により貸倒引当金を設定しなさい（当期の決算日：×5年3月31日）。なお、計算の過程で生じる端数はそのつど四捨五入すること。

［資　料］

1. ハナコ㈱に対する貸付金10,000円（返済期日×7年3月31日、年利率3％、利払日は3月末日）は、貸倒懸念債権として処理する。
2. ×5年3月31日の利払日後にハナコ㈱より条件緩和の申し出を受け、ゴエモン㈱は年利率1％に引き下げることに合意した。
3. 当該貸付金に対する貸倒引当金残高は200円である。

キャッシュ・フロー見積法

10,000円×(1＋0.03)＝10,300円ですね（源泉所得税は無視しています）。

　たとえば、いま、現金10,000円を年利率3％の定期預金（1年定期）に預け入れたとした場合、1年後には利息300円（10,000円×3％）が加算された10,300円を受け取ることができます。

　つまり、現在の10,000円は1年後の10,300円と価値が等しいということになります。

　ということは、年利率3％のもとで1年後に10,000円を受け取るためには、いま、9,709円（$\frac{10,000円}{1+0.03}$）を預け入れればよ

いことになります。

　キャッシュ・フロー見積法は、このような時間の経過にともなう価値の変動を考慮し、債務者から将来受け取ることができる金額（キャッシュ・フロー）を現在の価値になおした金額（**割引現在価値**といいます）と債権金額との差額を回収不能額（貸倒見積高）とする方法です。

貸倒懸念債権の貸倒見積高②（キャッシュ・フロー見積法）

> 貸倒見積高＝債権金額－将来キャッシュ・フローの割引現在価値

とても
重要

　なお、割引現在価値を計算する際の利子率は、当初の約定利子率（条件緩和前の利子率）を用います。

　CASE 9 では、いまから 2 年後の×7年3月31日に、ハナコ㈱から貸付金10,000円を回収することができます。2 年後に回収する10,000円の割引現在価値は、10,000円を（ 1 ＋当初の約定利子率）$^{2(年)}$ で割って求めます。

元本返済額の割引現在価値：$\dfrac{10,000円}{(1+0.03)^2} \fallingdotseq 9,426円$

> ここで用いる利子率は当初の（約定）利子率です。

> ちなみに、貸付金の回収期日が3年後だった場合の割引現在価値は、$\dfrac{10,000円}{(1+0.03)^3}$ で計算します。

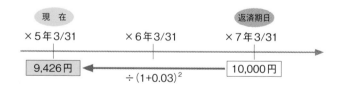

現　在		返済期日
×5年3/31	×6年3/31	×7年3/31

9,426円　←　÷(1+0.03)^2　←　10,000円

また、×6年3月31日と×7年3月31日には1年分の利息100円（10,000円×1％）を受け取ることができます。

これらの利息額の割引現在価値を計算すると次のようになります。

ゴエモン㈱は利息引下げの条件を受けているので、今後は1％の利息を受け取ることになります。

ここで用いる利子率は当初の（約定）利子率です。

1年後に受け取る利息の割引現在価値： $\dfrac{100円}{(1+0.03)} \fallingdotseq 97円$

2年後に受け取る利息の割引現在価値： $\dfrac{100円}{(1+0.03)^2} \fallingdotseq 94円$

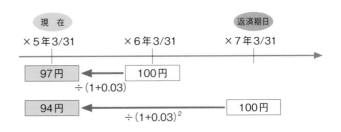

つまり、将来受け取るキャッシュ・フローの割引現在価値の合計は9,617円（9,426円＋97円＋94円）となります。

以上より、CASE 9の貸倒見積高と決算整理仕訳は次のようになります。

なお、キャッシュ・フロー見積法で、「貸倒引当金戻入」となる場合は、原則として「受取利息」で処理します（「貸倒引当金戻入」で処理することも容認されています）。

CASE 9の貸倒見積高と仕訳

貸倒見積高：10,000円 − 9,617円 ＝ 383円

（貸倒引当金繰入）　183　　（貸　倒　引　当　金）　183

383円−200円＝183円

😞 問題編 😞
問題6

貸倒引当金

破産更生債権等の貸倒見積高の算定方法

これはもう、回収できないかも…。

貸付金
2,000円

ブル蔵株式会社
倒産

ゴエモン㈱は当期に経営破綻したブル蔵㈱に2,000円を貸し付けています。ブル蔵㈱から担保として土地を受け入れていますが、破産更生債権等の貸倒見積高はどのように算定するのでしょう?

例 次の資料にもとづき、貸倒引当金を設定しなさい。

[資 料]
1. ブル蔵㈱に対する貸付金2,000円は、破産更生債権等として処理する。なお、ブル蔵㈱から担保として土地(処分見込額1,600円)を受け入れている。
2. 当該貸付金に対する貸倒引当金は設定していない。

●破産更生債権等の貸倒見積高の算定方法

　経営破綻した債務者に対する債権は、回収の見込みがほとんどないので、債権金額を**破産更生債権等(流動資産または固定資産)**に振り替えます。

一年基準によって流動資産と固定資産に分類されます。

(破産更生債権等)　2,000　　(貸　付　金)　2,000

　そして、債権金額から担保処分見込額を差し引いた全額が貸倒見積高となります。

要するに貸倒設定率100%として計算するわけですね。

破産更生債権等の貸倒見積高(財務内容評価法)

貸倒見積高=債権金額-担保処分見込額

以上より、CASE10の貸倒見積高と決算整理仕訳は次のよう
になります。

CASE10の貸倒見積高と仕訳

貸倒見積高：2,000円 − 1,600円 = 400円

| （破産更生債権等） | 2,000 | （貸　　付　　金） | 2,000 |
| （貸倒引当金繰入） | 400 | （貸 倒 引 当 金） | 400 |

⇔ 問題編 ⇔

問題7、8

金銭債権と営業債権

金銭債権	営業債権	売上債権	売掛金、受取手形など
		その他	営業上、継続的に発生する取引先に対する立替金など
	営業外債権		営業債権以外の貸付金や未収入金など

貸倒引当金繰入の表示区分

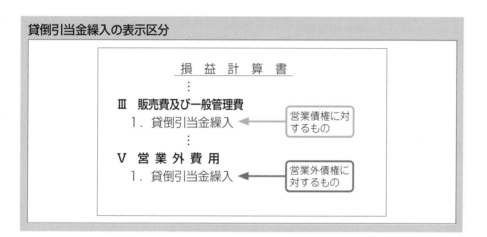

金銭債権の評価

①債権金額＝取得価額の場合（原則）

　　貸借対照表価額＝取得価額－貸倒引当金

②債権金額≠取得価額　かつ

　差額が金利調整差額と認められる場合

　　貸借対照表価額＝償却原価－貸倒引当金

貸倒引当金を設定する際の債権の区分

区　　分	内　　容
一　般　債　権	経営状態に重大な問題が生じていない債務者に対する債権
貸 倒 懸 念 債 権	経営破綻の状態には至っていないが、経営状態が悪化しており、回収が懸念される債権
破産更生債権等	経営破綻または実質的に経営破綻に陥っている債務者に対する債権

貸倒見積高の算定方法

(1)　一般債権の貸倒見積高（貸倒実績率法）

貸倒見積高＝債権金額×貸倒実績率

$$貸倒実績率＝\frac{ある期間の実際貸倒高}{ある期間の期末債権残高}$$

(2)　貸倒懸念債権の貸倒見積高①（財務内容評価法）

貸倒見積高＝（債権金額－担保処分見込額）×貸倒設定率

貸倒懸念債権の貸倒見積高②（キャッシュ・フロー見積法）

貸倒見積高＝債権金額－将来キャッシュ・フローの割引現在価値

(3)　破産更生債権等の貸倒見積高（財務内容評価法）

貸倒見積高＝債権金額－担保処分見込額

第4章

手 形

・・・・・
・・・・・

沖縄のチビ商会に商品を船便で発送した!
通常は商品の到着後に代金を受け取ることになるけど、
「荷為替」というものを使うと、
もっと早く代金の一部を回収することができるらしい…
また、手形を裏書譲渡したとき、
「保証債務」というものが生じるから、
その処理をする必要があるらしい…

ここでは、1級で学習する手形の処理について学習します。

荷為替を取り組んだときの仕訳

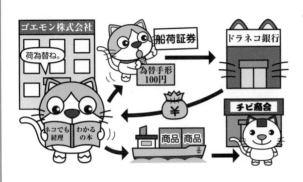

ゴエモン㈱は、沖縄のチビ商会に商品300円を船便で発送しました。通常、商品の到着後に代金を受け取りますが、なんとか早めに代金の一部を回収したいと思い、調べてみたところ、荷為替というものを使えばよいことがわかりました。

取引 ゴエモン㈱は、チビ商会に商品300円を船便で発送し（売り上げ）、その際、取引銀行で額面100円の荷為替を取り組み、割引料2円を差し引かれた残額を当座預金口座に預け入れた。

- -

用語 荷為替…貨物代表証券を担保にして、自己受為替手形を振り出し、この自己受為替手形を銀行で割り引くこと

荷為替手形とは

遠くの取引先に商品を発送する場合、商品が到着してから代金を回収したのでは、代金の回収が遅くなります。そこで、運送会社から受け取った貨物代表証券を担保にして、**自己受為替手形を振り出し、この自己受為替手形を銀行で割り引く**ことによって、代金を早期に受け取ることがあります。これを**荷為替の取組み**といい、このとき振り出した手形を**荷為替手形**（または**荷為替**）といいます。

荷為替を取り組んだときの仕訳

荷為替を取り組んだときの仕訳は、①**自己受為替手形の振出**

しと②自己受為替手形の割引きに分けて考えます。

① 自己受為替手形の振出し

CASE11では100円について荷為替を取り組んでいるため、100円の自己受為替手形を振り出したことになります。したがって、**受取手形（資産）の増加**として処理します。

なお、売上と受取手形の差額200円（300円－100円）は**売掛金（資産）**で処理します。

| （受 取 手 形） | 100 | （売　　　　上） | 300 |
| （売　掛　金） | 200 | | |

> 「商品300円を船便で発送し（売り上げ）、その際、取引銀行で額面100円の荷為替を取り組み…」を仕訳すると、このようになります。

② 自己受為替手形の割引き

続いて、自己受為替手形の割引きの処理をします。

| （手 形 売 却 損） | 2 | （受 取 手 形） | 100 |
| （当 座 預 金） | 98 | | |

> 「…100円の荷為替を取り組み、割引料2円を差し引かれた残額を当座預金口座に預け入れた」の仕訳です。

上記（①と②）をあわせた仕訳が、荷為替を取り組んだときの仕訳になります。

CASE11の仕訳

（売　掛　金）	200	（売　　　　上）	300
（手 形 売 却 損）	2		
（当 座 預 金）	98		

> 借方の受取手形と貸方の受取手形は相殺されてなくなります。

荷為替を引き受けたときの仕訳

こちら側の処理

引き受けますか？

ドラネコ銀行

船荷証券

チビ商会

為替手形
100円

引き受けます。

ゴエモン株式会社

商品 商品

CASE11の取引（荷為替の取り組み）をチビ商会の立場からみてみましょう。　チビ商会はゴエモン㈱に商品300円を注文し、代金のうち100円について荷為替の引受けを求められたので、これを引き受け、船荷証券を受け取りました。

> **取引**　チビ商会はゴエモン㈱に商品300円を注文した。その際、100円について取引銀行から荷為替の引受けを求められたので、これを引き受け、船荷証券を受け取った（商品はまだ届いていない）。

● **荷為替を引き受けたときの仕訳**

> 買主（チビ商会）は、銀行からの求めに応じて荷為替を引き受けることにより、船荷証券を受け取ることができます。

　チビ商会は100円について荷為替を引き受けているので、ゴエモン㈱が振り出した自己受為替手形100円を引き受けたことになります。したがって、**支払手形（負債）の増加**として処理します。なお、残額200円（300円－100円）は**買掛金（負債）**で処理します。

CASE12の仕訳

（未 着 品）	300	（支 払 手 形）	100
		（買 掛 金）	200

⊖ 問題編 ⊖
問題9

手形を裏書きしたときと
無事決済されたときの仕訳

ゴエモン㈱はクロキチ㈱から商品を仕入れた際、太助㈱が振り出した約束手形を裏書きして渡しました。

この場合、太助㈱が手形代金を支払わなかったときはゴエモン㈱が支払わなければなりません。そこでこれに備えた処理をすることにしました。

取引 ゴエモン㈱は、クロキチ㈱から商品100円を仕入れ、代金は先に太助㈱から受け取っていた約束手形を裏書譲渡した。なお、保証債務の時価は額面の1%である。

用語 保証債務…本来の債務者が支払えないときに生じる保証人の支払義務

🐾 手形を裏書きしたときの仕訳

　もっている手形を満期日前にほかの人に渡すことを**手形の裏書き**といいます。

> 裏書譲渡ともいいます。

　約束手形の代金はいちばんはじめに手形を振り出した人（太助㈱）が支払わなければなりませんが、もし満期日になって（太助㈱が）手形代金を支払わなかった場合、手形を裏書きした人（ゴエモン㈱）がその手形の代金を支払わなければなりません。

①支払期日に代金の支払い

②太助㈱が支払わなかったとき、支払義務が発生

　このように本来の支払義務者（太助㈱）が支払えないときに生じる支払義務（ゴエモン㈱が支払わなければならない義務）を**保証債務**といいます。

　したがって、手形を裏書譲渡したときには、その保証債務に備えた処理をします。

　具体的には、保証債務の**時価**を**保証債務**という**負債**の勘定科目で処理するとともに、相手科目は**保証債務費用（費用）**で処理します。

CASE13の仕訳

| （仕　　　入） | 100 | （受　取　手　形） | 100 |
| （保証債務費用） | 1 | （保　証　債　務） | 1 |

> 100円×1％＝1円

● 裏書きした手形が無事決済されたときの仕訳

　裏書きした手形が無事に決済されたときには、今後、ゴエモン㈱に支払義務が生じることはありません。

　したがって、計上していた**保証債務（負債）**を取り崩します（借方に記入します）。

| （保　証　債　務） | 1 | （　　　　　　　　　） | |

なお、相手科目（貸方）は**保証債務取崩益**という**収益**の勘定科目で処理します。

　したがって、CASE13において、裏書きした手形が無事に決済されたときの仕訳は次のようになります。

（保　証　債　務）　　　1　　（保証債務取崩益）　　　　1

裏書きした手形が不渡りとなったときの仕訳

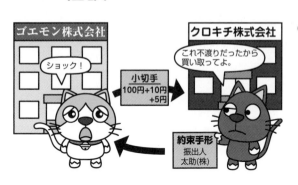

今日、クロキチ㈱から「あなたから受け取った太助㈱振出の約束手形の代金が支払われなかったから、代わりに払ってよ」と請求されました。
ここでは、保証債務の時価が1円である場合をみていきましょう。

取引　クロキチ㈱に裏書譲渡していた約束手形（太助㈱振出）100円（保証債務の時価1円）が不渡りとなり、クロキチ㈱より償還請求費用10円とともに償還請求されたため、延滞利息5円とともに小切手を振り出して支払った。

● 裏書きした手形が不渡りとなったときの仕訳

　手形の満期日に手形代金が決済されないことを**手形の不渡り**といいます。

　裏書きした手形が不渡りになった場合、手形の受取人（クロキチ㈱）から代金を支払うように請求（**償還請求**といいます）されます。

　このとき、手形を裏書きした人（ゴエモン㈱）は、手形の受取人（クロキチ㈱）に対して、手形金額のほか、不渡りに関する諸費用を含めて支払わなければなりません。

CASE14でゴエモン㈱がクロキチ㈱に支払う金額

・100円 + 10円 + 5円 = 115円

　手形金額　償還請求　延滞利息
　　　　　　　　費用

　なお、ゴエモン㈱がクロキチ㈱に支払った115円は、手形の
振出人である太助㈱に請求することができます。

　この太助㈱に対する代金請求権は、**不渡手形（資産）** として
処理します。

（不　渡　手　形）	115	（当　座　預　金）	115

　また、クロキチ㈱に手形の代金などを支払ったことにより、
保証債務（負債）がなくなります。そこで、**保証債務（負債）
を取り崩します。**

　以上より、CASE14の仕訳は次のようになります。

> 保証債務の取り崩しは、無事に決済されたときと同じ処理です。

CASE14の仕訳

（不　渡　手　形）	115	（当　座　預　金）	115
（保　証　債　務）	1	（保証債務取崩益）	1

⊜ 問題編 ⊜
問題10

手形を割り引いたときの仕訳

手数料10円いただきますよ。

ドラネコ銀行

割引き

約束手形100円

10

ゴエモン株式会社
当座預金 90円

ゴエモン㈱はシロミ㈱から受け取っていた約束手形100円を割り引きました。
手形を割り引いたときも、シロミ㈱が手形代金を支払えないときは、代わりにゴエモン㈱が支払わなければならないので、それに備えた処理をしました。

> **取引** ゴエモン㈱は、先にシロミ㈱から受け取っていた約束手形100円を銀行で割り引き、割引料10円を差し引いた残額を当座預金口座に預け入れた。なお、保証債務の時価は1円である。

● 手形を割り引いたときの仕訳

シロミ㈱が代金を支払わなかった場合、ゴエモン㈱が銀行に手形代金を支払わなければなりません。

　手形を割り引いたときも、満期日に手形代金が決済されないときは、手形を割り引いた人（ゴエモン㈱）に代金の支払義務が生じます。

　したがって、この場合も保証債務を計上します。

CASE15の仕訳

（手形売却損）	10	（受取手形）	100
（当座預金）	90		
（保証債務費用）	1	（保証債務）	1

100円－10円＝90円

⇔ 問題編 ⇔
問題11

電子記録債権（債務）

電子記録債権は、手形（や売掛金）の問題点を克服した新しい金銭債権です。

電子記録債権は、電子債権記録機関が管理する記録原簿（登記簿のようなもの）に必要事項を登録することによって権利が発生します。

(1) 売掛金に関して電子記録債権の発生、譲渡記録をした場合

以下の例を用いて、電子記録債権（債務）の処理をみてみましょう。

> **例1** 次の各取引の仕訳をしなさい。
> ① A社（債権者）には、B社（債務者）に対する売掛金100円がある。この売掛金について電子記録債権の発生記録を行った。
> ② B社は①の電子記録債務について、取引銀行の当座預金口座からA社の取引銀行の当座預金口座に払込みを行った。
> ③ C社（譲渡人）はD社（譲受人）に対する買掛金100円の決済のため、所有する電子記録債権100円の譲渡記録を行った。

① 電子記録債権（債務）が発生したときの仕訳

発生記録によって、電子記録債権が発生したときは、債権者は売掛金（資産）から電子記録債権（資産）に振り替えます。一方、債務者は買掛金（負債）から電子記録債務（負債）に振り替えます。

◆A社（債権者）の処理

（電子記録債権）　100　（売　掛　金）　100

◆B社（債務者）の処理

（買　掛　金）　100　（電子記録債務）　100

手形の問題点とは…

・紛失等のリスクがある
・手形振出しの事務処理の手間がかかる
・印紙を添付しなければならないので、印紙代がかかる　など

電子記録債権は、ペーパーレスなので紛失等のリスクはありませんし、事務処理の手間も大幅に省けます。また、印紙の添付も不要です。そのため、近年は手形に代わって電子記録債権が普及しています。

電子記録債権（債務）は、平成28年度から新たに追加された論点なので1級でも簡単に復習しておきましょう。

② 電子記録債権（債務）が消滅したときの仕訳

　債務者の口座から債権者の口座に払込み（支払い）が行われると、債権者の電子記録債権（資産）および債務者の電子記録債務（負債）が消滅します。

◆A社（債権者）の処理

（当　座　預　金）　100　（電子記録債権）　100

◆B社（債務者）の処理

（電子記録債務）　100　（当　座　預　金）　100

③ 電子記録債権を譲渡したときの仕訳

　手形の裏書譲渡と同様、所有する電子記録債権は他人に譲渡することができます。

　電子記録債権を譲渡したとき（譲渡人）は、電子記録債権（資産）を減少させます。

　また、電子記録債権の譲渡を受けたとき（譲受人）は、電子記録債権（資産）の増加で処理します。

なお、譲渡記録により、電子記録債権（たとえば100円）を現金（たとえば95円）と引換えに譲渡した場合には、電子記録債権（100円）と現金（95円）との差額（5円）は電子記録債権売却損（費用）で処理します。

◆C社（譲渡人）の処理

（買　　掛　　金）　100　（電子記録債権）　100

◆D社（譲受人）の処理

（電子記録債権）　100　（売　　掛　　金）　100

(2) 貸付金に関して電子記録債権の発生、譲渡記録をした場合

　貸付金（借入金）に関して電子記録債権（債務）の発生記録をした場合には、勘定科目の振替えは行いません。したがって、「仕訳なし」となります。

貸付金（資産）から電子記録債権（資産）への振替えや、借入金（負債）から電子記録債務（負債）への振替えは行いません。

⊖ 問題編 ⊖

問題12、13

次の各取引の仕訳をしなさい。
① A社はB社に現金100円を貸し付けた。
② A社とB社は、①の貸付金について電子記録債権の発生記録を行った。
③ B社は①の電子記録債務について、取引銀行の当座預金口座からA社の取引銀行の当座預金口座に払込みを行った。

① 貸付時の仕訳
◆A社（債権者）の処理

（貸　付　金）　100　（現　　　　金）　100

◆B社（債務者）の処理

（現　　　　金）　100　（借　入　金）　100

② 電子記録債権の発生記録をしたときの仕訳
◆A社（債権者）の処理

仕　訳　な　し

◆B社（債務者）の処理

仕　訳　な　し

③ 電子記録債権（債務）が消滅したときの仕訳
◆A社（債権者）の処理

（当　座　預　金）　100　（貸　付　金）　100

◆B社（債務者）の処理

（借　入　金）　100　（当　座　預　金）　100

(3) 固定資産等の売買に関して電子記録債権の発生記録をした場合
　　固定資産や有価証券などの売買に関して電子記録債権の発生記録をした場合には、債権者（売却者）は**営業外電子記録債権（資産）**の増加で処理します。また、債務者（購入者）は**営業外電子記録債務（負債）**の増加で処理します。

> 勘定科目は異なりますが、会計処理は(1)の場合と同じです。

荷為替の取組時（引受時）の処理

CASE11、12

取り組んだ人の仕訳	引き受けた人の仕訳
（売　掛　金）200	（未　着　品）300
（手形売却損）　2	（支払手形）100
（当座預金）98	（買　掛　金）200
（売　　　上）300	

手形の裏書きのまとめ ≪一連の流れ≫

CASE13
手形の裏書時

●保証債務を時価で計上

（仕入など）100	（受取手形）100
（保証債務費用）　1	（保証債務）　1

CASE13、14
決済時または
不渡時

①決済時…保証債務を取り崩す
②不渡時…手形金額のほか、不渡りに関する費用を不渡手
　　　　形（資産）として処理し、保証債務を取り崩す

①無事決済されたとき	②不渡りになったとき
（保証債務）1	（不渡手形）115
（保証債務取崩益）1	（当座預金など）115
	（保証債務）　1
	（保証債務取崩益）　1

手形の割引きの処理

CASE15
手形の割引時

●保証債務を時価で計上

（手形売却損）10	（受取手形）100
（当座預金）90	
（保証債務費用）　1	（保証債務）　1

第5章

有価証券

・・・・・

有価証券が保有目的によって分類される
ということは2級で学習した!
有価証券の評価替えについても
基本的な内容は2級で学習している…
「子会社株式や関連会社株式は評価替えしない」と
2級では習ったけど、評価の切下げを行うこともあるらしい…

ここでは、有価証券について学習します。

有価証券の分類と表示

ほかには何があったかな？

売買目的有価証券

満期保有目的債券
⋮

有価証券が、保有目的によって分類されることは2級で学習しましたが、もう1度ここで確認しておきましょう。

有価証券の分類

有価証券は保有目的によって、(1)売買目的有価証券、(2)満期保有目的債券、(3)子会社株式・関連会社株式、(4)その他有価証券に分類されます。

(1) 売買目的有価証券

売買目的有価証券とは、時価の変動を利用して、短期的に売買することによって利益を得るために保有する株式や社債のことをいいます。

(2) 満期保有目的債券

満期まで保有するつもりの社債等を満期保有目的債券といいます。

> 子会社株式と関連会社株式をあわせて、関係会社株式といいます。

(3) 子会社株式・関連会社株式

子会社や関連会社が発行した株式を、それぞれ子会社株式、関連会社株式といいます。

たとえばゴエモン㈱が、サブロー㈱の発行する株式のうち、過半数（50％超）を所有しているとします。

会社の基本的な経営方針は、株主総会で持ち株数に応じた多

数決によって決定しますので、過半数の株式を持っているゴエモン㈱が、ある議案について「賛成」といったら、たとえほかの人が反対でも「賛成」に決まります。

このように、ある企業（ゴエモン㈱）が他の企業（サブロー㈱）の意思決定機関を支配している場合の、ある企業（ゴエモン㈱）を**親会社**、支配されている企業（サブロー㈱）を**子会社**といいます。

意思決定機関とは、会社の経営方針等を決定する機関、つまり株主総会や取締役会のことをいいます。

また、意思決定機関を支配しているとまではいえないけれども、人事や取引などを通じて他の企業の意思決定に重要な影響を与えることができる場合の、他の企業を**関連会社**といいます。

子会社、関連会社については、テキストⅣの連結会計でも学習します。

⑷ その他有価証券

上記⑴から⑶のどの分類にもあてはまらない有価証券を**その他有価証券**といい、これには、業務提携のための相互持合株式などがあります。

相互持合株式とは、お互いの会社の株式を持ち合っている場合の、その株式をいいます。

● 有価証券の表示

有価証券の貸借対照表上の表示区分と表示科目は、次のとおりです。

⑴ 売買目的有価証券

売買目的有価証券は短期的に保有するものなので、**流動資産**に「**有価証券**」として表示します。

(2) 満期保有目的債券

満期保有目的債券は長期的に保有するものなので、**固定資産（投資その他の資産）** に「**投資有価証券**」として表示します。

ただし、満期日が決算日の翌日から1年以内に到来するものについては、**流動資産** に「**有価証券**」として表示します。

(3) 子会社株式・関連会社株式

子会社株式や関連会社株式は支配目的で長期的に保有するものなので、**固定資産（投資その他の資産）** に「**関係会社株式**」として表示します。

(4) その他有価証券

その他有価証券は、**固定資産（投資その他の資産）** に「**投資有価証券**」として表示します。

> 一年基準が適用されます。

> ただし、1級の場合は「子会社株式」や「関連会社株式」として、別々に表示することがあります。

> 満期日が決算日の翌日から1年以内に到来する社債等については、流動資産に「有価証券」として表示しますが、重要性が乏しいので無視してもかまいません。

とても重要

有価証券の分類と表示		
分　類	表示科目	表示区分
(1)売買目的有価証券	有　価　証　券	流動資産
(2)満期保有目的債券	投資有価証券	固定資産（投資その他の資産）　1年超
	有　価　証　券	流動資産 < 1年以内
(3)子会社株式・関連会社株式	関係会社株式	固定資産（投資その他の資産）
(4)そ　の　他　有　価　証　券	投資有価証券	固定資産（投資その他の資産）

有価証券を購入したときの仕訳

売買目的有価証券
の購入時の処理は、
もう大丈夫ですよね？

ゴエモン㈱は、売買目
的でA社株式10株を
@100円で購入しました（購
入手数料10円）。このときの
処理をみてみましょう。

取引 ゴエモン㈱は、売買目的でA社株式10株を@100円で購入し、購入手数料10円とともに小切手を振り出して支払った。

有価証券を購入したときの仕訳

有価証券を購入したときは、購入代価に購入手数料などの付随費用を加算した金額を取得原価として処理します。

取得原価＝購入代価＋付随費用

したがって、CASE17の仕訳は次のようになります。

CASE17の仕訳

（売買目的有価証券）　1,010　　（当　座　預　金）　1,010

@100円×10株＋10円＝1,010円

有価証券を売却したときの仕訳

あれ？
売却時の手数料の処理は？

⑫
手数料

ゴエモン㈱は売買目的で保有するA社株式30株のうち、15株を売却しました。このとき、売却手数料が12円かかったのですが、この売却手数料はどのように処理するのでしょう？

取引 ゴエモン㈱は売買目的で所有するA社株式30株のうち、15株を
@110円で売却し、売却手数料12円を差し引かれた残額は現金で
受け取った。なお、A社株式の取得状況（すべて当期に取得）は
次のとおりであり、払出単価の計算は移動平均法による。

　1回目の取得：10株を@100円で購入（購入手数料10円）
　2回目の取得：20株を@106円で購入（購入手数料20円）

払出単価の計算方法は2級でも学習しましたね。

有価証券を売却したときの仕訳

　複数回に分けて購入した同一銘柄の有価証券を売却したときは、**移動平均法**（または**総平均法**）によって払出単価を計算します。

　したがって、CASE18の払出単価は次のようになります。

CASE18の払出単価

$$\frac{(@100円 \times 10株 + 10円) + (@106円 \times 20株 + 20円)}{10株 + 20株} = @105円$$

また、有価証券の売却時にかかった売却手数料は、通常、**支払手数料（営業外費用）** で処理します。

　以上より、CASE18の仕訳は次のようになります。

CASE18の仕訳

| @110円×15株－12円＝1,638円 | | @105円×15株＝1,575円 |

| （現　　　　金） | 1,638 | （売買目的有価証券） | 1,575 |
| （支 払 手 数 料） | 12 | （有価証券売却益） | 75 |

貸借差額

> 売却手数料は「支払手数料」で処理しないで、有価証券売却損益に含めて処理することもあります。この場合の仕訳は次のようになります。
> （現　　　　金）　1,638　（売買目的有価証券）　1,575
> 　　　　　　　　　　　　　　（有価証券売却益）　　63←貸借差額

> 売買目的有価証券の記帳方法には、分記法と総記法があります。CASE18のように売買目的有価証券と有価証券売却損益を区別して記帳する場合が分記法となります。なお、総記法については後述の参考で学習します。

有価証券の売却損益の表示

　有価証券を売却したときに生じる売却損益の損益計算書上の表示区分は、有価証券の分類に応じて次のように異なります。

とても重要

有価証券売却損益の表示区分		
分　類	表示科目	表示区分
(1) 売買目的有価証券	有価証券売却損（益）[1]	営業外費用（収益）
(2) 満期保有目的債券	投資有価証券売却損（益）[1]	営業外費用（収益）[3]
(3) 子会社株式・関連会社株式	関係会社株式売却損（益）[2]	特別損失（利益）
(4) その他有価証券	投資有価証券売却損（益）[1]	営業外費用（収益）[3]

[1] 売却損と売却益を相殺した純額を計上します。
[2] 売却損と売却益を相殺せずに、総額を計上します。
　　また、**子会社株式売却損（益）・関連会社株式売却損（益）** などで表示することもあります。
[3] 合理的な理由によらないものや臨時的なものは**特別損失（利益）** に表示します。

⇔ 問題編 ⇔

問題14

CASE 19

売買目的有価証券の評価

こっちは評価益が生じているけど…、

こっちは評価損が生じている…。

A社株式

B社株式

今日は決算日。ゴエモン㈱はA社株式とB社株式を売買目的で保有しています。決算において売買目的有価証券はどのように処理するのでしょう？

取引 ゴエモン㈱はA社株式とB社株式を売買目的で保有している（いずれも当期に取得したものである）。次の資料にもとづき、決算における仕訳をしなさい。

	取得原価	時　価
A社株式	1,575円	1,600円
B社株式	1,210円	1,200円

売買目的有価証券の決算時の処理

なお、有価証券の時価とは、算定日において市場参加者の間で行われた秩序ある取引における資産の売却によって受け取る価格をいいます。

売買目的有価証券は決算において、時価に評価替えします。したがって、CASE19の仕訳は次のようになります。

CASE19の仕訳

あとで相殺するので、「有価証券評価損益」で処理しておきます。

① A社株式

（売買目的有価証券）　25　（有価証券評価損益）　25

1,600円－1,575円＝25円
時　価　＞　原　価　→評価益

② B社株式

$$1,200円 - 1,210円 = △10円$$
時 価 ＜ 原 価 → 評価損

| （有価証券評価損益） | 10 | （売買目的有価証券） | 10 |

評価差額の表示

売買目的有価証券の評価替えによって生じた評価損益は、**相殺した純額**を損益計算書の**営業外費用（収益）**に「**有価証券評価損（益）**」として表示します。

したがって、CASE19の損益計算書の表示は次のようになります。

有価証券評価損益

| B社株式 10円（評価損） | A社株式 25円（評価益） |
| 評価益15円 |

| 損 益 計 算 書 |
| ⋮ |
| Ⅳ　営 業 外 収 益 |
| 　　有価証券評価益　15 |

| 貸 借 対 照 表 |
| 　資 産 の 部 |
| Ⅰ　流 動 資 産 |
| 　　有 価 証 券　2,800 |

$$1,600円 + 1,200円 = 2,800円$$

> 売買目的有価証券については、売却損益と評価損益を一括して「有価証券運用損益」で処理することもあります。

切放法と洗替法

決算において計上した評価損益（評価差額）の会計処理方法には、**切放法**と**洗替法**の2つの方法があります。

(1) 切放法

切放法とは、当期末において計上した評価損益を、翌期首において振り戻さない方法をいいます。したがって、切放法の場合、翌期末において時価と比べる帳簿価額は当期末の時価となります。

仕 訳 な し

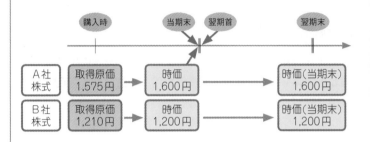

(2) 洗替法

洗替法とは、当期末において計上した評価損益を翌期首において振り戻す方法をいいます。したがって洗替法の場合、翌期末において時価と比べる帳簿価額は取得原価となります。

> 「振り戻す」とは、当期末の仕訳の逆仕訳をすることをいいます。

翌期首の仕訳（洗替法）

① A社株式

| （有価証券評価損益） | 25 | （売買目的有価証券） | 25 |

② B社株式

| （売買目的有価証券） | 10 | （有価証券評価損益） | 10 |

| A社株式 | 取得原価 1,575円 | 時価 1,600円 | 取得原価 1,575円 | 取得原価 1,575円 |
| B社株式 | 取得原価 1,210円 | 時価 1,200円 | 取得原価 1,210円 | 取得原価 1,210円 |

購入時　　当期末　翌期首　　　翌期末

⊜ 問題編 ⊜
問題 15、16

商品売買の総記法
はテキストⅠで学
習しましたね。

売買目的有価証券の総記法

(1) 売買目的有価証券の総記法とは

売買目的有価証券を総記法で記入する場合、売買目的有価証券を取得したときに**原価**で売買目的有価証券勘定の借方に記入し、売買目的有価証券を売却したときに**売価**で売買目的有価証券勘定の貸方に記入する方法です。

売買目的有価証券

(2) 売買目的有価証券を購入したときの処理

売買目的有価証券を購入したときは、原価で売買目的有価証券勘定の借方に記入します。

> **例1** 次の取引を総記法によって仕訳しなさい。
> ゴエモン㈱は、売買目的でA社株式10株を800円で購入し、小切手を振り出して支払った。

（売買目的有価証券）　　800　　（当　座　預　金）　　800

原価

(3) 売買目的有価証券を売却したときの処理

売買目的有価証券を売却したときは、売価で売買目的有価証券勘定の貸方に記入します。

> **例2** 次の取引を総記法によって仕訳しなさい。
> ゴエモン㈱は、売買目的で所有するA社株式10株（取得原価800円）のうち8株を840円で売却し、現金を受け取った。

このタイミングでは売却損益を計算しません。

（現　　　金）	840	（売買目的有価証券）	840

売価

取引について売買目的有価証券勘定を示すと、次のとおりです。

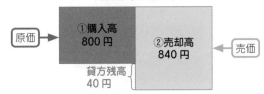

売買目的有価証券

原価 → ①購入高 800円 ／ ②売却高 840円 ← 売価
貸方残高 40円

借方残高になることもあります。

(4)　決算時の処理

　総記法で処理しているときは、決算において、売却損益と評価損益を計算し、**売買目的有価証券勘定**から**有価証券運用損益勘定**に振り替えます。なお、売却した売買目的有価証券の売価と原価から売却損益を計算した後に、期末に保有している売買目的有価証券を時価に評価替えします。

例3　次の資料にもとづき、決算整理仕訳を示しなさい。なお、ゴエモン㈱は総記法を採用している。

[資　料]
(1)　ゴエモン㈱は当期において、売買目的でA社株式10株を800円で購入している。
(2)　ゴエモン㈱は当期において、売買目的で所有するA社株式のうち8株（取得原価640円）を840円で売却している。
(3)　当期末に所有しているA社株式は2株（取得原価160）であり、時価は200円である。

（売買目的有価証券）	240	（有価証券運用損益）	240

① 売却損益：840円－640円＝200円（売却益）
② 評価損益：200円－160円＝40円（評価益）
③ ①＋②＝240円

以上の仕訳を行うことで、売買目的有価証券勘定の残高が期末時価に修正されます。

| 売買目的有価証券 | | 有価証券運用損益 |

売買目的有価証券

| ①購入高 800 円 | ②売却高 840 円 |
| 決算整理 240 円 | |

期末時価 200 円

有価証券運用損益

| | 決算整理 240 円 |

(5) 期末時価が判明している場合の有価証券運用損益

期末時価が判明している場合、有価証券運用損益を次のようにして計算することもできます。

とても
重要

期末時価が判明している場合の 有価証券運用損益

● 売買目的有価証券勘定が貸方残高の場合

$$\text{有価証券運用損益} = \text{期末時価} + \text{売買目的有価証券勘定の貸方残高}$$

貸方残高の場合は、
プラス

● 売買目的有価証券勘定が借方残高の場合

$$\text{有価証券運用損益} = \text{期末時価} - \text{売買目的有価証券勘定の借方残高}$$

借方残高の場合は、
マイナス

したがって、例3 の有価証券運用損益は次のように計算することができます。

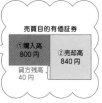

①売買目的有価証券勘定の残高：840円 − 800円 = 40円（貸方残高）
　　　　　　　　　　　　　　売却高(貸方)　購入高(借方)

②有価証券運用損益：200円 + 40円 = 240円
　　　　　　　　　　期末時価　貸方残高

満期保有目的債券の評価①
定額法

満期保有目的債券は
評価替えしないよね…?

C社社債

今日は決算日。ゴエモン㈱はC社社債を満期保有目的で保有しています。決算において満期保有目的債券はどのように処理するのでしょう？

取引 ゴエモン㈱はC社社債を満期保有目的で保有している。次の資料にもとづき、決算（×2年3月31日）における仕訳をしなさい。

[資 料]
1．C社社債は×1年4月1日に額面10,000円を額面100円につき95円で購入したものである。同社債の償還期日は×6年3月31日である。
2．額面金額と取得価額の差額は金利調整差額と認められるため、償却原価法（定額法）によって処理する。

満期保有目的債券の決算時の処理

　満期保有目的債券は、原則として評価替えしません。ただし、債券を債券金額（額面金額）と異なる価額で取得した場合で、かつ、取得価額と債券金額との差額が金利調整差額と認められる場合には、**償却原価法**（金利調整差額を取得日から満期日までの間に取得価額に加減する方法）によって処理します。

これは2級で学習済みですね。

　なお、償却原価法には**利息法（原則）**と**定額法（容認）**があります。

満期保有目的債券の期末評価

①債券金額＝取得価額

> **貸借対照表価額＝取得原価**

②債券金額≠取得価額　かつ
　差額が金利調整差額と認められる場合

> **貸借対照表価額＝償却原価＊**

＊償却原価法
　　原則：利息法　容認：定額法

債券金額≠取得価額で差額が金利調整差額と認められない場合は、取得原価で評価します。

まずは、2級でも学習した定額法から…。
利息法についてはCASE21で学習します。

償却原価法（定額法）

定額法は、償還期間にわたって、毎期一定の金額（金利調整差額の償却額）を帳簿価額に加減する方法です。

CASE20では、C社社債の取得日が×1年4月1日で償還期日が×6年3月31日なので、金利調整差額を5年間で償却します。

CASE20の金利調整差額と償却額

①取 得 価 額：$10,000円 \times \dfrac{95円}{100円} = 9,500円$

②金利調整差額：$10,000円 - 9,500円 = 500円$

③当 期 償 却 額：$500円 \div 5年 = 100円$

定額法

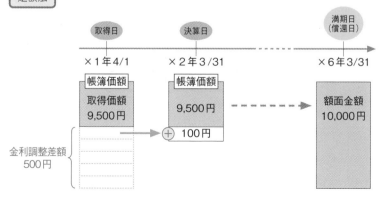

CASE20は取得価額（9,500円）が額面金額（10,000円）よりも低いので、当期償却額を帳簿価額に加算します。また、金利調整差額は利息なので、相手科目は**有価証券利息（営業外収益）**で処理します。

以上より、CASE20の仕訳は次のようになります。

CASE20の仕訳

（満期保有目的債券）　　100　　（有価証券利息）　　100

取得価額＜額面金額なので、
帳簿価額に加算します。

なお、損益計算書と貸借対照表の表示は次のようになります。

```
            損 益 計 算 書
                 ：
Ⅳ　営 業 外 収 益
    有価証券利息         100
```

```
            貸 借 対 照 表
      資 産 の 部
           ：
Ⅱ　固 定 資 産
   3．投資その他の資産
      投資有価証券  9,600
```

9,500円＋100円＝9,600円

問題編
問題17

満期保有目的債券の評価②
利息法

利息法の場合はどーなる？

D社社債

こんどは、満期保有目的債券を利息法によって処理した場合の処理をみてみましょう。

取引 ゴエモン㈱はD社社債を満期保有目的で保有している。次の資料にもとづき、×2年3月31日（利払日、決算日）における仕訳をしなさい（円未満四捨五入）。

[資　料]

1. D社社債は×1年4月1日に額面10,000円を9,400円で取得したものである。同社債の償還期日は×4年3月31日であり、利払日は年1回3月末日である。

2. 額面金額と取得価額の差額は金利調整差額と認められるため、償却原価法（利息法）によって処理する。

3. D社社債のクーポン利子率（券面利子率）は6%、実効利子率は8.345%である。

● 償却原価法（利息法）

利息法は、帳簿価額に実効利子率を掛けた金額を各期の利息（利息配分額）として計上する方法です。

満期保有目的債券を保有していると、利払日に利息を受け取ることができます。この利息（**クーポン利息**）は債券金額にクーポン利子率（券面利子率）を掛けて計算し、有価証券利息

> 実効利子率とは、実質的な利息に対する利子率（市場での一般的な利子率）をいいます。

として計上します。

　そこで利息法では、利払日ごとに利息配分額とクーポン利息との差額を計算し、その差額を金利調整差額の償却額として帳簿価額に加減します。

金利調整差額の償却は、定額法では期末に行いますが、利息法では利払日ごとに行うことに注意しましょう。

CASE21の金利調整差額と償却額

①クーポン利息：$10{,}000$ 円 $\times\ 6\ \%\ =\ 600$ 円

②利息配分額：$9{,}400$ 円 $\times\ 8.345\%\ \fallingdotseq\ 784$ 円

③当期償却額：784 円 $-\ 600$ 円 $=\ 184$ 円

CASE21の仕訳

利息配分額

① **クーポン利息の計上**

（現　金　預　金）	600	（有価証券利息）	600

これは普通の利息の計上ですね。

② **金利調整差額の償却**

（満期保有目的債券）	184	（有価証券利息）	184

とても 重要

償却原価法（利息法）

① **クーポン利息＝債券金額（額面金額）×クーポン利子率**

② **利息配分額＝帳簿価額×実効利子率**

③ **金利調整差額の償却額＝②－①**

　なお、×3年3月31日以降の満期保有目的債券の帳簿価額は次ページのようになります。

利息法

日　付	(1)帳簿価額 （償却原価）	(2)利息配分額 (1)×8.345%	(3)クーポン利息 10,000円×6%	(4)金利調整 差額償却額 (2)−(3)	(5)帳簿価額 （償却原価） (1)+(4)
×1年 4／1	9,400円	―	―	―	9,400円
×2年 3／31	9,400円	784円	600円	184円	9,584円
×3年 3／31	9,584円	800円	600円	200円	9,784円
×4年 3／31	9,784円	816円	600円	216円	10,000円 額面金額

②600円＋216円＝816円

①最後は帳簿価額が10,000円になるように償却額を計算します。
10,000円−9,784円＝216円

⇔ 問題編 ⇔
問題18

子会社株式・関連会社株式の評価

どっちも長期的に保有するものだから…。

E社株式 F社株式
子会社株式 関連会社株式

今日は決算日。ゴエモン㈱はE社株式（子会社株式）とF社株式（関連会社株式）を保有しています。決算において、これらの株式はどのように処理するのでしょう？

取引　ゴエモン㈱はE社株式（子会社株式）とF社株式（関連会社株式）を保有している。次の資料にもとづき、決算における仕訳をしなさい。

	取得原価	時　価
E社株式	1,000円	1,600円
F社株式	750円	800円

●子会社株式・関連会社株式の決算時の処理

子会社株式や関連会社株式は長期的に保有するものなので、決算において評価替えはしません。

ただし、強制評価減や実価法が適用される場合は評価の切下げをします（CASE26）。

CASE22の仕訳

① E社株式（子会社株式）

仕　訳　な　し

② F社株式（関連会社株式）

仕　訳　な　し

CASE 23

その他有価証券の評価①
全部純資産直入法

その他有価証券は
時価評価…かなぁ？

G社株式　H社株式

今日は決算日。ゴエモン㈱で保有するG社株式とH社株式は、その他有価証券に区分されます。決算において、その他有価証券はどのように処理するのでしょう？

> **取引** ゴエモン㈱はG社株式とH社株式（いずれもその他有価証券）を保有している。次の資料にもとづき、決算における仕訳をしなさい。なお、全部純資産直入法を採用している。
>
> | | 取得原価 | 時　価 |
> |---|---|---|
> | G社株式 | 2,000円 | 1,800円 |
> | H社株式 | 1,000円 | 1,500円 |

● その他有価証券の決算時の処理

　その他有価証券は「いつかは売却するもの」と考え、**時価**で評価します。しかし、売買目的有価証券とは異なり、すぐに売却するわけではないので、評価差額（帳簿価額と時価との差額）は原則として損益計算書には計上しません。

　なお、評価差額の処理方法には、**全部純資産直入法**と**部分純資産直入法**という2つの方法があります。

> 部分純資産直入法はCASE24で学習します。

● 全部純資産直入法

　全部純資産直入法は、評価差額の合計額を貸借対照表の**純資産の部**に「**その他有価証券評価差額金**」として計上する方法をいいます。

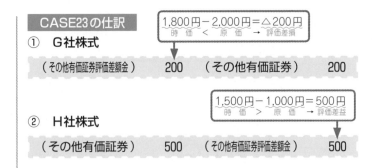

CASE23の仕訳

① G社株式

$$1,800円 - 2,000円 = △200円$$
時 価 ＜ 原 価 → 評価差損

（その他有価証券評価差額金）　　200　　（その他有価証券）　　200

② H社株式

$$1,500円 - 1,000円 = 500円$$
時 価 ＞ 原 価 → 評価差益

（その他有価証券）　　500　　（その他有価証券評価差額金）　　500

評価差額の表示

　全部純資産直入法では、その他有価証券の評価替えによって
生じた評価差額は、**相殺した純額**を貸借対照表の**純資産の部**に
「**その他有価証券評価差額金**」として表示します。

　したがって、CASE23の貸借対照表の表示は次のようになり
ます。

その他有価証券評価差額金

G社株式
200円

H社株式
500円

300円

借方残（評価差損）の場
合はマイナス表記します。
（例：△300）

貸　借　対　照　表	
資 産 の 部	⋮
⋮	純 資 産 の 部
Ⅱ　固　定　資　産	Ⅱ　評価・換算差額等
3．投資その他の資産	その他有価証券評価差額金　　300
投資有価証券　　3,300	◀ 1,800円 + 1,500円 = 3,300円

翌期首の処理

　その他有価証券は**洗替法**によって処理します。したがって、
翌期首において、当期末に計上した評価差額は振り戻します。

決算時の逆仕訳で
すね。

CASE 24 有価証券の評価

その他有価証券の評価②
部分純資産直入法

CASE23について、部分純資産直入法によって処理した場合をみてみましょう。

全部と部分の違いは？

う～ん。

取引 ゴエモン㈱はG社株式とH社株式（いずれもその他有価証券）を保有している。次の資料にもとづき、決算における仕訳をしなさい。なお、部分純資産直入法を採用している。

	取得原価	時　価
G社株式	2,000円	1,800円
H社株式	1,000円	1,500円

●部分純資産直入法

　部分純資産直入法は、評価差額のうち、**評価差益**については「その他有価証券評価差額金」として処理し、**評価差損**については「投資有価証券評価損」として処理する方法をいいます。

　したがって、CASE24の仕訳は次のようになります。

評価差益のみ純資産の部に計上するので、「部分純資産直入法」といいます。

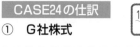

1,800円－2,000円＝△200円
時 価 ＜ 原 価 → 評価差損

① G社株式

（投資有価証券評価損）　200　（その他有価証券）　200

CASE23とここが違います。

部分純資産直入法の場合も、翌期首には逆仕訳をして振り戻します（洗替法）。

② H社株式

（その他有価証券）　500　（その他有価証券評価差額金）　500

1,500円－1,000円＝500円
時 価 ＞ 原 価 → 評価差益

● 評価差額の表示

　部分純資産直入法では、その他有価証券の評価替えによって生じた評価差額のうち、評価差益は貸借対照表の**純資産の部**に「**その他有価証券評価差額金**」として表示し、評価差損は損益計算書の営業外費用に「**投資有価証券評価損**」として表示します。

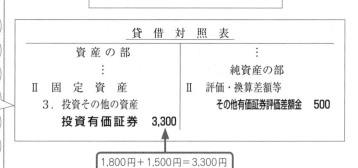

損　益　計　算　書
　　　　：
Ⅴ　営　業　外　費　用
　　　投資有価証券評価損　　　200

その他有価証券の評価が出題されるときは、税効果会計とあわせて出題されます。税効果会計（テキストⅢで学習）もしっかり学習しておきましょう。

貸　借　対　照　表

資　産　の　部	：
：	純資産の部
Ⅱ　固　定　資　産	Ⅱ　評価・換算差額等
3. 投資その他の資産	その他有価証券評価差額金　500
投資有価証券　3,300	

1,800円＋1,500円＝3,300円

⇔ 問題編 ⇔
問題19、20

CASE 25

市場価格のない株式等の評価

「市場価格がない」場合、どう評価するのかなぁ？

Ｉ社株式

今日は決算日。ゴエモン㈱で保有するＩ社株式は、その他有価証券ですが、市場で取引されていないため、市場価格がありません。このような株式の評価はどうするのでしょう？

取引 ゴエモン㈱はＩ社株式（取得原価1,000円、その他有価証券）を保有している。Ｉ社株式には市場価格がない。決算における仕訳をしなさい。

● 市場価格のない株式等

市場価格のない株式等については**取得原価**で評価します。

したがって、CASE25のＩ社株式については、決算において評価替えをしません。

> 市場価格のない株式等の「等」は出資金などのことです。

CASE25の仕訳

仕 訳 な し

CASE 26

強制評価減と実価法

こっちは時価がすごく下がっているし…。

こっちは会社の財政状態がすごく悪化している…。

J社株式
子会社株式

K社株式
関連会社株式

？ゴエモン㈱で保有するJ社株式は子会社株式ですが、時価が著しく下落しています。また、K社株式は関連会社株式ですが、K社は財政状態が著しく悪化しています。このような場合でも、子会社株式や関連会社株式は評価替えをしないのでしょうか？

取引 ゴエモン㈱はJ社株式とK社株式を保有している。次の資料にもとづき、決算における仕訳をしなさい。

［資 料］

1. J社株式は子会社株式（取得原価2,000円、期末時価800円）である。なお、期末時価の下落は著しい下落であり、回復の見込みはない。

2. K社株式は関連会社株式（取得原価1,500円、市場価格はない、保有株式数30株）である。なお、K社（発行済株式100株）の財政状態は次のとおり著しく悪化しているので、実価法を適用する。

（K社）	貸 借 対 照 表	（単位：円）
諸　資　産　10,000	諸　負　債　8,000	

●有価証券の減損処理

　売買目的有価証券以外の有価証券のうち、市場価格のない株式等以外のものの時価が著しく下落した場合や、市場価格のない株式等の実質価額が著しく下落した場合には、評価替えが強

制されます。

これを有価証券の**減損処理**（げんそんしょり）といい、減損処理には**強制評価減**と**実価法**（じっかほう）があります。

● 強制評価減

売買目的有価証券以外の有価証券のうち、市場価格のない株式等以外のものについて、時価が著しく下落した場合は、回復する見込みがあると認められる場合を除いて、時価を貸借対照表価額とし、評価差額を当期の損失（**特別損失**）として計上しなければなりません。これを**強制評価減**といいます。

なお、「著しい下落」とは、時価が取得原価の50％程度以上下落した場合などをいいます。

回復の見込みがない場合だけでなく、回復する見込みが不明な場合も時価で評価します。

強制評価減

時価が著しく下落し、かつ、回復の見込みがあると認められる場合を除いて、時価で評価

会計学の空欄補充問題等で出題される可能性があります。しっかりおさえましょう。

CASE26のJ社株式は子会社株式なので、通常は決算において評価替えしませんが、時価が著しく下落し（800円）、かつ、回復の見込みがありません。したがって、強制評価減が適用されます。

800円＜2,000円×50％なので、著しい下落に該当します。なお、著しい下落かどうかは通常、問題文に与えられます。

CASE26の仕訳　J社株式

（子会社株式評価損）　1,200　　（子 会 社 株 式）　1,200

　　特別損失

2,000円－800円＝1,200円

● 実価法

市場価格のない株式等について、その株式を発行した会社の財政状態が著しく悪化したときは、**実質価額**まで帳簿価額を切り下げます。これを**実価法**といいます。

なお、実質価額は発行会社の1株あたりの純資産に、所有株式数を掛けて計算します。

実質価額の計算

① 発行会社の純資産＝資産－負債

② 1株あたりの純資産（実質価額）＝ $\dfrac{純資産}{発行済株式総数}$

③ 所有株式の実質価額＝②×所有株式数

CASE26　K社株式の実質価額

①発行会社の純資産：10,000円－8,000円＝2,000円

②1株あたりの純資産： $\dfrac{2,000円}{100株}$ ＝＠20円

③所有株式の実質価額：＠20円×30株＝600円

以上より CASE26 のK社株式の処理は次のようになります。

CASE26の仕訳　K社株式

（関連会社株式評価損）　　900　　（関連会社株式）　　900
特別損失

1,500円－600円＝900円

●強制評価減や実価法が適用された場合の表示

　強制評価減や実価法が適用された場合の評価損は、損益計算書上、**特別損失**に計上します。

各評価損の表示科目はこのようになります。

```
　　　　損　益　計　算　書
　　　　　　　　：
Ⅶ　特　別　損　失
　　　　投資有価証券評価損　　××
　　　　子会社株式評価損　　1,200
　　　　関連会社株式評価損　　900
```

●強制評価減や実価法が適用された場合の翌期首の処理

　強制評価減や実価法が適用されたときは、翌期首において振り戻す処理はしません（つねに**切放法**）。

　有価証券の期末評価についてまとめると次のとおりです。

とても
重要

分　類	貸借対照表価額		処理方法	評価差額等の処理	
売買目的有価証券	時　価		切放法または洗替法	P/L営業外費用（収益）「有価証券評価損（益）」	
満期保有目的債券	原則	取得原価	—		
	金利調整差額あり	償却原価（定額法、利息法）	—	償却額はP/L営業外収益「有価証券利息」	
子会社株式・関連会社株式	取得原価		—	—	
その他有価証券	時　価		洗替法	全部純資産直入法	B/S純資産の部「その他有価証券評価差額金」
				部分純資産直入法	評価差益… B/S純資産の部「その他有価証券評価差額金」
					評価差損… P/L営業外費用「投資有価証券評価損」
市場価格のない株式等	取得原価		—	—	
強制評価減	時　価		切放法	P/L特別損失「投資有価証券評価損」「子会社株式評価損」「関連会社株式評価損」	
実価法	実質価額		切放法		

⇔ 問題編 ⇔
問題21、22

有価証券の保有目的の変更

(1) 有価証券の保有目的の変更

有価証券を取得した当初の保有目的を、途中で変更することは原則として認められませんが、正当な理由がある場合に限って保有目的の変更が認められます。

(2) 変更時の評価（振替時の振替価額）

有価証券の保有目的を変更する場合、変更後の価額をいくらで計上するのか（振替価額）は、変更前の保有目的 によって異なります。

たとえば、売買目的有価証券は決算時に時価で評価しますよね…。だから、変更時の振替価額は振替時の時価となります。

満期保有目的債券は原則として評価替えしません（取得原価で評価）が、取得価額と債券金額との差額が金利調整差額と認められる場合には償却原価法によって処理します。

子会社株式・関連会社株式は原則として評価替えしません（強制評価減等が適用されることがあります）。

その他有価証券は決算時に時価で評価しますよね…。だけど、子会社株式・関連会社株式への振替えについてはちょっと例外的な処理となります。

変更前の保有目的（分類）	変更後の保有目的（分類）	変更時の振替価額	変更時に生じた評価差額の処理
❶ 売買目的有価証券	子会社株式・関連会社株式	振替時の時価	有価証券評価損益
	その他有価証券		
❷ 満期保有目的債券	売買目的有価証券	振替時の償却原価または取得原価	－
	その他有価証券		
❸ 子会社株式・関連会社株式	売買目的有価証券	帳簿価額	－
	その他有価証券		
❹ その他有価証券	売買目的有価証券	振替時の時価	投資有価証券評価損益
	子会社株式・関連会社株式	帳簿価額…★	－…★

★ 部分純資産直入法を採用していて、前期末に評価差損を計上している場合は、前期末時価で振り替え、評価差額は「投資有価証券評価損益」で処理

なお、変更後の処理は、変更後の保有目的（分類）にしたがった処理となります。

例1 保有する売買目的有価証券500円（帳簿価額）について、保有目的をその他有価証券に変更した。なお、振替時の時価は600円である。

●売買目的有価証券からその他有価証券への変更

| （その他有価証券） | 600 | （売買目的有価証券） | 500 |
| | | （有価証券評価損益） | 100 |

振替時の時価 ↑　　　評価差額 ↑

例2 保有する満期保有目的債券500円（償却原価）について、保有目的を売買目的有価証券に変更した。なお、振替時の時価は600円である。

❷満期保有目的債券から売買目的有価証券への変更

| （売買目的有価証券） | 500 | （満期保有目的債券） | 500 |

償却原価 ↑

例3 保有する子会社株式500円（帳簿価額）について、保有目的を売買目的有価証券に変更した。なお、振替時の時価は600円である。

❸子会社株式から売買目的有価証券への変更

| （売買目的有価証券） | 500 | （子会社株式） | 500 |

帳簿価額 ↑

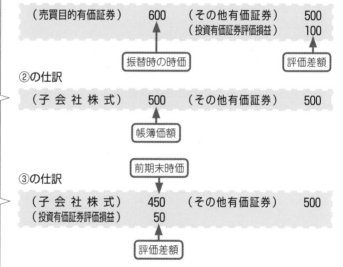

❹その他有価証券から売買目的有価証券への変更

❹その他有価証券から子会社株式への変更

❹その他有価証券から子会社株式への変更

例4 次の各取引の仕訳をしなさい。

① 保有するその他有価証券500円（帳簿価額。部分純資産直入法を採用している）について、保有目的を売買目的有価証券に変更した。なお、振替時の時価は600円である。

② 保有するその他有価証券500円（帳簿価額。全部純資産直入法を採用している）について、保有目的を子会社株式に変更した。なお、前期末の時価は450円、振替時の時価は600円である。

③ 保有するその他有価証券500円（帳簿価額。部分純資産直入法を採用している）について、保有目的を子会社株式に変更した。なお、前期末の時価は450円、振替時の時価は480円である。

①の仕訳

（売買目的有価証券）	600	（その他有価証券）	500
		（投資有価証券評価損益）	100

振替時の時価

評価差額

全部純資産直入法の場合は、帳簿価額で振り替えます。

②の仕訳

（子会社株式）	500	（その他有価証券）	500

帳簿価額

部分純資産直入法を採用していて、前期末に評価差損（450円−500円＝△50円）を計上している場合は、前期末時価で振り替えます。

前期末時価

③の仕訳

（子会社株式）	450	（その他有価証券）	500
（投資有価証券評価損益）	50		

評価差額

⊜ 問題編 ⊜
問題23

有価証券の分類と表示

分　　類	表示科目	表示区分	
売買目的有価証券	有価証券	流動資産	
満期保有目的債券	投資有価証券	固定資産（投資その他の資産）	1年超
	有価証券	流動資産〈 1年以内	
子会社株式・関連会社株式	関係会社株式	固定資産（投資その他の資産）	
その他有価証券	投資有価証券	固定資産（投資その他の資産）	

有価証券のまとめ　≪一連の流れ≫

CASE17 購入時

●付随費用は有価証券の取得原価に含めて処理

（売買目的有価証券）　1,010　（当座預金）　1,010

CASE18 売却時

●複数回に分けて購入した有価証券を売却したときは、平均原価法により払出単価を計算

$$平均単価＝\frac{1回目の取得原価＋2回目の取得原価＋\cdots}{1回目の取得株式数＋2回目の取得株式数＋\cdots}$$

●有価証券の売却時にかかった売却手数料は、通常、支払手数料（営業外費用）で処理

（現　　　金）　1,638　（売買目的有価証券）　1,575
（支払手数料）　　12　（有価証券売却益）　　　75

有価証券売却損益の表示区分

分　　類	表示科目	表示区分
売買目的有価証券	有価証券売却損（益）[1]	営業外費用（収益）
満期保有目的債券	投資有価証券売却損（益）[1]	営業外費用（収益）[3]
子会社株式・関連会社株式	関係会社株式売却損（益）[2]	特別損失（利益）
その他有価証券	投資有価証券売却損（益）[1]	営業外費用（収益）[3]

[1]　売却損と売却益を相殺した純額を計上
[2]　売却損と売却益を相殺せずに、総額を計上
　　また、**子会社株式売却損（益）・関連会社株式売却損（益）** などで表示することもある
[3]　合理的な理由によらないものや臨時的なものは**特別損失（利益）**に表示

CASE
19〜26

有価証券の期末評価

分　類	貸借対照表価額		処理方法	評価差額等の処理	
売買目的 有価証券	時　　価		切放法 または 洗替法	P/L 営業外費用（収益） 「有価証券評価損（益)」	
満期保有 目的債券	原則	取得原価	―	―	
	金利調 整差額 あり	償却原価 （定額法、 利息法）	―	償却額は P/L 営業外収益 「有価証券利息」	
子会社株式・ 関連会社株式	取得原価		―	―	
その他 有価証券	時　　価		洗替法	全部純資 産直入法	B/S 純資産の部 「その他有価証券評価差額金」
				部分純資 産直入法	評価差益… B/S 純資産の部 「その他有価証券評価差額金」 評価差損… P/L 営業外費用 「投資有価証券評価損」
市場価格の ない株式等	取得原価		―	―	
強制評価減	時　　価		切放法	P/L 特別損失 「投資有価証券評価損」 「子会社株式評価損」 「関連会社株式評価損」	
実価法	実質価額		切放法		

第6章

有形固定資産

· · · · ·

2級では、有形固定資産の取得、売却、買換え、除却、
資本的支出と収益的支出などについて学習した…。
これらの処理は1級でも同じらしい。
だけど、1級では資本的支出の金額を
自分で計算しなくちゃいけない場合もあるんだって!
そのほか、1級では級数法という減価償却方法や
圧縮記帳とかいう項目も新たに学習するらしい。

ここでは、有形固定資産の処理について学習します。

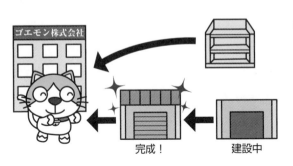

有形固定資産を取得したときの仕訳

ゴエモン㈱では、備品1,000円を購入し、運送費20円とともに現金で支払いました。また、去年から建設をお願いしていた建物が完成したので、引渡しを受けました。この場合、どんな処理をするのでしょう？

> **取引**　売価1,000円の備品を100円の割戻しを受けて購入し、代金は運賃20円とともに現金で支払った。また、建設中の建物が完成し、引渡しを受けた。この建物について建設仮勘定4,000円が計上されており、工事契約金額との差額2,000円を現金で支払った。

有形固定資産とは？

　土地や建物、備品など、企業が長期にわたって利用するために保有する資産で、形のあるものを**有形固定資産**といいます。

　また、建設中の建物等に対する支払額である**建設仮勘定**も有形固定資産に分類されます。

償却資産と非償却資産

　2級でも学習しましたが、建物や備品等については決算において減価償却を行います。このように、有形固定資産のうち決算において減価償却を行うものを**償却資産**といいます。

　一方、土地や建設仮勘定のように減価償却を行わないものを**非償却資産**といいます。

> 土地は利用によって価値が減らないので、減価償却をしません。また、建設仮勘定は利用前の状態なので、減価償却をしません。

償却資産	建物、構築物、備品、機械、車両など

有形固定資産

非償却資産	土地、建設仮勘定　など

有形固定資産の取得原価

　有形固定資産を購入したときは、購入代価に引取運賃や購入手数料、設置費用などの付随費用を加算した金額を取得原価として処理します。

　なお、購入に際して、割戻しを受けたときは、これらの金額を購入代価から差し引きます。

> 取得原価＝（購入代価－割戻額）＋付随費用

　したがって、CASE27の備品購入時の仕訳は次のようになります。

CASE27の仕訳（備品）

（備　　　　品）	920	（現　　　　金）	920

> 1,000円－100円＋20円＝920円

建設中の資産が完成したときの処理

　建設中の資産（建物）に対してすでに支払った金額については**建設仮勘定（資産）**で処理しています。したがって、建物が完成したときは建設仮勘定から建物に振り替えます。

　また、工事契約金額との差額（2,000円）は建物の取得原価として処理します。

CASE27の仕訳（建物）

（建　　　　物）	6,000	（建 設 仮 勘 定）	4,000
		（現　　　　金）	2,000

⇔ 問題編 ⇔
問題24

取得原価の決定

有形固定資産を特殊な状態で取得した場合の取得原価は次のようになります。

(1) 一括購入

たとえば土地付建物を一括して購入し、代金6,000円を支払った場合のように、複数の有形固定資産を一括して購入した場合は、取得原価（6,000円）を各有形固定資産（土地と建物）の**時価の比**で按分します。

> **例1** 土地付建物を購入し、代金6,000円は小切手を振り出して支払った。なお、土地の時価は5,000円、建物の時価は3,000円である。

$$6{,}000円 \times \frac{5{,}000円}{5{,}000円 + 3{,}000円} = 3{,}750円$$

（土 地）	3,750	（当 座 預 金）	6,000
（建 物）	2,250		

$$6{,}000円 \times \frac{3{,}000円}{5{,}000円 + 3{,}000円} = 2{,}250円$$

(2) 自家建設

商品倉庫を自社で建設した場合など、自家建設の場合には原則として、**適正な原価計算基準**にしたがって製造原価（材料費、労務費、経費）を計算し、この製造原価を取得原価とします。

ただし、自家建設のための借入金にかかる利息（自家建設に要する**借入資本利子**といいます）で有形固定資産の**稼働前の期間に属するもの**は、取得原価に算入することができます。

> 通常、借入資本利子（支払利息）は取得原価に含めませんが、自家建設の場合に限って、有形固定資産の稼働前の期間のものは、取得原価に算入することが容認されています。

(3)　現物出資

　　株式を発行する際、通常は現金等による払込みを受けますが、土地や建物などの現物によって払込みが行われることがあります。このような現物による払込みを**現物出資**といい、現物出資によって有形固定資産を取得した場合、時価等を基準とした公正な評価額を取得原価とします。

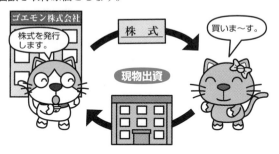

> **例2**　建物の現物出資を受け、株式6,000円（時価）を交付した。なお、払込金額の全額を資本金として処理する。

（建　　　　物）　6,000　（資　本　金）　6,000

(4)　有形固定資産との交換

　　保有している有形固定資産と交換で、有形固定資産を受け入れた場合には、**相手に渡した自己資産の適正な帳簿価額を取得原価**とします。

> つまり、旧資産の帳簿価額を新資産の帳簿価額に付け替えるのです。

> **例3**　自己所有の建物（帳簿価額4,000円、時価3,500円）と先方所有の建物（帳簿価額3,000円、時価3,500円）を交換した。

（建　　　　物）　4,000　（建　　　　物）　4,000

(5) 有価証券との交換

　建物を取得し、保有する有価証券を渡した場合など、有形固定資産と有価証券を交換した場合は、**交換時の有価証券の時価**（または**適正な帳簿価額**）を取得原価とします。

(6) 贈与

　建物や土地の贈与を受けた場合は、**贈与時の時価等**を取得原価とします。なお、このときの相手科目は**固定資産受贈益（特別利益）**で処理します。

> **例4** 土地（時価5,500円）の贈与を受けた。

（土　　　　　地）　5,500　（固定資産受贈益）　　5,500
　　　　　　　　　　　　　　　　　　特別利益

⇔ 問題編 ⇔
問題25

有形固定資産の割賦購入

有形固定資産を割賦で購入したときの仕訳

分割にすると、利息分だけ支払いが増えるね…。

5,850円

分割回数	1回(月々)の支払額
3回	2,000円

➡2,000円×3回=6,000円

これまで、固定資産の購入時には現金などで一括払いをしていたゴエモン㈱ですが、手元資金も乏しいので、今回は割賦(分割)で支払いたいと思っています。固定資産を割賦で購入したときは、どのような処理になるのでしょうか?

> **取引** ゴエモン㈱は、当期首において、備品6,000円(現金正価は5,850円)を割賦契約により購入した。なお、代金は毎月末に期限の到来する額面2,000円の約束手形3枚を振り出して支払った。利息相当額については前払利息で処理する。

● 有形固定資産を割賦で購入したときの仕訳

　有形固定資産を割賦(分割払い)で購入する場合、取得原価(購入代価+付随費用)のほか、割賦購入に関する利息がかかってきますが、この利息相当額については原則として有形固定資産の取得原価に含めません。

　したがって、有形固定資産の取得原価は購入代価(現金正価)で計上します。

(備 品) 5,850	( )

　また、利息相当額については**支払利息(費用)**で処理しますが、購入時にはまだ利息が発生していないため、**前払利息(資産)**などの勘定科目で処理します。

　なお、利息相当額(利息総額)は、支払総額から固定資産の

> CASE28の問題文には、「利息相当額については前払利息で処理する」とあるので、利息相当額については前払利息(資産)で処理します。

現金正価を差し引いて計算します。

6,000円 － 5,850円 ＝ 150円
　支払総額　　現金正価

以上より、CASE28の仕訳は次のようになります。

CASE28の仕訳

| （備　　　　品） | 5,850 | （営業外支払手形） | 6,000 |
| （前　払　利　息） | 150 | | |

CASE 29 有形固定資産の割賦購入

割賦金を支払ったときの仕訳①
定額法

CASE28で購入した固定資産について、第1回目の支払日が到来したので、手形代金を当座預金口座から支払いました。

取引 先日割賦購入した備品6,000円（現金正価は5,850円、利息総額は150円）について、第1回目の支払日が到来したので、手形代金2,000円を当座預金口座から支払った。なお、手形代金の支払時に支払利息を計上するものとし、利息の計算方法は定額法による。

● **割賦金を支払ったときの仕訳**

割賦金を支払ったときは、支払った分の**営業外支払手形（負債）**を減らします。

（営業外支払手形） 2,000 （当 座 預 金） 2,000

また、支払った分に対応する利息を**前払利息（資産）**から**支払利息（費用）**に振り替えます。

この処理は決算時に行うこともあります。

（支 払 利 息） ×× （前 払 利 息） ××

このときの利息の計算方法には、**定額法**と**利息法**があります。

まずは定額法の処理からみてみましょう。定額法は2級で学習済みです。

定額法による場合の仕訳

定額法とは、利息総額を均等に配分して利息を計算する方法をいいます。

定額法による支払利息

150円÷3回＝50円

以上より、CASE29（**定額法**）の仕訳は次のようになります。

CASE29の仕訳

| （営業外支払手形） | 2,000 | （当 座 預 金） | 2,000 |
| （支 払 利 息） | 50 | （前 払 利 息） | 50 |

割賦金を支払ったときの仕訳②
利息法

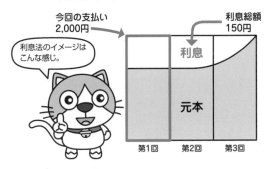

利息法のイメージはこんな感じ。

つづいて利息法についてみてみましょう。

取引 先日割賦購入した備品6,000円（現金正価は5,858円、利息総額は142円。代金は毎月末に期限の到来する額面2,000円の約束手形3枚を振り出して支払うこととしている）について、第1回目の支払日が到来したので、手形代金2,000円を当座預金口座から支払った。なお、利息の計算方法は利息法による。利率は月利1.2%（年利14.4%）で計算すること（円未満四捨五入）。

● 利息法による場合の仕訳

　利息法とは、割賦購入代金の元本未返済額（現金正価部分）に利子率を掛けた金額で、代金支払時の利息を計算する方法をいいます。

　CASE30では、第1回目の支払日における割賦購入代金の元本未返済額は5,858円（現金正価）なので、これに1.2%を掛けて、第1回目の支払日における利息を計算します。

利息法による支払利息

5,858円 × 1.2% ≒ 70円

| （営業外支払手形） | 2,000 | （当　座　預　金） | 2,000 |
| （支　払　利　息） | 70 | （前　払　利　息） | 70 |

なお、各支払日における利息の計算は次のように行います。

支払日	(1)月初元本 未返済額	(2)支払額	(3)利息分 （支払利息） (1)×1.2%	(4)元本返済分 (2)−(3)	(5)月末元本 未返済額 (1)−(4)
第1回目	5,858円	2,000円	70円	1,930円	3,928円
第2回目	3,928円	2,000円	47円	1,953円	1,975円
第3回目	1,975円	2,000円	25円	1,975円	0円
合　計	—	6,000円	142円	5,858円	—

②最後は差額で計算します。
2,000円−1,975円＝25円

①支払最終回は残っている元本未返済額を減少させ、月末元本未返済額を0円にします。

問題編
問題26

有形固定資産の減価償却①

級数法がニューフェイス！

定額法

定率法

生産高比例法

"級数法"

今日は決算日。ゴエモン㈱では、建物、備品、車両、機械について減価償却を行うことにしました。

減価償却方法には、2級で学習した定額法、定率法、生産高比例法のほか、級数法という方法がありますが、級数法とはどんな方法なのでしょう？

> **取引** 決算につき、次の有形固定資産について減価償却を行う（当期：×3年4月1日～×4年3月31日）。なお、残存価額はすべて取得原価の10%、記帳方法は間接法による。

区　分	取得日（利用開始日）	取得原価	償却方法
建　物	×3年5月1日	6,000円	定額法（耐用年数30年）
備　品	×2年4月1日	1,200円	定率法（償却率0.25）
車　両	×3年4月1日	3,000円	生産高比例法 （可能走行距離1,000km、 当期の走行距離180km）
機　械	×2年4月1日	1,500円	級数法（耐用年数5年）

減価償却の意味

　企業は建物や備品などの有形固定資産を利用して活動し、収益（売上）を上げています。そこで、収益を獲得するのに貢献した金額を計算し、費用として計上することによって、収益と費用が適切に対応し、適正な期間損益計算を行うことが可能となります。

「損益計算を正しく行う」ということです。

このように適正な期間損益計算のため、有形固定資産の取得原価を耐用期間における各事業年度に費用として配分する手続きが**減価償却**です。

企業会計原則では、資産の取得原価を各事業年度に費用として配分することを要請しています。これを費用配分の原則といいます。

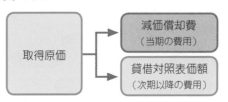

正規の減価償却

以上のように、減価償却の目的は適正な期間損益計算なので、減価償却は一定の方法によって毎期、規則的に行われなければなりません。このように一定の減価償却方法によって、毎期、規則的に行われる減価償却を**正規の減価償却**といいます。

減価償却の記帳方法

記帳方法も3、2級で学習しましたね。

減価償却の記帳方法（仕訳の仕方）には、**直接法**（減価償却費を固定資産の取得原価から直接減額する方法）と**間接法**（減価償却費を固定資産の取得原価から直接減額しないで、**減価償却累計額**を用いて処理する方法）があります。

① 直接法の場合

（減 価 償 却 費）　　XX　（建 物 な ど）　　XX

② 間接法の場合

（減 価 償 却 費）　　XX　（減価償却累計額）　　XX

●減価償却方法

正規の減価償却を行うための方法には、**定額法、定率法、生産高比例法、級数法**があります。

(1) 定額法

定額法は、有形固定資産の耐用期間中、毎期均等額の減価償却費を計上する方法で、次の式によって減価償却費を計算します。

定額法は3級から出てきている方法なので、もう大丈夫ですよね？

$$1年分の減価償却費 = \frac{取得原価 - 残存価額}{耐用年数}$$

CASE31の建物は定額法によって減価償却しますが、取得日が当期の5月1日です。したがって、当期分の減価償却費を月割り（×3年5月1日から×4年3月31日までの11か月）で計算します。

なお、残存価額が取得原価の10%の場合は、取得原価のうち90%を耐用期間中に償却することになるので、取得原価×0.9÷耐用年数として計算することができます。

CASE31の仕訳（建物）

（減価償却費）	165	（建物減価償却累計額）	165

$$6,000円 × 0.9 ÷ 30年 × \frac{11か月}{12か月} = 165円$$

(2) 定率法

定率法は、有形固定資産の耐用期間中、期首帳簿価額（取得原価－減価償却累計額）に一定の償却率を掛けた金額を減価償却費として計上する方法で、次の式によって減価償却費を計算します。

定率法は2級で学習しました。定率法の場合も、期中に取得した固定資産の減価償却費については月割計算します。

> 1年分の減価償却費＝期首帳簿価額×償却率
> （取得原価－減価償却累計額）

　CASE31の備品は定率法によって減価償却します。また、取得日が前期なので、前期末の減価償却累計額を計算してから期首帳簿価額を求め、これに償却率を掛けます。

備品の減価償却費

①前期末の減価償却累計額：1,200円×0.25＝300円
②期 首 帳 簿 価 額：1,200円－300円＝900円
③当期の減価償却費：900円×0.25＝225円

CASE31の仕訳（備品）

（減 価 償 却 費）	225	（備品減価償却累計額）	225

　上記のように、定率法によると1年目（前期）に多額の減価償却費（300円）が計上され、それ以降はだんだんと減価償却費が減少していきます（2年目は225円）。
　したがって、定率法はすぐに価値が減少してしまう有形固定資産に対して適用されます。

(3) 生産高比例法

　生産高比例法は、有形固定資産の耐用期間中、毎期利用した分だけ減価償却費を計上する方法で、次の式によって減価償却費を計算します。

> 1年分の減価償却費＝（取得原価－残存価額）× $\dfrac{\text{当期利用量}}{\text{総利用可能量}}$

生産高比例法も2級で学習しました。生産高比例法は期間ではなく、利用量に応じて減価償却費を計上する方法なので、期中に取得した場合でも月割計算をしないことに注意しましょう。

　したがって、CASE31の車両の減価償却費は次のようになります。

CASE31の仕訳（車両）

（減 価 償 却 費）　　　486　　　（車両減価償却累計額）　　　486

$$3,000円 \times 0.9 \times \frac{180km}{1,000km} = 486円$$

(4) 級数法

　級数法は、有形固定資産の耐用期間中、毎期一定の額を算術級数的に逓減した減価償却費を計上する方法で、次の式によって減価償却費を計算します。

> 「逓減」とはだんだん減ることをいいます。各期の減価償却費が年々減っていく、という点では定率法に似ていますね。

$$1年分の減価償却費 = (取得原価 - 残存価額) \times \frac{期首残存耐用年数}{総項数}$$

　なお、総項数とは各期の期首における残存耐用年数を合計した数をいいます。

　たとえば、CASE31の機械の耐用年数は5年なので、1年目の期首における残存耐用年数は5年（5項）、2年目の期首における残存耐用年数は4年（4項）…として計算すると、総項数は15項（5項＋4項＋3項＋2項＋1項）となります。

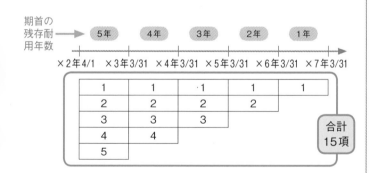

また、CASE31の機械は前期に取得しているので、当期の期首における残存耐用年数は4年（5年－1年）です。したがって、当期の減価償却費は次のようになります。

CASE31の仕訳（機械）

（減 価 償 却 費）　　　360　　　（機械減価償却累計額）　　　360

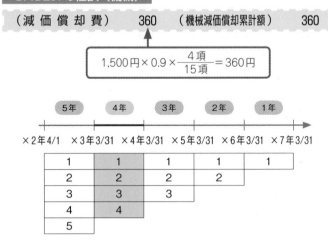

$$1,500円 \times 0.9 \times \frac{4項}{15項} = 360円$$

⊜ 問題編 ⊜

問題27

減価償却

有形固定資産の減価償却②

残存価額＝0円
まで償却？

200％償却法？

法人税法上、平成19年
4月1日以後に取得し
た有形固定資産については、
残存価額が0円となるまで減
価償却できるとのこと。この
場合の減価償却費の計算につ
いてみてみましょう。

減価償却制度の改正

　平成19年3月の法人税法の改正により、**平成19年4月1日以後に取得した固定資産**については、（法人税法上）**残存価額を0円**として減価償却することができるようになりました。

　ただし、残存価額を0円として計算すると、耐用年数到来後の固定資産の帳簿価額が0円となってしまい、償却済みの固定資産を所有していても帳簿に何も残らないため、耐用年数到来時には1円だけ残すことになっています（この1円を**備忘価額**といいます）。

　この場合の定額法と定率法の処理についてみていきましょう。

新定額法

　新定額法の場合は、耐用年数が到来する前の会計期間では残存価額を0円として計算し、耐用年数が到来した会計期間は期首帳簿価額から1円を差し引いた金額を減価償却費として計上します。

　具体例を使って、新定額法の計算をみてみましょう。

このテキストでは、法人税法上、平成19年4月1日以後に取得した固定資産に適用される定額法を新定額法とよびます。

> 例1 当期首において、備品（取得原価1,200円）を取得した。新定額法（耐用年数5年、間接法で記帳）による場合の各会計期間の減価償却費を計算しなさい。なお、耐用年数到来時の残存簿価（備忘価額）が1円になるまで償却するものとする。

(1) **1年目から4年目までの減価償却費**

　1年目から4年目までの減価償却費は残存価額を0円として計算します。

1年目から4年目までの減価償却費

（減 価 償 却 費）　　240　　（備品減価償却累計額）　　　240

> 1,200円÷5年＝240円

(2) **5年目の減価償却費**

　耐用年数が到来する5年目の減価償却費は期首帳簿価額240円（1,200円－240円×4年）から備忘価額1円を差し引いた239円を減価償却費として計上します。

5年目の減価償却費

（減 価 償 却 費）　　239　　（備品減価償却累計額）　　　239

> ①期首帳簿価額：1,200円－240円×4年＝240円
> ②減 価 償 却 費：240円－1円＝239円

● 定額法償却率を用いた場合の計算

　定額法による減価償却費は、取得原価から残存価額を差し引いた金額を耐用年数で割って計算しますが、試験では償却率が与えられることがあります。

　定額法の償却率は（1年÷耐用年数）で計算した値なので、耐用年数が5年の場合、償却率は次のようになります。

> 定額法か新定額法かにかかわらず、（1年÷耐用年数）で計算した値が定額法（新定額法）の償却率となります。

1年÷5年＝0.2

したがって、取得原価が1,200円、残存価額が0円、定額法の償却率が0.2という場合、減価償却費は次のように計算します。

減価償却費

$$(1,200円 － 0円) × \underset{\frac{1年}{5年}}{0.2} = 240円$$

（取得原価－残存価額）÷耐用年数で計算した場合と一致します。

🔴 200％定率法

200％定率法とは、**定額法の償却率（1年÷耐用年数）を2倍（200％）した率を定率法の償却率として計算**する方法をいいます。

> ① 200％定率法の償却率＝1÷耐用年数×2
> ② 減価償却費＝期首帳簿価額×償却率

なお、定率法の場合、期首帳簿価額に償却率を掛けて計算するので、いつまでたっても帳簿価額が0円になりません。そこで、あるタイミングで期首帳簿価額を残存耐用年数で割るといった均等償却に切り替え、耐用年数到来時の帳簿価額が0円（備忘価額が1円）になるように減価償却費を計算します。

この場合の切替えのタイミングは、**通常の償却率（200％定率法の償却率）で計算した減価償却費が償却保証額（期首帳簿価額÷残存耐用年数）を下回ったとき**となります。

> ① $\genfrac{}{}{0pt}{}{通常の償却率で}{計算した減価償却費}$ ＝ 期首帳簿価額×償却率
> ② 償却保証額＝期首帳簿価額÷残存耐用年数
> ③ ① ≧ ②の場合 → 減価償却費＝①の金額
>   ① ＜ ②の場合 → 減価償却費＝②の金額

具体例を使って、200％定率法の場合の計算をみてみましょう。

平成19年の法人税の改正により、平成19年4月1日以後に取得した固定資産については250％定率法が採用されていましたが、平成23年の法人税の改正により、平成24年4月1日以後に取得した固定資産については200％定率法が採用されることになりました。

例2 当期首に備品（取得原価1,200円）を取得した。200%定率法（耐用年数5年、間接法で記帳）による場合の各会計期間の減価償却費を計算しなさい（円未満四捨五入）。

⑴ 200%定率法の償却率

200%定率法の償却率を計算すると次のとおりです。

200%定率法の償却率

$1 \div 5 \text{年} \times 2 = 0.4$

⑵ 1年目から3年目の減価償却費

1年目から3年目までは、通常の償却率（0.4）で計算した減価償却費が償却保証額を下回らないので、通常の償却率（0.4）で計算した金額を減価償却費として計上します。

> 有形固定資産を取得した直後は、通常の償却率で計算した金額が償却保証額を上回るので、取得後1年目や2年目だったら償却保証額と比較しなくても大丈夫です。

1年目の減価償却費

（減 価 償 却 費）　　480　　（備品減価償却累計額）　　480

①通常の償却率で計算した減価償却費：1,200円×0.4＝480円
②償却保証額：1,200円÷5年＝240円
③① ≧ ② → ①480円

2年目の減価償却費

（減 価 償 却 費）　　288　　（備品減価償却累計額）　　288

①通常の償却率で計算した減価償却費：（1,200円－480円）×0.4＝288円
　　　　　　　　　　　　　　　　期首帳簿価額（720円）
②償却保証額：720円÷（5年－1年）＝180円
③① ≧ ② → ①288円

| （減　価　償　却　費） | 173 | （備品減価償却累計額） | 173 |

①通常の償却率で計算した減価償却費：（720円－288円）×0.4≒173円
　　　　　　　　　　　　　　　　　期首帳簿価額（432円）

②償却保証額：432円÷（5年－2年）＝144円
③① ≧ ② → ① 173円

(3)　4年目と5年目の減価償却費

　4年目以降は、通常の償却率で計算した減価償却費が償却保証額を下回るため、期首帳簿価額を残存耐用年数で割った金額を減価償却費として計上します。

4年目の減価償却費

| （減　価　償　却　費） | 130 | （備品減価償却累計額） | 130 |

①通常の償却率で計算した減価償却費：（432円－173円）×0.4≒104円
　　　　　　　　　　　　　　　　　期首帳簿価額（259円）

②償却保証額：259円÷（5年－3年）≒130円
③① ＜ ② → ② 130円

5年目の減価償却費

| （減　価　償　却　費） | 128 | （備品減価償却累計額） | 128 |

①期首帳簿価額：259円－130円＝129円
②減　価　償　却　費：129円－1円＝128円

> 耐用年数到来時の減価償却費は、期首帳簿価額から備忘価額（1円）を差し引いて計算します。

● 償却率、保証率、改定償却率が与えられる場合

　200％定率法の償却率は、定額法の償却率（1年÷耐用年数）を2倍した率で計算しますが、試験では問題文に償却率が与えられる場合があります。また、問題文に保証率や改定償却率が与えられた場合、通常の償却率で計算した減価償却費が償却保証額（取得原価×保証率）を下回ったときには、残存耐用年数による均等償却に代えて、改定償却率を用いて計算します。

①通常の償却率で
計算した減価償却費 ＝ 期首帳簿価額×償却率
②償却保証額＝取得原価×保証率
③① ≧ ②の場合 → 減価償却費＝①の金額
　① ＜ ②の場合 → 減価償却費＝期首帳簿価額＊×改定償却率
　＊最初に① ＜ ②となった会計期間の期首帳簿価額（改定取得原価）

この場合の計算を具体例を使ってみてみましょう。

問題文に償却率
（0.4）が与えられ
た場合には、自分
で償却率を計算す
る必要はありませ
ん。

例3 当期首に備品（取得原価1,200円）を取得した。
200%定率法（耐用年数5年、償却率0.4、改定償
却率0.500、保証率0.10800、間接法で記帳）によ
る場合の1年目と2年目および4年目の減価償却
費を計算しなさい（円未満四捨五入）。なお、3
年目の減価償却後の帳簿価額は259円とする。

1年目の減価償却費

| （減　価　償　却　費） | 480 | （備品減価償却累計額） | 480 |

①通常の償却率で計算した減価償却費：1,200円×0.4＝480円
②償却保証額：1,200円×0.10800≒130円
③① ≧ ② → ①480円

2年目の減価償却費

| （減　価　償　却　費） | 288 | （備品減価償却累計額） | 288 |

①通常の償却率で計算した減価償却費：(1,200円－480円)×0.4＝288円
　　　　　　　　　　　　　　　期首帳簿価額（720円）
②償却保証額：1,200円×0.10800≒130円
③① ≧ ② → ①288円

4年目の減価償却費

| （減　価　償　却　費） | 130 | （備品減価償却累計額） | 130 |

①通常の償却率で計算した減価償却費：259円×0.4≒104円
　　　　　　　　　　　　　　　期首帳簿価額
②償却保証額：1,200円×0.10800≒130円
③① ＜ ② → 259円×0.500≒130円

改定償却率を計算する際、端数処理がされているので、例2の金額と、多少異なることがあります。

参考

250%定率法

　250%定率法（平成19年4月1日から平成24年3月31日までに取得した有形固定資産に適用される定率法）では、**定額法の償却率（1÷耐用年数）を2.5倍（250%）した率を償却率として**計算します。

> 250%定率法の償却率＝1÷耐用年数×2.5

　償却率の計算において、200%定率法では2倍（200%）としたところを、250%定率法では2.5倍（250%）とするだけで、そのほかの計算手順は200%定率法と同じです。

総合償却

これまでみてきたように、有形固定資産ごとに減価償却を行う方法を**個別償却**といいます。これに対して、一定の基準によってひとまとめにした有形固定資産について、一括して減価償却を行う方法を**総合償却**といいます。

総合償却では、一般的に定額法が用いられますが、耐用年数の異なる有形固定資産をまとめて償却するため、各有形固定資産の平均耐用年数を求めて、平均耐用年数を用いて計算します。

$$減価償却費 = \frac{取得原価合計 - 残存価額合計}{平均耐用年数}$$

なお、平均耐用年数は、①各有形固定資産の要償却額（取得原価 − 残存価額）の合計と②各有形固定資産の定額法による1年分の減価償却費の合計を計算し、①を②で割って求めます。

$$平均耐用年数 = \frac{各資産の要償却額合計}{各資産の1年分の減価償却費の合計}$$

> **例** 次の資産を、総合償却（定額法）によって減価償却した場合の減価償却費を計算しなさい。なお、残存価額は取得原価の10%とする。
>
> | | 取得原価 | 耐用年数 |
> |---|---|---|
> | 機械A | 1,200円 | 3年 |
> | 機械B | 1,800円 | 4年 |
> | 機械C | 2,000円 | 5年 |

	要 償 却 額	1年分の減価償却費
機械A	1,200円 × 0.9 = 1,080円	1,080円 ÷ 3年 = 360円
機械B	1,800円 × 0.9 = 1,620円	1,620円 ÷ 4年 = 405円
機械C	2,000円 × 0.9 = 1,800円	1,800円 ÷ 5年 = 360円
合 計	4,500円	1,125円

平均耐用年数：$\dfrac{4,500 \text{円}}{1,125 \text{円}} = 4$ 年

総合償却による減価償却費の計算

減価償却費：$\dfrac{4,500 \text{円}}{4 \text{年}} = 1,125$ 円

　なお、総合償却資産の一部を平均耐用年数前に除却・売却した場合には、その資産を耐用年数到来時まで使用したあと、除却または売却したと仮定して処理します。

⇔ 問題編 ⇔
問題28、29

減価償却累計額の表示方法

取得原価と帳簿価額、どちらで計上すべきか…。

ウ〜ム。

貸借対照表

ゴエモン㈱には、建物、備品など複数の有形固定資産があります。
このように複数の有形固定資産がある場合、貸借対照表にはどのように取得原価や減価償却累計額を記載するのでしょうか?

取引 建物（取得原価6,000円、減価償却累計額4,200円）、備品（取得原価1,200円、減価償却累計額525円）を、①科目別間接控除方式、②一括間接控除方式、③直接控除科目別注記方式、④直接控除一括注記方式によって貸借対照表に表示しなさい。

● 減価償却累計額の表示方法

CASE33のように複数の有形固定資産がある場合、貸借対照表には原則として、科目別に取得原価から減価償却累計額を控除する形式（**科目別間接控除方式**）で表示します。

CASE33 ①科目別間接控除方式　〔原則〕

パッと見て、各科目の取得原価、減価償却累計額、帳簿価額がわかる形式が原則、と覚えておきましょう。

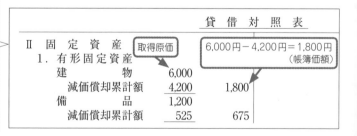

貸　借　対　照　表

II 固 定 資 産			6,000円 − 4,200円 = 1,800円
1. 有 形 固 定 資 産	取得原価		（帳簿価額）
建　　　　物	6,000		
減価償却累計額	4,200	1,800	
備　　　　品	1,200		
減価償却累計額	525	675	

ただし、複数の科目について減価償却累計額を一括して計上する方法（**一括間接控除方式**）や、有形固定資産の取得原価から減価償却累計額を控除した残高（帳簿価額）のみを記載して、減価償却累計額は注記する方法（**直接控除科目別注記方式**または**直接控除一括注記方式**）も認められています。

CASE33　②一括間接控除方式

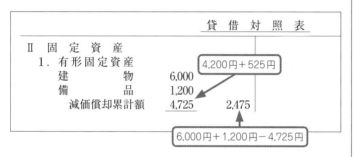

CASE33　③直接控除科目別注記方式

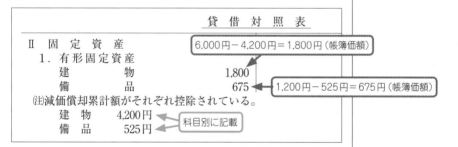

貸 借 対 照 表

Ⅱ　固 定 資 産
　　1．有 形 固 定 資 産
　　　　　建　　　　物　　　　　　　　　1,800
　　　　　備　　　　品　　　　　　　　　　675
　　㈲減価償却累計額4,725円が控除されている。

一括して記載
4,200円＋525円

⊖ 問題編 ⊖
問題30

耐用年数の変更

機能的にずいぶん古く
なってしまったニャ。

❓ 備品について、前期末まで3年間、耐用年数6年と見積って減価償却をしてきましたが、機能的にずいぶん古くなってしまったため、あと2年しか利用できないことが判明しました。この場合、どんな処理をしたらよいのでしょう？

取引 次の資料にもとづき、決算整理仕訳をしなさい（当期：×4年4月1日〜×5年3月31日）。

[資料1] 決算整理前残高試算表

決算整理前残高試算表

備 品	1,800	備品減価償却累計額	900

[資料2] 決算整理事項

　備品1,800円について、残存価額0円、耐用年数6年の定額法によって、前期末まで3年間減価償却をしてきたが、当期首から残存耐用年数を2年に変更することとした。

耐用年数の変更

　たとえば、1時間に100個の製品を作ることができる機械を使っているけれども、新技術の開発等により、1時間に500個の製品を作ることができる機械ができたという場合、もともと所有する機械は新しい機械に比べて機能的に著しく減価していることになります。

　このように、当初（固定資産を取得したとき）の耐用年数の

耐用年数など、計算の基礎となる見積りを変更することを「会計上の見積りの変更」といいます。
会計上の見積りの変更についてはCASE7の参考を参照してください。

要するに、これから償却しなければならない金額です。

決定の際に予測できなかった事情により、固定資産が**機能的に著しく減価**したときは、耐用年数を短縮して減価償却を行います。

このような場合（ここでは期首に変更した場合を前提とします）には、耐用年数の変更時以降、変更後の残存耐用年数にもとづいて減価償却を行います。

定額法の場合には、耐用年数の変更時における**要償却額を変更後の残存耐用年数で割って、減価償却費を計算**します。なお、要償却額とは**取得原価から残存価額と期首減価償却累計額を控除した金額**をいいます。

$$減価償却費（定額法）=\frac{取得原価-残存価額-期首減価償却累計額}{変更後の残存耐用年数}$$

また、定率法の場合には、耐用年数の変更時における**期首帳簿価額（取得原価－期首減価償却累計額）に変更後の残存耐用年数に対する償却率を掛けて減価償却費を計算**します。

$$減価償却費（定率法）=\left(取得原価-\frac{期首減価償却累計額}{}\right)\times\frac{変更後の残存耐用年数に対する償却率}{}$$

以上より、CASE34（**定額法**）の仕訳は次のようになります。

| （減 価 償 却 費） | 450 | （備品減価償却累計額） | 450 |

⊖ 問題編 ⊖
問題31

①残 存 価 額：0円
②減価償却費：（1,800円－0円－900円）÷2年＝450円

減価償却方法の変更

継続性の原則により、いったん採用した減価償却方法はみだりに変更することはできませんが、正当な理由があれば変更することができます。

会計方針を変更した場合には、原則として新たな会計方針を、過去の期間にさかのぼって適用（遡及適用）しなければなりません。なお、会計方針の変更について、会計上の見積りの変更と区別することが困難な場合には、会計上の見積りの変更と同様の処理をすることが規定されており、減価償却方法の変更は、これに該当します。

したがって、減価償却方法を変更したときは、会計上の見積りの変更（耐用年数の変更）と同様、新しい減価償却方法を採用する会計期間の期首帳簿価額と、変更後の残存耐用年数にもとづいて減価償却費を計算します。

⑴ 定額法から定率法への変更

定額法から定率法に変更した場合には、変更した会計期間の期首帳簿価額（取得原価－期首減価償却累計額）に変更後の残存耐用年数に対する償却率を掛けて減価償却費を計算します。

$$減価償却費（定率法）＝\left(取得原価－\begin{array}{c}期\,首\,減\,価\\償却累計額\end{array}\right)×\begin{array}{c}変更後の残存耐用\\年数に対する償却率\end{array}$$

会計方針の変更についてはCASE7の参考を参照してください。

会計上の見積りの変更には、CASE34で学習した耐用年数の変更などがあります。

(2) 定率法から定額法への変更

　定率法から定額法に変更した場合には、変更時における要償却額
（取得原価－残存価額－期首減価償却累計額）を変更後の残存耐用
年数で割って減価償却費を計算します。

$$\underset{\text{（定額法）}}{\text{減価償却費}} = \frac{\text{取得原価}－\text{残存価額}－\text{期首減価償却累計額}}{\text{変更後の残存耐用年数}}$$

　定額法から定率法に変更した場合について、具体例を使って処理
を確認しておきましょう。

> **例** 前期首に取得し、前期まで定額法（耐用年数５年、
> 残存価額０円）により減価償却していた備品（取得原
> 価2,000円、当期首における減価償却累計額400円）
> の償却方法を、当期首より定率法（耐用年数４年の償
> 却率は0.5）に変更した。

| （減 価 償 却 費） | 800 | （備品減価償却累計額） | 800 |

（2,000円－400円）×0.5＝800円

期中に有形固定資産を売却したときの仕訳

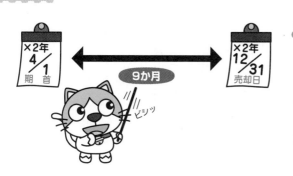

ゴエモン㈱は、期中（12月31日）に備品を売却しました。ゴエモン㈱の決算日は3月31日なので、当期に使った期間は9か月です。
このような場合、9か月分の減価償却費を計上しなければなりません。

取引	×2年12月31日　ゴエモン㈱（決算年1回、3月31日）は、備品（取得原価1,000円、期首減価償却累計額360円）を600円で売却し、代金は翌月末に受け取ることとした。なお、減価償却方法は定率法（償却率20%）により、間接法で記帳している。

期中に売却したときは減価償却費を計上！

　期中（または期末）に有形固定資産を売却したときは、当期首から売却日まで（×2年4月1日から×2年12月31日までの9か月分）の減価償却費を計上します。

　なお、有形固定資産の帳簿価額と売却価額との差額は、**固定資産売却損（特別損失）**または**固定資産売却益（特別利益）**として処理します。

> 売却時の処理は2級で学習しているので、ここでは、固定資産売却損（益）は特別損益に計上することだけおさえておきましょう。

CASE35の仕訳

（備品減価償却累計額）	360	（備　　　　　品）	1,000
（減 価 償 却 費）	96	（固定資産売却益）	56
（未 収 入 金）	600		

$$(1,000円 - 360円) \times 20\% \times \frac{9か月}{12か月} = 96円$$

貸借差額

有形固定資産を除却したときの仕訳

ゴエモン㈱では、4年前に購入したパソコン（備品）が古くなったので、業務用として使うのをやめることにしました。しかし、まだ使えるかもしれないので、捨てずにしばらく倉庫に保管しておくことにしました。

取引 備品（取得原価1,000円、減価償却累計額800円、間接法で記帳）を除却した。なお、この備品の処分価値は100円と見積られた。

● 有形固定資産を除却したときの仕訳

　有形固定資産を業務用として使うのをやめることを**除却**といいます。有形固定資産を除却したときは、スクラップとしての価値（処分価値）を見積り、この有形固定資産が売却されるまで、**貯蔵品（資産）** として処理します。

　なお、処分価値と除却時の帳簿価額との差額は、**固定資産除却損（特別損失）** として処理します。

> 要するに仕訳の貸借差額です。

CASE36の仕訳

（備品減価償却累計額）	800	（備 品）	1,000	
（貯 蔵 品）	100 ◀ 処分価値			
（固定資産除却損）	100 ◀ 貸借差額			

除却資産を売却したときの仕訳

除却した資産を売却したときは、売却価額と貯蔵品の価額との差額を、**貯蔵品売却損（特別損失）**または**貯蔵品売却益（特別利益）**として処理します。

仮に、CASE36の備品（処分価値100円）を90円で売却し、現金を受け取ったとした場合の仕訳は次のようになります。

（現　　　　金）	90	（貯　蔵　　品）	100
（貯蔵品売却損）	10	◀ 貸借差額	

特別損失

有形固定資産を廃棄したときの仕訳

有形固定資産を廃棄したときは、除却したときと異なり、処分価値はありません。したがって、有形固定資産の帳簿価額を**固定資産廃棄損（特別損失）**として処理します。

なお、廃棄にあたって廃棄費用が発生したときは、**固定資産廃棄損に含めて処理**します。

仮に、CASE36の備品を廃棄し、廃棄費用20円を現金で支払ったとした場合の仕訳は次のようになります。

（備品減価償却累計額）	800	（備　　　　品）	1,000
（固定資産廃棄損）	220	（現　　　　金）	20

特別損失

貸借差額

> 廃棄とは捨てることをいいます。

有形固定資産の買換え

有形固定資産を買い換えたときの仕訳

ゴエモン㈱は、いままで使っていた営業用車を下取り(下取価格900円)に出し、新しい車(3,000円)を買いました。
このときはどんな処理をするのでしょう?

> **取引** ゴエモン㈱は車両(取得原価2,000円、減価償却累計額1,200円、間接法で記帳)を下取りに出し、新車両3,000円を購入した。なお、旧車両の下取価格は900円であり、新車両の購入価額との差額は現金で支払った。

有形固定資産を買い換えたときの仕訳

いままで使っていた旧有形固定資産を下取りに出し、新しい有形固定資産を買うことを**有形固定資産の買換え**といいます。

有形固定資産の買換えでは、旧有形固定資産を売却して得た資金を新有形固定資産の購入に充てるので、(1)**旧有形固定資産の売却**と(2)**新有形固定資産の購入**の処理に分けて考えます。

(1) 旧有形固定資産の売却の仕訳

旧有形固定資産の売却価額は下取価格となります。したがって、CASE37では旧車両を売却し、下取価格900円を現金で受け取ったと考えて仕訳します。

（車両減価償却累計額）	1,200	（車　　　　　両）	2,000
（現　　　　　金）	900	（固定資産売却益）	100

> 下取価格で売却し、現金を受け取ったと考えて処理します。

> 貸借差額

(2) 新有形固定資産の購入の仕訳

次に新有形固定資産の購入の仕訳をします。

> 「新車両3,000円を購入した」という取引ですね。

（車　　　　　両）	3,000	（現　　　　　金）	3,000

> 新車両を購入し、現金を支払ったと考えて処理します。

(3) 有形固定資産の買換えの仕訳

上記(1)旧有形固定資産の売却と(2)新有形固定資産の購入の仕訳をあわせた仕訳が、有形固定資産の買換えの仕訳となります。

したがって、CASE37の仕訳は次のようになります。

CASE37の仕訳

旧

（車両減価償却累計額）	1,200	（車　　　　　両）	2,000
（車　　　　　両）	3,000	（固定資産売却益）	100
		（現　　　　　金）	2,100

新

> 3,000円 − 900円＝2,100円。
> 売却したお金（下取価格）900円は新車両の購入代金に充てられていますね。

つまり、時価よりも高い価額で下取りしてもらえた（得した）ときの処理です。

参考

下取資産に時価がある場合

下取りに出した有形固定資産に時価がある場合で、下取価格が時価よりも高いときは、時価と帳簿価額との差額を固定資産売却損益として処理し、下取価格と時価との差額は新有形固定資産の値引と考え、取得原価から控除します。

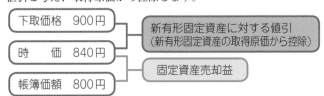

下取価格　900円 —— 新有形固定資産に対する値引（新有形固定資産の取得原価から控除）

時　　価　840円 —— 固定資産売却益

帳簿価額　800円

例 ゴエモン㈱は車両（取得原価2,000円、減価償却累計額1,200円、時価840円、間接法で記帳）を下取りに出し、新車両3,000円を購入した。なお、旧車両の下取価格は900円であり、新車両の購入価額との差額は現金で支払った。

(1) 旧有形固定資産の売却の仕訳

| （車両減価償却累計額） | 1,200 | （車　　　　　両） | 2,000 |
| （現　　　　　金） | 840 | （固定資産売却益） | 40 |

時価　　　　　　　　　　貸借差額

(2) 新有形固定資産の購入の仕訳

| （車　　　　　両） | 2,940 | （現　　　　　金） | 2,940 |

3,000円－（900円－840円）＝2,940円

(3) 有形固定資産の買換えの仕訳(1)＋(2)

旧

（車両減価償却累計額）	1,200	（車　　　　　両）	2,000
（車　　　　　両）	2,940	（固定資産売却益）	40
		（現　　　　　金）	2,100

新

問題編

問題32、33

有形固定資産が火災で滅失したときの仕訳

保険金 500円を
お支払いします。

ヒマラヤン保険

とりあえず、
ほっ。

当期首に発生した火災
により建物（倉庫）が
焼失してしまいました。
この建物には幸い火災保険を
掛けていたので、保険会社に
保険金の請求をしていたとこ
ろ、本日、保険金額が確定し
たとの連絡を受けました。

> **取引** 当期首において建物（取得原価1,000円、減価償却累計額600円、
> 間接法で処理）が火災により焼失した。この建物には500円の火
> 災保険が掛けられていたため、保険金を請求していたところ、本
> 日、保険金500円を支払う旨の連絡を受けた。

● 有形固定資産が火災で滅失したときの仕訳

　有形固定資産が火災や水害などで損害を受けたときは、その
有形固定資産に保険を掛けているかどうかによって処理が異な
ります。

　CASE38では火災保険を掛けているので、保険会社から保険
金支払額の連絡があるまでは、火災による損失額は確定しませ
ん。したがって、有形固定資産が滅失したときには、有形固定
資産の帳簿価額（取得原価－減価償却累計額）を**火災未決算**と
いう資産の仮勘定で処理しておきます。

固定資産の滅失時の仕訳

| （建物減価償却累計額） | 600 | （建 物） | 1,000 |
| （火 災 未 決 算） | 400 | | |

貸借差額

🔴 保険金額が確定したときの仕訳

連絡があっただけで支払いはまだなので、未収入金（資産）で処理します。

保険会社からの連絡で、支払われる保険金額が確定したら、確定した金額を**未収入金（資産）**で処理するとともに、計上している**火災未決算**を減らします。

なお、保険金額と火災未決算との差額は**火災損失（特別損失）**または**保険差益（特別利益）**で処理します。

以上より、CASE38の仕訳は次のようになります。

CASE38（保険金額の確定時）の仕訳

| （未 収 入 金） | 500 | （火 災 未 決 算） | 400 |
| | | （保 険 差 益） | 100 |

特別利益

貸借差額

🔴 保険を掛けていない場合

有形固定資産に保険を掛けていないときは、火災が発生した時点で損失額が確定します。

したがって、有形固定資産の帳簿価額（取得原価−減価償却累計額）を全額、**火災損失（費用）**で処理します。

仮にCASE38で、滅失した建物には保険が掛けられていなかったとした場合の滅失時の仕訳はこのようになります。

| （建物減価償却累計額） | 600 | （建 物） | 1,000 |
| （火 災 損 失） | 400 | | |

特別損失

貸借差額

⊜ 問題編 ⊜
問題34、35

圧縮記帳

国庫補助金を受け取ったときの仕訳

ゴエモン㈱では、廃棄物を処理するための工場（建物）を建設しようとしています。廃棄物を処理するための建物の建設にあたって、国から補助金を受け取りました。この場合、どのような処理をするのでしょう？

取引 ×2年4月1日　ゴエモン㈱は国から国庫補助金8,000円を現金で受け入れた。

用語 国庫補助金…国や地方公共団体が企業に交付する補助金

国庫補助金を受け取ったときの仕訳

　ゴミの削減や地球温暖化の防止など、ある政策のために資産を取得する際、国や地方公共団体から補助金（**国庫補助金**といいます）を受け取ることがあります。また、電力やガスなどの公共事業を営む企業が、その利用者から施設や設備等の建設資金（**工事負担金**といいます）を受け取ることがあります。

　国庫補助金や工事負担金を受け取ったときは、受け取った現金等を計上するとともに、相手科目は**国庫補助金収入（特別利益）**または**工事負担金収入（特別利益）**として処理します。

> 国庫補助金収入は毎期計上されるものではなく、臨時的な利益なので特別利益です。

CASE39の仕訳

（現　　　金）	8,000	（国庫補助金収入） 特別利益	8,000

圧縮記帳とは？

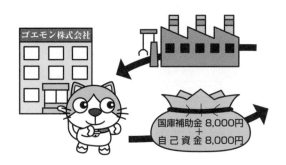

ゴエモン㈱では、CASE39で受け取った国庫補助金8,000円と自己資金8,000円で、廃棄物を処理するための工場（建物）を取得しました。

取引 ×2年8月1日　ゴエモン㈱は国庫補助金8,000円に自己資金8,000円を加えて建物16,000円を購入し、代金は現金で支払った。

国庫補助金を受け取っているかどうかにかかわらず、支払った金額は16,000円なので、16,000円で取得原価を計上します。

法人税等は利益に対して課されるので、収益が増えれば法人税等も増えるのです。

いったん、国庫補助金収入（特別利益）を計上して、そのあと固定資産圧縮損（特別損失）を計上するので、利益が打ち消されることになります。

固定資産を取得したときの仕訳

CASE40では、建物を16,000円で購入しているので、まずは建物を取得したときの処理をします。

| （建　　　　物）　16,000 | （現　　　　金）　16,000 |

ここで、CASE39で国庫補助金収入（特別利益）8,000円を計上していますが、このままだと国庫補助金収入に対して法人税等の税金がかかってしまいます。

せっかく補助金をもらっても、その補助金に税金がかかってしまったら、国が企業活動を補助する意味がなくなってしまいます。

そこで、一時的に税金を回避するため、固定資産を取得したときには、国庫補助金の額だけ**固定資産圧縮損（特別損失）**を計上します。

このときの相手科目（貸方）は、建物など有形固定資産の科目になります（直接減額法の場合）。

　以上より、CASE40の仕訳は次のようになります。

CASE40の仕訳

| （建　　　　　物） | 16,000 | （現　　　　　金） | 16,000 |
| （固定資産圧縮損） | 8,000 | （建　　　　物） | 8,000 |

特別損失

国庫補助金の
分だけ減額

　上記の仕訳からわかるとおり、結局、建物の帳簿価額は8,000円（16,000円 − 8,000円）となります。このように、有形固定資産の帳簿価額を減額（圧縮）することになるため、この処理を**圧縮記帳**といいます。

　なお、有形固定資産の取得原価を直接減らさず、貸方を**建物圧縮額**という資産の評価勘定を用いて処理することもあります（間接減額法の場合）。
　この場合の仕訳は次のようになります。

減価償却累計額の
ようなものですね。

間接減額法

| （建　　　　　物） | 16,000 | （現　　　　　金） | 16,000 |
| （固定資産圧縮損） | 8,000 | （建 物 圧 縮 額） | 8,000 |

圧縮記帳

圧縮記帳をした有形固定資産の減価償却

圧縮記帳した
建物の減価償却費は？

今日は決算日（3月31日）。ゴエモン㈱では、CASE40で取得した建物について減価償却費を計上しようとしていますが、圧縮記帳をした有形固定資産の減価償却費はどのように計算するのでしょうか？

> **取引** ×3年3月31日　決算において、×2年8月1日に取得した建物（圧縮記帳後の帳簿価額8,000円）について定額法（耐用年数20年、残存価額は取得原価の10%、間接法で記帳）により減価償却を行う。

● 圧縮記帳をした有形固定資産の減価償却

　圧縮記帳を行った場合の有形固定資産の減価償却費は、圧縮後の帳簿価額を取得原価とみなして計算します。
　したがって、CASE41の仕訳は次のようになります。

期中（8月1日）に取得しているので、月割計算を忘れずに！

CASE41の仕訳

（減 価 償 却 費）　　240　　（建物減価償却累計額）　　240

$$8,000円 \times 0.9 \div 20年 \times \frac{8か月}{12か月} = 240円$$

⊖ 問題編 ⊖
問題36、37

積立金方式

CASE40では、有形固定資産の取得時に固定資産の取得原価を減額しましたが、有形固定資産の取得原価を減額しない方法（**積立金方式**）もあります。

積立金方式の場合、有形固定資産の取得時には取得原価を減額せず、決算時において国庫補助金の額を**圧縮積立金**として積み立てます（繰越利益剰余金から圧縮積立金に振り替えます）。

そして、減価償却のつど、圧縮積立金のうち減価償却費に対応する金額だけ取り崩します。

例 次の一連の取引の仕訳をしなさい。

(1) ×2年4月1日　ゴエモン㈱は国から国庫補助金8,000円を現金で受け入れた。

(2) ×2年8月1日　ゴエモン㈱は国庫補助金8,000円に自己資金8,000円を加えて建物16,000円を購入し、代金は現金で支払った。

(3) ×3年3月31日　決算につき、上記建物について定額法（耐用年数20年、残存価額は取得原価の10%、間接法で記帳）により減価償却を行う。

(4) ×4年3月31日　決算につき、上記建物について減価償却を行う。

---

(1) 国庫補助金の受入時の仕訳

（現　　　　金）　8,000　（国庫補助金収入）　8,000

> これはCASE39と同じです。

(2) 固定資産の取得時の仕訳

（建　　　　物）16,000　（現　　　　金）16,000

> 取得原価を減額しません。

(3)　決算時（1年目）の仕訳

① 減価償却費の計上

取得原価16,000円で減価償却を行います。

（減 価 償 却 費）　　480　　（建物減価償却累計額）　　480

$$16,000円 \times 0.9 \div 20年 \times \frac{8か月}{12か月} = 480円$$

② 圧縮積立金の積立て

国庫補助金の額だけ繰越利益剰余金から圧縮積立金に振り替えます。

（繰越利益剰余金）　8,000　　（圧 縮 積 立 金）　8,000

計算上は、圧縮積立金8,000円について減価償却を行うイメージです。

③ 圧縮積立金の取崩し

圧縮積立金のうち、減価償却費に対応する額を取り崩します。

（圧 縮 積 立 金）　　240　　（繰越利益剰余金）　　240

$$8,000円 \times 0.9 \div 20年 \times \frac{8か月}{12か月} = 240円$$

(4)　決算時（2年目）の仕訳

① 減価償却費の計上

（減 価 償 却 費）　　720　　（建物減価償却累計額）　　720

$$16,000円 \times 0.9 \div 20年 = 720円$$

なお、積立金方式の場合は、税効果会計の適用を受けます。税効果会計についてはテキストⅢを参照してください。

② 圧縮積立金の取崩し

（圧 縮 積 立 金）　　360　　（繰越利益剰余金）　　360

$$8,000円 \times 0.9 \div 20年 = 360円$$

有形固定資産を改良、修繕したときの仕訳

商品用倉庫で雨漏りしていたのでこれを直し、また、一部のカベについて防火加工をほどこしました。
そして、雨漏りの修繕費200円とカベの防火加工費100円の合計300円を、小切手を振り出して支払いました。

雨漏り修理に200円。カベの防火加工に100円かかった。

取引 建物の改良と修繕を行い、その代金300円を小切手を振り出して支払った。なお、このうち100円は改良とみなされた。

用語 **改良**…固定資産の価値を高めるよう、不備な点を改めること
修繕…壊れたり悪くなったところを繕い直すこと

改良と修繕の違いと処理

これは2級でも学習しましたね。

非常階段を増設したり、建物の構造を防火・防音加工にするなど、有形固定資産の価値を高めるための支出を**資本的支出（改良）**といい、資本的支出は**有形固定資産の取得原価**として処理します。

また、雨漏りを直したり、汚れを落とすなど、単に現状を維持するための支出を**収益的支出（修繕）**といい、収益的支出は**修繕費（費用）**で処理します。

CASE42の仕訳

	資本的支出		
（建　　　物）	100	（当　座　預　金）	300
（修　繕　費）	200	収益的支出	

資本的支出と収益的支出の按分

いくらを資本的支出
とすべきか…。

耐用年数20年延長

1,500円

資本的支出
＋
収益的支出

建物の改修を行った結果、耐用年数が20年延長しました。建物の改修に要した金額は1,500円ですが、この場合、いくらを資本的支出とし、いくらを収益的支出としたらよいのでしょうか？

取引　×2年4月1日に建物（取得原価4,000円、減価償却累計額2,700円、前期末まで30年経過）について大規模な改修を行い、1,500円を現金で支払った。この結果、耐用年数が20年延長し、当期首から30年使用できることとなった。なお、建物については前期末まで耐用年数40年、残存価額は取得原価の10%、定額法（記帳方法は間接法）によって減価償却を行っている。

● 資本的支出と収益的支出の按分

　有形固定資産の改良と修繕を同時に行い、耐用年数が延長した場合は、支出した金額のうち、**延長後の残存耐用年数に占める延長耐用年数分を資本的支出**とし、それ以外を収益的支出とします。

$$資本的支出＝支出した額 \times \frac{延長耐用年数}{延長後の残存耐用年数}$$

　CASE43では、延長後の残存耐用年数が30年、延長した耐用年数が20年なので、資本的支出は次のようになります。

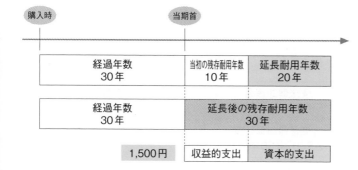

資本的支出と収益的支出

①資本的支出：$1,500 円 \times \dfrac{20 年}{30 年} = 1,000 円$

②収益的支出：$1,500 円 - 1,000 円 = 500 円$

以上より、CASE43の仕訳は次のようになります。

CASE43の仕訳

（建 物）	1,000	（現 金）	1,500
（修 繕 費）	500		

● 決算時の処理

決算において、資本的支出部分についても減価償却を行います。

資本的支出後の減価償却費は、既存分の未償却残高と資本的支出分の未償却残高を計算し、未償却残高合計を延長後の残存耐用年数で割って計算します。

$$減価償却費 = \frac{既存分の未償却残高 + 資本的支出分の未償却残高}{延長後の残存耐用年数}$$

未償却残高とは、これから償却する金額をいいます。つまり、取得原価から残存価額と減価償却累計額を控除した金額ですね。

以上より、CASE43の決算時の仕訳は次のようになります。

既存分 ①取得原価 4,000円	資本的支出分 ⑤取得原価 1,000円
④未償却残高 ①－(②＋③)＝900円	⑦未償却残高 ⑤－⑥＝900円
③減価償却累計額 2,700円(30年分)	
②残存価額 4,000円×0.1＝400円	⑥残存価額 1,000円×0.1＝100円

購入時		当期首	当期末
	経過年数 30年	延長後の残存耐用年数 30年	

（減 価 償 却 費）　　60　　（建物減価償却累計額）　　60

$$\frac{900円＋900円}{30年}＝60円$$

⊖ 問題編 ⊖
問題38

有形固定資産の取得のまとめ

●付随費用は有形固定資産の取得原価に含めて処理
●割戻しは購入代価から控除
　（備　　　　　品）　920　（現　　　　　金）　920
●建設中の建物が完成したときは、建設仮勘定から建物勘定に振り替える
　（建　　　　　物）　6,000　（建 設 仮 勘 定）　4,000
　　　　　　　　　　　　　　　（現　　　　　金）　2,000

有形固定資産の割賦購入のまとめ　≪一連の流れ≫

CASE28
有形固定資産の
購入時

●有形固定資産の取得原価は現金正価で計上し、利息相当額は前払利息（資産）などで処理
　（備　　　　　品）　5,850　（営業外支払手形）　6,000
　（前 払 利 息）　150

CASE29、30
割賦金の支払時

●支払った分に対応する利息を前払利息（資産）から支払利息（費用）に振り替える
　（営業外支払手形）　2,000　（当 座 預 金）　2,000
　（支 払 利 息）　××　（前 払 利 息）　××
●利息の計上方法が定額法の場合には、利息総額を均等に配分して利息を計算する
●利息の計上方法が利息法の場合には、割賦購入代金の元本未返済額に利子率を掛けた金額で利息を計算する

減価償却のまとめ

●期中に購入した有形固定資産については月割計算

（直接法）

（減 価 償 却 費）　　　60　　（建 物 な ど）　　　　60

（間接法）

（減 価 償 却 費）　　　60　　（減価償却累計額）　　　60

●定　　額　　法：　$\dfrac{1年分の}{減価償却費} = \dfrac{取得原価－残存価額}{耐用年数}$

●定　　率　　法：　$\dfrac{1年分の}{減価償却費} = （取得原価－期首減価償却累計額）×償却率$

●生産高比例法：　$\dfrac{1年分の}{減価償却費} = （取得原価－残存価額）×\dfrac{当期利用量}{総利用可能量}$

●級　　数　　法：　$\dfrac{1年分の}{減価償却費} = （取得原価－残存価額）×\dfrac{期首残存耐用年数}{総項数}$

CASE32

新定額法と200%定率法のまとめ

●新定額法：残存価額を0円として計算（耐用年数到来時は備忘価額1円を
　　　　　　残す）

●200%定率法：

　①定率法の償却率＝1÷耐用年数×2
　②減価償却費＝期首帳簿価額×①の償却率

CASE33

減価償却累計額の表示方法のまとめ

- ●原則：科目別間接控除方式
- ●容認：一括間接控除方式、直接控除科目別注記方式、直接控除一括注記方式

CASE34

耐用年数の変更のまとめ

- ●有形固定資産の耐用年数を当期首において変更したときは、当期から変更後の残存耐用年数にもとづいて減価償却を行う
- ●有形固定資産の耐用年数を当期末において変更したときは、次期から変更後の耐用年数にもとづいて減価償却を行う

CASE35
売却時

有形固定資産の売却のまとめ

- ●期中に売却したときは減価償却費を月割りで計算して計上

（備品減価償却累計額）	360	（備 品）	1,000
（減 価 償 却 費）	96	（固定資産売却益）	56
（未 収 入 金）	600		

有形固定資産の除却・廃棄のまとめ

●除却…有形固定資産を業務の用からはずすこと

→ 処分価値は貯蔵品（資産）で処理

（備品減価償却累計額）	800	（備 品）	1,000
（貯 蔵 品）	100		
（固定資産除却損）	100		

●廃棄…有形固定資産を捨てること

→ 廃棄費用は固定資産廃棄損（費用）に含めて処理

（備品減価償却累計額）	800	（備 品）	1,000
（固定資産廃棄損）	220	（現 金）	20

有形固定資産の買換えのまとめ

① 旧有形固定資産の売却の仕訳

（車両減価償却累計額）	1,200	（車 両）	2,000
（現 金）	900	（固定資産売却益）	100

② 新有形固定資産の購入の仕訳

（車 両）	3,000	（現 金）	3,000

③ 有形固定資産の買換えの仕訳（①＋②）

（車両減価償却累計額）	1,200	（車 両）	2,000
（車 両）	3,000	（固定資産売却益）	100
		（現 金）	2,100

142

有形固定資産の滅失のまとめ　≪一連の流れ≫

CASE38
有形固定資産の
滅失時

●保険を掛けている場合は、焼失した有形固定資産の帳簿価額は火災未決算（資産）で処理

（建物減価償却累計額）	600	（建　　　　物）	1,000
（火 災 未 決 算）	400		

●保険を掛けていない場合は、焼失した有形固定資産の帳簿価額は火災損失（費用）で処理

（建物減価償却累計額）	600	（建　　　　物）	1,000
（火　災　損　失）	400		

CASE38
保険金額の
確定時

（保険を掛けている場合）

●火災未決算（資産）を減らす

●火災未決算と保険金額との差額（貸借差額）は保険差益（収益）または火災損失（費用）で処理

保険金額＞火災未決算		保険金額＜火災未決算	
（未 収 入 金）500		（未 収 入 金）350	
（火災未決算）400		（火 災 損 失）　50	
（保 険 差 益）100		（火 災 未 決 算）400	

国庫補助金のまとめ　≪一連の流れ≫

CASE39
国庫補助金
の受取時

（現　　　　金）	8,000	（国庫補助金収入）	8,000

CASE40
有形固定資産の
取得時

（建　　　　物）	16,000	（現　　　　金）	16,000
（固定資産圧縮損）	8,000	（建　　　　物）	8,000

★直接減額法を前提としている

CASE41
決算時

●圧縮記帳後の帳簿価額を取得原価とみなして減価償却費を計上

（減 価 償 却 費）	240	（建物減価償却累計額）	240

CASE42

資本的支出と収益的支出のまとめ

●資本的支出（改良）…有形固定資産の価値を高めるための支出

→ 固定資産の取得原価として処理

（建　　　物）　100　（当座預金など）　100

●収益的支出（修繕）…有形固定資産の現状を維持するための支出

→ 修繕費（費用）として処理

（修　繕　費）　200　（当座預金など）　200

CASE43

●資本的支出と収益的支出の按分

$$資本的支出＝支出した額 \times \frac{延長耐用年数}{延長後の残存耐用年数}$$

●減価償却費の計上

$$減価償却費＝\frac{既存分の未償却残高＋資本的支出分の未償却残高}{延長後の残存耐用年数}$$

第7章

資産除去債務

. . . . .

機械を取得した!
だけど、契約において「この機械の使用完了後に
除去しなければならない」という義務が
定められている…
こういう場合、この「義務」について
会計処理が必要らしい…

ここでは、資産除去債務についてみていきます。

有形固定資産を取得したときの仕訳

取得時

この機械は
使用後に除去しなきゃ。

除去時

除去費用

ゴエモン㈱は機械を取得しましたが、この機械には、「使用完了後に除去しなければならない」という義務が契約によって定められています。
このような義務について、取得時になにか処理が必要なのでしょうか？

取引 ×1年4月1日 機械（取得原価15,000円、使用期間3年）を取得し、代金は現金で支払った（同日より使用）。当社は当該機械を使用後に除去する法的義務があり、除去時の見積支出額は1,000円である。なお、資産除去債務は割引率5％で算定する（円未満四捨五入）。

資産除去債務とは

CASE44では、取得した機械について、当該機械の使用後に除去する法的義務が課されています。

このような場合、機械を除去するときにかかる費用（除去費用）は機械の取得時にあらかじめ**負債**として計上します。

このように、有形固定資産の取得、建設、開発、通常の使用によって発生し、有形固定資産の除去に関して法令または契約で要求される法律上の義務（またはこれに準ずるもの）を**資産除去債務（負債）**といいます。

企業が自発的に除去する場合の除去費用は資産除去債務に含めません。この場合は除去時（廃棄時）に除去費用（廃棄費用）を固定資産廃棄損に含めて処理します（CASE36）。

● 固定資産を取得したときの仕訳

　有形固定資産を取得したときは、除去費用（見積額）について割引現在価値を計算し、**資産除去債務（負債）**として計上します。

　CASE44では、機械の取得から除去までの期間が3年、割引率が5％なので、除去時にかかる見積支出額（1,000円）を$(1 + 0.05)^{3(年)}$で割った金額を**資産除去債務（負債）**で処理します。

（機　　　　　械）	（現　　　　　金）　15,000
	（資産除去債務）　　　864

$$\frac{1,000円}{(1 + 0.05)^3} ≒ 864円$$

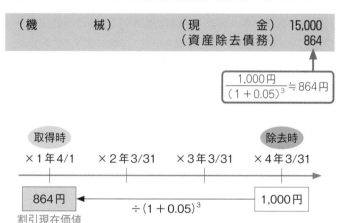

864円
割引現在価値

$÷(1 + 0.05)^3$

1,000円

　なお、**資産除去債務に対応する除去費用は、有形固定資産の帳簿価額に加算**します。

CASE44の仕訳

（機　　　　械）　15,864	（現　　　　　金）　15,000
	（資産除去債務）　　　864

15,000円＋864円＝15,864円

資産除去債務

決算時の仕訳

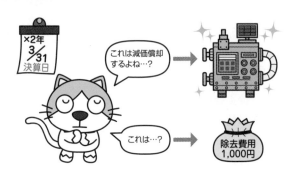

×2年
3/31
決算日

これは減価償却
するよね…?

これは…?

除去費用
1,000円

機械の取得時に資産除
去債務を計上した場合、
決算時においてどんな処理が
必要なのでしょうか?

取引 ×2年3月31日　決算日につき、以下の機械を定額法（残存価額
は0円、耐用年数は3年、記帳方法は間接法）により減価償却す
る（計算上、円未満の端数が生じる場合には、四捨五入すること）。

［資　料］
1．×1年4月1日（期首）において、機械（取得原価15,000円、使
用期間3年）を取得している。当該機械については使用後に除去す
る法的義務があり、除去時の見積支出額は1,000円である。なお、
資産除去債務は割引率5％で算定する。
2．当該機械の取得時の仕訳は次のとおりである。

（機　　　　　械）	15,864	（現　　　　　金）	15,000
		（資 産 除 去 債 務）	864

● 決算時の仕訳

　決算時には、(1)減価償却費の計上と、(2)時の経過による資産
除去債務の調整を行います。

(1) 減価償却費の計上

資産計上した除去費用分も含めて、減価償却を行います。

（減価償却費）　5,288　（機械減価償却累計額）　5,288

15,864円÷3年＝5,288円

「資産計上された資産除去債務に対応する除去費用は減価償却を通じて各期に費用配分する」といいます。

(2) 時の経過による資産除去債務の調整

期首に計上した資産除去債務（負債）は、割引計算によって求めた期首時点の現在価値なので、期末において、時の経過によって増加した分（1年分）を追加計上します。

具体的には、期首の資産除去債務（864円）に割引率（5％）を掛けた金額を**資産除去債務（負債）**として追加計上することになります。

（　　　　　　　　）　　　　　（資産除去債務）　　43

864円×5％≒43円

なお、この金額は期首の資産除去債務にかかる利息分（**利息費用**）ですが、損益計算書上は**「減価償却費」と同じ区分に表示**します。

通常の支払利息（借入金にかかる利息）は営業外費用に表示しますが、資産除去債務の場合の利息費用は「減価償却費」と同じ区分に表示します。

（利　息　費　用）　　43　　（資産除去債務）　　43

以上より、CASE45の仕訳は次のようになります。

CASE45の仕訳

| （減価償却費） | 5,288 | （機械減価償却累計額） | 5,288 |
| （利　息　費　用） | 43 | （資産除去債務） | 43 |

上記の仕訳を行うことにより、×2年3月31日における資産除去債務（負債）は907円（864円＋43円）となります。

なお、2年目以降の利息費用の計算は次のようにして行います。

	(1)期首資産除去債務	(2)利息費用 (1)×5%	(3)期末資産除去債務 (1)+(2)
1年目 (×2年3月31日)	864円	**43円**	907円
2年目 (×3年3月31日)	907円	**45円**	952円
3年目 (×4年3月31日)	952円	**48円**	1,000円

CASE 46

資産除去債務

有形固定資産を除去したときの仕訳

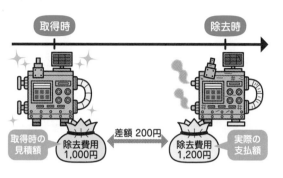

取得時　　　　　　　　除去時

取得時の見積額　除去費用1,000円　差額 200円　除去費用1,200円　実際の支払額

×4年3月31日、機械の取得から3年が経過し、ゴエモン㈱では機械を除去しました。

機械の取得時に除去費用1,000円を見積っていたのですが、実際には1,200円かかりました。どんな処理をするのでしょうか？

取引　×4年3月31日　CASE44で取得した機械を除去した。その際、除去費用1,200円を現金で支払った。なお、当該機械について、当期の決算までに行った仕訳は以下のとおりである。

① ×1年4月1日（取得時）の仕訳

（機 械）	15,864	（現 金）	15,000
		（資 産 除 去 債 務）	864

② ×2年3月31日（1年目の決算時）の仕訳

（減 価 償 却 費）	5,288	（機械減価償却累計額）	5,288
（利 息 費 用）	43	（資 産 除 去 債 務）	43

③ ×3年3月31日（2年目の決算時）の仕訳

（減 価 償 却 費）	5,288	（機械減価償却累計額）	5,288
（利 息 費 用）	45	（資 産 除 去 債 務）	45

④ ×4年3月31日（3年目の決算時）の仕訳

（減 価 償 却 費）	5,288	（機械減価償却累計額）	5,288
（利 息 費 用）	48	（資 産 除 去 債 務）	48

● 有形固定資産を除去したときの仕訳

　有形固定資産を除去したときは、(1)**資産の除去**と(2)**資産除去
債務の履行**の処理を行います。

(1)　資産の除去

　有形固定資産を除去したときは、除去（廃棄）の処理を行います。

| （機械減価償却累計額） | 15,864 | （機　　　　械） | 15,864 |

5,288円＋5,288円＋5,288円＝15,864円

(2)　資産除去債務の履行

　有形固定資産を除去したときは、資産除去債務（負債）の残
高を減額します。なお、資産除去債務の残高と実際支払額との
差額（**履行差額**といいます）を費用として処理します。

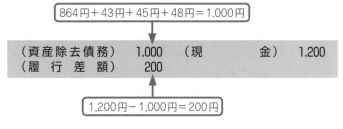

864円＋43円＋45円＋48円＝1,000円

| （資産除去債務） | 1,000 | （現　　　　金） | 1,200 |
| （履 行 差 額） | 200 | | |

1,200円－1,000円＝200円

資産の取得時に計
上した除去費用は
あくまでも見積額
なので、実際の支
払額と異なる場合
があるのです。

　以上より、CASE46の仕訳は次のようになります。

CASE46の仕訳

（機械減価償却累計額）	15,864	（機　　　　械）	15,864
（資産除去債務）	1,000	（現　　　　金）	1,200
（履 行 差 額）	200		

したがって、通常
の有形固定資産の
場合には、販売費
及び一般管理費に
表示することにな
ります。

　なお、履行差額は損益計算書上、原則として「**資産除去債務
に対応する除去費用に係る費用配分額**」、つまり「**減価償却費**」
と同じ区分に表示します。

⇔ 問題編 ⇔
問題39

資産除去債務（見積りの変更）

　資産除去債務を計上したあとに除去費用（見積額）に重要な見積りの変更が生じる場合があります。この場合、見積りの変更による調整額（当初の見積額と変更後の見積額の現在価値の差額）を、資産除去債務の帳簿価額や関連する有形固定資産の帳簿価額に加減して処理します。

　なお、除去費用（見積額）の変更を行う際、除去費用（見積額）が増加する場合と減少する場合とでは、割引計算に用いる割引率が異なります。

> 除去費用（見積額）が増加した場合は、新たな資産除去債務が発生したと考えます。

(1)　除去費用（見積額）が増加する場合

　除去費用（見積額）が増加する場合は、見積りの変更をした時点の割引率を用います。

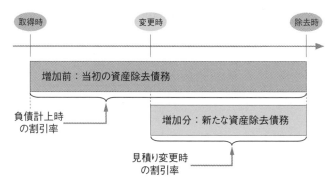

　除去費用（見積額）が増加する場合について、具体例を使って、見積りの変更にともなう処理をみてみましょう。

> **例1**　次の各日付の仕訳を示しなさい。なお、計算上、円未満の端数が生じる場合には、四捨五入すること。
>
> ①　×1年4月1日　機械（取得原価15,000円、使用期間3年）を取得し、代金は現金で支払った（同日より使用）。当社は当該機械を使用後に除去する法的義務があり、除去時の見積支出額は1,000円である。なお、資産除去債務は割引率5％で算定する。

① ×1年4月1日（機械の取得時）

資産除去債務（負債）を計上し、資産除去債務に対応する除
去費用は、有形固定資産の帳簿価額に加算します。

（機　　　械）15,864　（現　　　金）15,000
（資産除去債務）　864

$$\frac{除去費用1,000円}{(1+0.05)^3} ≒ 864円$$

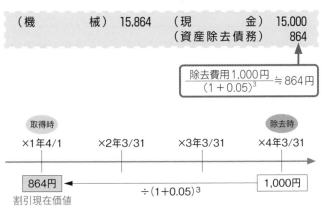

② ×2年3月31日（決算時）

ⓐ 減価償却費の計上

決算時には、資産計上した除去費用分も含めて、減価償却
を行います。

（減価償却費）5,288　（機械減価償却累計額）5,288

15,864円÷3年＝5,288円

ⓑ 時の経過による資産除去債務の調整

期末において、時の経過によって増加した分（1年分）を
追加計上します。

（利　息　費　用）　　43　　（資産除去債務）　　43

864円×5％≒43円

ⓒ 見積りの変更による資産除去債務の調整

除去費用（見積額）の増加分は、見積り変更時の割引率で
割引現在価値を計算し、資産除去債務を追加計上します。

この例では、見積り変更時の割引率が3％なので、除去費
用見積額の増加分800円（1,800円 − 1,000円）を$(1+0.03)^{2（年）}$
で割った金額を資産除去債務（負債）として追加計上しま
す。

なお、資産除去債務に対応する除去費用は有形固定資産の
帳簿価額に加算します。

（機　　　　　械）　　754　　（資産除去債務）　　754

$$\frac{1,800円 − 1,000円}{見積り変更時の割引率 (1.03)^{2}} ≒ 754円$$

以上より、×2年3月31日における資産除去債務（負債）
は1,661円（864円 + 43円 + 754円）となります。

③ ×3年3月31日（決算時）

ⓐ 減価償却費の計上

決算時には、見積りの変更により増加した除去費用分も含
めて、減価償却を行います。

| （減 価 償 却 費） | 5,665 | （機械減価償却累計額） | 5,665 |

$$15,864円 \div 3年 + 754円 \div 2年 = 5,665円$$
当初計上分　　　　増加分

ⓑ　時の経過による資産除去債務の調整

期首（×2年4月1日）の資産除去債務に対して、時の経過によって増加した資産除去債務を追加計上します。

なお、当初計上した資産除去債務907円（864円＋43円）は割引率5％を、見積りの変更による増加分754円については割引率3％を用います。

| （利　息　費　用） | 68 | （資産除去債務） | 68 |

$$(864円 + 43円) \times 5\% + 754円 \times 3\% ≒ 68円$$
当初計上分　　　　　　　　増加分

以上より、×3年3月31日における資産除去債務（負債）は1,729円（864円＋43円＋754円＋68円）となります。

④　×4年3月31日（決算時、除去時）
ⓐ　減価償却費の計上

見積りの変更により増加した除去費用分も含めて、減価償却を行います。

| （減 価 償 却 費） | 5,665 | （機械減価償却累計額） | 5,665 |

$$15,864円 \div 3年 + 754円 \div 2年 = 5,665円$$
当初計上分　　　　増加分

ⓑ　時の経過による資産除去債務の調整

期首（×3年4月1日）の資産除去債務に対して、時の経過によって増加した資産除去債務を追加計上します。

| （利　息　費　用） | 71 | （資産除去債務） | 71 |

$$(864円 + 43円 + 45円) \times 5\% + (754円 + 23円) \times 3\% ≒ 71円$$
当初計上分　　　　　　　　　　　　増加分

ⓒ　資産の除去

機械を除去したときは、除去（廃棄）の処理を行います。

| （機械減価償却累計額） | 16,618 | （機 械） | 16,618 |

5,288円＋5,665円＋5,665円＝16,618円

@d 資産除去債務の履行

　機械を除去したときは、資産除去債務（負債）の残高を減額します。なお、履行差額は費用として処理します。

864円＋43円＋754円＋68円＋71円＝1,800円

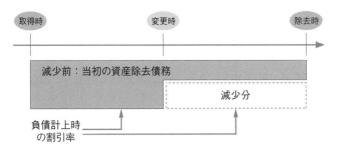

| （資産除去債務） | 1,800 | （現 金） | 2,000 |
| （履 行 差 額） | 200 | | |

2,000円－1,800円＝200円

(2) 除去費用（見積額）が減少する場合

　除去費用（見積額）が減少する場合、見積りの変更による調整額を求める際に当初の資産除去債務を計上した時点の割引率を用います。

| 取得時 | | 変更時 | | 除去時 |

```
減少前：当初の資産除去債務
                        減少分
負債計上時
の割引率
```

　除去費用（見積額）が減少する場合についても、具体例を使って、見積りの変更の処理をみてみましょう。

> **例2** 次の各日付の仕訳を示しなさい。なお、計算上、円未満の端数が生じる場合には、四捨五入すること。
>
> ① ×1年4月1日　機械（取得原価15,000円、使用期間3年）を取得し、代金は現金で支払った（同日より使用）。当社には当該機械を使用後に除去する法的義務があり、除去時の見積支出額は1,000円である。なお、資産除去債務は割引率5％で算定する。

② ×2年3月31日　決算日につき、上記機械を定額
法（残存価額は0円、耐用年数は3年、記帳方法は
間接法）により減価償却する。
　　なお、2年後の除去費用（見積額）は250円に減少
した。×2年3月31日（決算日）における割引率は
3％である。
③ ×3年3月31日　決算日につき、上記機械を定額
法（残存価額は0円、耐用年数は3年、記帳方法は
間接法）により減価償却する。
④ ×4年3月31日　上記機械を除去した。その際、
除去費用400円を現金で支払った。

① ×1年4月1日（機械の取得時）

| （機　　　　　械） | 15,864 | （現　　　　　金） | 15,000 |
| | | （資 産 除 去 債 務） | 864 |

$$\frac{除去費用1,000円}{(1＋0.05)^3} ≒ 864円$$

② ×2年3月31日（決算時）
　ⓐ　減価償却費の計上

| （減 価 償 却 費） | 5,288 | （機械減価償却累計額） | 5,288 |

15,864円÷3年＝5,288円

　ⓑ　時の経過による資産除去債務の調整

| （利 息 費 用） | 43 | （資 産 除 去 債 務） | 43 |

864円×5％≒43円

　ⓒ　見積りの変更による資産除去債務の調整
　除去費用（見積額）の減少分は、当初の資産除去債務を計
上した時点の割引率で割引現在価値を計算し、資産除去債務
から減額します。
　この例では、当初の資産除去債務を計上した時点の割引率
が5％なので、除去費用（見積額）の減少分750円（1,000

円 - 250円）を（1 + 0.05)$^{2(年)}$で割った金額を資産除去債務（負債）から減額します。

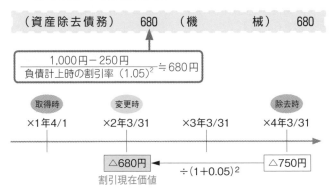

（資産除去債務）　680　（機　　　械）　680

$$\frac{1,000円 - 250円}{負債計上時の割引率 (1.05)^2} ≒ 680円$$

以上より、×2年3月31日における資産除去債務（負債）は227円（864円 + 43円 - 680円）となります。

③　×3年3月31日（決算時）

　ⓐ　減価償却費の計上

　　決算時には、見積りの変更により減少した除去費用分を除いて、減価償却を行います。

（減 価 償 却 費）　4,948　（機械減価償却累計額）　4,948

15,864円÷3年 - 680円÷2年 = 4,948円
当初計上分　　　減少分

　ⓑ　時の経過による資産除去債務の調整

　　期首（×2年4月1日）の資産除去債務に対して、時の経過によって増加した資産除去債務を追加計上します。

　　なお、見積りの変更による減少分680円を資産除去債務から控除したうえで時の経過による資産除去債務の調整額を求めます。

（利　息　費　用）　11　（資産除去債務）　11

(864円 + 43円 - 680円) × 5 % ≒ 11円

以上より、×3年3月31日における資産除去債務（負債）は238円（864円 + 43円 - 680円 + 11円）となります。

④　×4年3月31日（決算時、除去時）
　　ⓐ　減価償却費の計上
　　　　見積りの変更により減少した除去費用分を除いて、減価償
　　却を行います。

（減 価 償 却 費）　4,948　　（機械減価償却累計額）　4,948

15,864円÷3年－680円÷2年＝4,948円
　　当初計上分　　　減少分

　　ⓑ　時の経過による資産除去債務の調整
　　　　期首（×3年4月1日）の資産除去債務に対して、時の経
　　過によって増加した資産除去債務を追加計上します。

（利 　息 　費 　用）　　12　　（資産除去債務）　　　　12

（864円＋43円－680円＋11円）×5％≒12円

　　ⓒ　資産の除去
　　　　機械を除去したときは、除去（廃棄）の処理を行います。

（機械減価償却累計額）　15,184　　（機　　　　　械）　15,184

5,288円＋4,948円＋4,948円＝15,184円

　　ⓓ　資産除去債務の履行
　　　　機械を除去したときは、資産除去債務（負債）の残高を減
　　額します。なお、履行差額を費用として処理します。

864円＋43円－680円＋11円＋12円＝250円

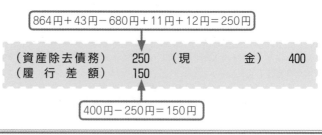

（資産除去債務）　　250　　（現　　　　　金）　　400
（履 行 差 額）　　150

400円－250円＝150円

⊜ 問題編 ⊜
　問題40

資産除去債務のまとめ　≪一連の流れ≫

CASE44
固定資産
の取得時

●除去費用（見積額）について割引現在価値を計算し、資産除去債務（負債）として計上

（機　　　　械）	15,864	（現　　　　金）	15,000
		（資産除去債務）	864

CASE45
決算時

●資産計上した除去費用分も含めて、減価償却を行う

（減 価 償 却 費）	5,288	（機械減価償却累計額）	5,288

●時の経過による資産除去債務の調整を行う

　→期首の資産除去債務に割引率を掛けた金額を資産除去債務（負債）として追加計上

（利　息　費　用）	43	（資産除去債務）	43

CASE46
固定資産の
除去時

●固定資産の除去の処理を行う

（機械減価償却累計額）	15,864	（機　　　　械）	15,864

●資産除去債務の履行の処理を行う

　→資産除去債務（負債）の残高を減額

　→資産除去債務の残高と実際支払額との差額を履行差額（費用）として処理

（資 産 除 去 債 務）	1,000	（現　　　　金）	1,200
（履　行　差　額）	200		

第8章

リース取引

備品をリース会社からリースすることにした!
リースといっても、備品を購入したのとほとんど同じなら、
購入したときと同様に処理するんだって。

ここでは、リース取引について学習します。

リース取引とは?

ゴエモン㈱では新しいコピー機の購入を検討しています。
「でもなぁ、すぐに機能性の高い新しいコピー機が出てくるんだよなぁ…」と悩んでいたところ、クロジリース㈱の営業マンが来たのでリースについて話を聞いてみました。

● リース取引とは?

コピー機やファックス、パソコンなど、事業を行うのに必要な固定資産（リース物件）を、あらかじめ決められた期間（リース期間）にわたって借りる契約を結び、借手（ゴエモン㈱）が貸手（クロジリース㈱）に使用料を支払う取引を**リース取引**といいます。

> 借手のことをレッシー、貸手のことをレッサーともいいます。

固定資産を購入すると、通常、法定耐用年数によって減価償却をしますが、技術革新が著しい近年では、法定耐用年数どおりに固定資産を使っていたのでは、固定資産の陳腐化に対応できません。

しかし、リース取引ならば、リース期間は借手と貸手の合意によって決められるので、固定資産の陳腐化を予測したリース期間を設定すれば、いつでも最新の固定資産を使えるというメリットがあります。

リース取引の分類と会計処理

リース取引は、**ファイナンス・リース取引**と**オペレーティング・リース取引**に分類されます。

また、リース取引の会計処理については、**ファイナンス・リース取引**では通常の売買取引と同様に処理（**売買処理**）し、**オペレーティング・リース取引**では通常の賃貸借取引と同様に処理（**賃貸借処理**）します。

(1) ファイナンス・リース取引

ファイナンス・リース取引とは、リース取引のうち①**解約不能（ノンキャンセラブル）**、②**フルペイアウト**の2つの要件をともに満たす取引をいいます。

① 解約不能（ノンキャンセラブル）

1つ目の要件は、**解約することができないリース取引**であるということです。また、法的に解約が可能でも、解約時に多額の違約金を支払わなければならないなど、実質的に解約することができないリース取引も含まれます。

② フルペイアウト

2つ目の要件は、**借手がリース物件から生じる経済的利益をすべて受けることができ**、また、**借手がリース物件の使用にかかる費用を実質的に負担する**ことです。

とても重要

ファイナンス・リース取引の要件

①解約不能（ノンキャンセラブル）…解約することができないリース取引（または実質的に解約することができないリース取引）

②フルペイアウト…借手がリース物件から生じる経済的利益・費用をすべて享受・負担する取引

↓ **具体的な判定基準**

次のいずれかに該当する場合にはファイナンス・リース取引と判定される

ⓐ現在価値基準	ⓑ経済的耐用年数基準
リース料総額の現在価値が見積現金購入価額のおおむね90%以上	解約不能のリース期間が、リース物件の経済的耐用年数のおおむね75%以上

ファイナンス・リース取引は、リース期間後、リース物件の所有権が借手に移転するかどうかによって、**所有権移転ファイナンス・リース取引**と**所有権移転外ファイナンス・リース取引**に分類されます。

⑵ オペレーティング・リース取引

オペレーティング・リース取引とは、ファイナンス・リース取引以外のリース取引をいいます。

とても重要

リース取引の分類と会計処理

リース取引の分類		会計処理
ファイナンス・リース取引	所有権移転ファイナンス・リース取引	売買処理
	所有権移転外ファイナンス・リース取引	
オペレーティング・リース取引		賃貸借処理

CASE 48 ファイナンス・リース取引

ファイナンス・リース取引を 開始したときの仕訳①

ゴエモン㈱は、コピー機（備品）をクロジリース㈱から4年間の約束でリースすることにし、今日、リース契約を結びました。
このとき、どんな処理をするのでしょう？

取引 ×1年4月1日　ゴエモン㈱は下記の条件によってクロジリース㈱と備品のリース契約を結んだ。

[条　件]
1．リース契約の内容
　⑴　このリース取引は所有権移転ファイナンス・リース取引である。
　⑵　リース期間：4年
　⑶　リ　ー　ス　料：年額3,000円、総額12,000円、
　　　　　　　　　　　毎年3月31日払い（後払い）
2．リース物件の貸手（クロジリース㈱）の購入価額は10,000円であり、計算利子率は年7.7％である。

リース取引開始時の処理①（所有権移転）

　ファイナンス・リース取引は通常の売買取引に準じた処理をします。したがってリース取引を開始したときは、リース物件を購入し、購入代金を分割で後払いにしたときと同様の処理をします。なお、リース物件の取得原価相当額は**リース資産（資産）**で処理し、貸方科目はリース取引による代金の支払義務を表す**リース債務（負債）**で処理します。

> 借方科目は「備品」や「機械」などで処理することもあります。

| （リース資産） | XX | （リース債務） | XX |

　このとき計上するリース物件の価額（取得原価相当額）は、所有権が移転するかどうか、借手側（ゴエモン㈱）でリース物件の購入価額（貸手の購入価額）が明らかかどうかによって次のように異なります。

リース物件の取得原価相当額

	貸手の購入価額等が明らかな場合	貸手の購入価額等が不明な場合
所有権移転ファイナンス・リース取引	貸手の購入価額等	①見積現金購入価額 ②リース料総額の割引現在価値 ①、②のいずれか低い方
所有権移転外ファイナンス・リース取引	①貸手の購入価額等 ②リース料総額の割引現在価値 ①、②のいずれか低い方	

　CASE48は所有権移転ファイナンス・リース取引で、かつ、貸手（クロジリース㈱）の購入価額が明らかなので、貸手（クロジリース㈱）の購入価額を取得原価相当額として計上します。

　以上より、CASE48の仕訳は次のようになります。

CASE48の仕訳

| （リース資産） | 10,000 | （リース債務） | 10,000 |

ファイナンス・リース取引

ファイナンス・リース取引を
開始したときの仕訳②

所有権が移転しない場合などは、
計算が少しメンドクサイ！！

所有権移転外ファイナンス・リース取引の場合や、貸手の購入価額が不明な場合は、リース物件の割引現在価値を計算しなければなりません。ここでは、リース物件の割引現在価値の計算についてみてみましょう。

取引 ×1年4月1日　ゴエモン㈱は下記の条件によってクロジリース㈱と備品のリース契約を結んだ。

[条　件]

1. リース契約の内容
   (1) このリース取引は所有権移転外ファイナンス・リース取引である。
   (2) リース期間：4年
   (3) リース料：年額3,000円、総額12,000円、
       毎年3月31日払い（後払い）
2. リース物件の見積現金購入価額は10,000円、借手（ゴエモン㈱）の追加借入利子率は年8％である。なお、貸手（クロジリース㈱）の購入価額と計算利子率は不明である。

● リース取引開始時の処理②（所有権移転外等）

　CASE49のリース取引は所有権移転外ファイナンス・リース取引で、借手（ゴエモン㈱）側では貸手（クロジリース㈱）の購入価額が明らかではありません。

　この場合、リース物件の取得原価相当額は、見積現金購入価

割引現在価値は
「第3章　金銭債権と貸倒引当金」で学習しましたね。

試験では問題文の指示にしたがってください。

割引現在価値の計算に用いる利子率は、貸手の計算利子率を知りうる場合はその利子率を用いますが、知りえない場合は借手の追加借入利子率を用います。

額とリース料総額の割引現在価値のいずれか低い金額となります。

　CASE49では、借手（ゴエモン㈱）は貸手（クロジリース㈱）に毎年3,000円ずつ4年間にわたってリース料を支払うので（後払い）、取引開始時のリース料総額の割引現在価値は次のようになります（円未満は四捨五入しています）。

契約時

×1年4/1　　×2年3/31　×3年3/31　×4年3/31　×5年3/31

| | 3,000円 | 3,000円 | 3,000円 | 3,000円 |

2,778円　←　÷(1.08)

2,572円　←　÷$(1.08)^2$

2,381円　←　÷$(1.08)^3$

2,205円　←　÷$(1.08)^4$

9,936円　← 割引現在価値

　割引現在価値が9,936円、見積現金購入価額が10,000円なので、CASE49のリース物件の取得原価相当額は9,936円となります。

CASE49の仕訳

（リース資産）　9,936　（リース債務）　9,936

ファイナンス・リース取引

リース料を支払ったときの仕訳

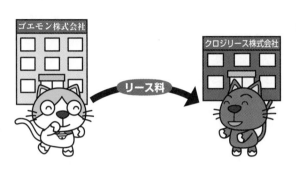

×2年3月31日。ゴエモン㈱はクロジリース㈱に1年分のリース料3,000円を現金で支払いました。
このとき、どんな処理をするのでしょう?

取引　×2年3月31日　ゴエモン㈱はクロジリース㈱に当期分のリース料3,000円を現金で支払った。

[条　件]
1．リース契約の内容
 ⑴　このリース取引は所有権移転ファイナンス・リース取引である。
 ⑵　リース期間：4年（リース契約日は×1年4月1日）
 ⑶　リ ー ス 料：年額3,000円、総額12,000円、
 　　　　　　　　　　毎年3月31日払い（後払い）
2．リース物件の貸手（クロジリース㈱）の購入価額は10,000円であり、計算利子率は年7.7%である。
3．期首におけるリース債務残高は10,000円である。

●リース料支払時の処理（1年目）

　CASE50では、年間リース料3,000円を現金で支払っています。したがって、まずは現金（資産）の減少の処理をします。

(　　　　　　　)	（現　　　金）	3,000

この年間リース料3,000円は、リース債務の元本返済分と利息分の合計額なので、年間リース料3,000円を元本返済分と利息分に分ける必要があります。

年間リース料を元本返済分と利息分に分けるときは、まず、期首元本である期首リース債務残高（10,000円）に利率（7.7％）を掛けて利息分を計算し、元本返済分は年間リース料（3,000円）から利息分を差し引いて計算します。

元本分と利息分の計算

①利息分：10,000円 × 7.7％ = 770円
②元本分：3,000円 − 770円 = 2,230円

以上より、CASE50の仕訳は次のようになります。

CASE50の仕訳

（支 払 利 息）	770	（現 金）	3,000
（リ ー ス 債 務）	2,230		

🔵 リース料支払時の処理（2年目）

1年目と同様に、2年目のリース料支払時（×3年3月31日）の処理を考えてみましょう。

1年目の期末にリース債務（元本分）2,230円を返済しているので、2年目の期首のリース債務（元本分）は7,770円（10,000円 − 2,230円）となります。

したがって、2年目のリース料支払時の仕訳は次のようになります。

7,770円 × 7.7％ ≒ 598円

（支 払 利 息）	598	（現 金）	3,000
（リ ー ス 債 務）	2,402		

貸借差額

リース料支払時の処理（最終年度）

　3年目も1年目および2年目と同様に処理しますが、最終年度（4年目）は元本返済分が当初のリース債務総額（10,000円）に一致するように調整します。

　なお、実際の問題を解く際には、次のような簡単な表を作って利息や元本返済分を計算するようにしましょう。

支払日	(1)期首元本（リース債務残高）	(2)リース料	(3)利息分（支払利息）(1)×7.7%	(4)元本返済分（リース債務返済分）(2)−(3)	(5)期末元本（リース債務残高）(1)−(4)
×2年3/31	10,000円	3,000円	770円	2,230円	7,770円
×3年3/31	7,770円	3,000円	598円	2,402円	5,368円
×4年3/31	5,368円	3,000円	413円	2,587円	2,781円
×5年3/31	2,781円	3,000円	219円	2,781円	0円
合　計	—	12,000円	2,000円	10,000円	—

②最後は差額で計算します。
3,000円−2,781円＝219円

①残っているリース債務（元本）を減少させ、期末元本を0円にします。

ファイナンス・リース取引

ファイナンス・リース取引の決算時の仕訳

買ったのと同じだから、減価償却しよう！

×2年3月31日。今日は決算日。
ファイナンス・リース取引の会計処理は売買処理なので、クロジリース㈱からリースしている備品についてもほかの固定資産と同様に減価償却をするらしい…。

取引 　×2年3月31日　決算につき、次の条件により所有するリース物件（備品）について減価償却を行う。

［条　件］
1. リース契約の内容
   (1) このリース取引は所有権移転ファイナンス・リース取引である。
   (2) リース期間：4年（リース契約日は×1年4月1日）
2. ゴエモン㈱では当該リース物件の取得原価相当額を10,000円で計上している。
3. 経済的耐用年数：5年
4. リース物件の減価償却は残存価額10%の定額法（記帳方法は間接法）によって行う。

● 決算時の処理①（所有権移転）

　CASE51のように所有権が借手（ゴエモン㈱）に移転するファイナンス・リース取引では、リース期間後もリース物件が借手（ゴエモン㈱）側に残るため、通常の固定資産と同様の条件で、**経済的耐用年数**にわたって減価償却費を計算します。

所有権が移転する場合は経済的耐用年数を用います。

したがって、CASE51の仕訳は次のようになります。

CASE51の仕訳（所有権移転）

（減 価 償 却 費） 1,800 （減価償却累計額） 1,800

10,000円×0.9÷5年＝1,800円

決算時の処理②（所有権移転外）

　所有権が借手（ゴエモン㈱）に移転しないファイナンス・リース取引では、リース期間が終了したらリース物件は貸手（クロジリース㈱）に返すため、ゴエモン㈱にはリース物件は残りません。そこで、この場合の減価償却費の計算は、残存価額を0円として**リース期間**にわたって行います。

　したがって、仮にCASE51のリース取引が所有権移転外ファイナンス・リース取引であったとした場合の仕訳は次のようになります。

所有権が移転しない場合はリース期間を用います。

所有権移転外の場合の仕訳

（減 価 償 却 費） 2,500 （減価償却累計額） 2,500

10,000円÷4年＝2,500円

とても重要

リース物件の減価償却費の計算

	残存価額	耐用年数
所有権移転ファイナンス・リース取引	自己資産と同じ	経済的耐用年数
所有権移転外ファイナンス・リース取引	ゼロ	リース期間

問題編
問題41～43

ファイナンス・リース取引の問題の解き方

こういう感じで
出題されることも！

試験では、年金現価係数表を使ってリース債務残高を計算する問題が出題されることがあります。ここでは、年金現価係数表を使った場合の問題の解き方をみておきましょう。

取引 当社（決算日は3月31日）は×1年4月1日にリース会社からリース取引によって備品を取得した。次の資料にもとづき、当社（借手）の(1)×1年度（×1年4月1日～×2年3月31日）の損益計算書における①支払利息と②減価償却費、(2)×1年度末の貸借対照表におけるリース債務を計算しなさい。なお、計算によって生じた端数は円未満を四捨五入すること。

［資　料］
1．このリース取引は所有権移転ファイナンス・リース取引である。
2．リース期間：5年
3．リ ー ス 料：年額10,000円、毎年3月31日払い（後払い）
4．備品の見積現金購入額：45,000円
5．リース料総額の現在価値は年4％で割り引いた金額とする。
6．経済的耐用年数：6年
7．耐用年数経過時の残存価額は取得原価相当額の10％、減価償却は
　定額法によって行う。
8．年金現価係数表は次のとおりである。

利子率 期間	2％	3％	4％	5％
1年	0.9804	0.9709	0.9615	0.9524
2年	1.9416	1.9135	1.8861	1.8594
3年	2.8839	2.8286	2.7751	2.7232
4年	3.8077	3.7171	3.6299	3.5460
5年	4.7135	4.5797	4.4518	4.3295

● リース取引開始時の処理（所有権移転）

　この問題は所有権移転ファイナンス・リース取引ですが、借手側でリース物件の購入価額が不明（問題文に見積現金購入額の記載しかない）ため、リース物件の取得原価相当額は見積現金購入額とリース料総額の割引現在価値のいずれか低い金額となります。

　なお、この問題のように年金現価係数表が資料にある場合、リース料総額の割引現在価値は年間リース料に年金現価係数を掛けて求めます。

リース物件の取得原価相当額

　①見積現金購入額：45,000円
　②リース料総額の割引現在価値：
$$10,000円 \times 4.4518 = 44,518円$$
　③① ＞ ②より、取得原価相当額は44,518円

リース取引開始時の仕訳

（リ ー ス 資 産） 44,518 　（リ ー ス 債 務） 44,518

● リース料支払時の処理

　年金現価係数表が資料にある場合には、先に元本返済額を計算し、年間リース料と元本返済額との差額によって支払利息を計算します。

　なお、元本返済額は各期のリース債務残高（年間リース料に、その時点で残っている年数に対応する年金現価係数を掛けた金額）の差額で計算します。

> 年金現価係数とは、たとえば年利4％で10,000円ずつ1年複利で5年間積み立てた場合の、その積立額の現在価値を求める係数をいいます。

> 利子率4％でリース期間5年のときの年金現価係数4.4518を掛けます。

> CASE50では先に利息分から計算しましたが、年金現価係数表を用いて計算する場合は逆になります。

	(1)リース債務残高	(2)元本返済額	(3)利息分（支払利息）
×1年4/1 （残り5年）	10,000円×4.4518 ＝44,518円	—	—
×2年3/31 （残り4年）	10,000円×3.6299 ＝36,299円	44,518円－36,299円 ＝8,219円	10,000円－8,219円 ＝1,781円
×3年3/31 （残り3年）	10,000円×2.7751 ＝27,751円	36,299円－27,751円 ＝8,548円	10,000円－8,548円 ＝1,452円
×4年3/31 （残り2年）	10,000円×1.8861 ＝18,861円	27,751円－18,861円 ＝8,890円	10,000円－8,890円 ＝1,110円
×5年3/31 （残り1年）	10,000円×0.9615 ＝9,615円	18,861円－9,615円 ＝9,246円	10,000円－9,246円 ＝754円
×6年3/31 （残り0年）	0円	9,615円－0円 ＝9,615円	10,000円－9,615円 ＝385円
合　　計	—	44,518円	5,482円

50,000円（リース料総額）

　以上より、×2年3月31日のリース料支払時の仕訳は次のようになります。

リース料支払時の仕訳

（支　払　利　息）　1,781　（現　金　な　ど）　10,000
（リ　ー　ス　債　務）　8,219

● 決算時の処理

　この問題は所有権移転ファイナンス・リース取引なので、通常の固定資産と同様に経済的耐用年数を用いて減価償却を行います。

決算時の仕訳

（減　価　償　却　費）　6,678　（減価償却累計額）　6,678

44,518円×0.9÷6年≒6,678円

以上より、この問題の解答は次のようになります。

(1) ①×1年度の支払利息：1,781円
　　②×1年度の減価償却費：6,678円
(2) 　×1年度末のリース債務：36,299円

　なお、貸借対照表上、リース債務は決算日の翌日から1年以内に決済するかどうかによって、**流動負債**と**固定負債**に分けて表示します。
　したがって、×1年度末（×2年3月31日）におけるリース債務を流動負債と固定負債に分けると次のようになります。

①リース債務(流動負債)：8,548円
　　　　　　　　　　　×3年3月31日
　　　　　　　　　　　の元本返済分

②リース債務(固定負債)：36,299円 − 8,548円 = 27,751円
　　　　　　　　　　　×3年4月1日以降の
　　　　　　　　　　　元本返済分

⇔ 問題編 ⇔
問題44

ファイナンス・リース取引における貸手側の処理

　ファイナンス・リース取引における貸手側の処理（売買処理）には、以下の3つの方法があります。

(1) リース取引開始時に売上高と売上原価を計上する方法【第1法】
　リース取引開始時に売上高と売上原価を計上する方法について、具体例を使って処理をみてみましょう。

例　×1年4月1日　クロジリース㈱は下記の条件によってゴエモン㈱と備品のリース契約を結んだ。貸手側（クロジリース㈱）の①取引開始時、②第1回目のリース料受取時（×2年3月31日）、③第1回目の決算時（×2年3月31日）の仕訳をしなさい。

　[条　件]
　1．リース契約の内容
　(1) このリース取引は所有権移転ファイナンス・リース取引である。
　(2) リース期間：4年
　(3) リ ー ス 料：年額3,000円、総額12,000円、
　　　　　　　　　　毎年3月31日払い（後払い）
　2．クロジリース㈱はリース物件を10,000円で購入し、代金は掛けとした。
　3．第1回リース料（3,000円）のうち利息分は770円である。

> 所有権移転外ファイナンス・リース取引の場合は、「リース債権」ではなく「リース投資資産」で処理します。

① 取引開始時の処理
　リース取引開始時には、リース料総額によって「売上高」と「リース債権」を計上します。また、リース物件の現金購入価額で「売上原価」を計上します。

| （リース債権） | 12,000 | （売　上　高） | 12,000 |
| （売上原価） | 10,000 | （買　掛　金） | 10,000 |

② 第1回目のリース料受取時（×2年3月31日）の処理
　リース料を受け取ったときには、受け取った金額だけ、リース債権を減額します。

（現　金　な　ど）　3,000　（リース債権）　3,000

③ 第1回目の決算時（×2年3月31日）の処理
　決算において、未回収分のリース債権に含まれる利息を次期以降に持ち越します。

（繰延リース利益繰入）　1,230　（繰延リース利益）　1,230

> ①利息総額：12,000円－10,000円＝2,000円
> ②未回収分：2,000円－770円＝1,230円

　なお、「繰延リース利益繰入」は損益計算書に計上し、「繰延リース利益」は貸借対照表上、リース債権から減額します。

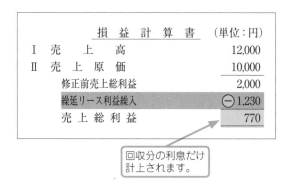

	損　益　計　算　書	（単位：円）
Ⅰ　売　　上　　高		12,000
Ⅱ　売　上　原　価		10,000
修正前売上総利益		2,000
繰延リース利益繰入		⊝1,230
売　上　総　利　益		770

回収分の利息だけ計上されます。

(2) リース料受取時に売上高と売上原価を計上する方法【第2法】
　リース料受取時に売上高と売上原価を計上する方法について、先の例を使って、処理をみてみましょう。

① 取引開始時の処理

リース取引開始時には、リース物件の現金購入価額で「リース債権」を計上します。

（リース債権）10,000　（買　掛　金）10,000

② 第1回目のリース料受取時（×2年3月31日）の処理

リース料を受け取ったときには、受け取ったリース料で「売上高」を計上し、受け取ったリース料のうち利息分を控除した金額で「売上原価」を計上します。また、売上原価と同額のリース債権を減額します。

（現 金 な ど）3,000　（売　　上　　高）3,000
（売 上 原 価）2,230　（リ ー ス 債 権）2,230

3,000円－770円＝2,230円

③ 第1回目の決算時（×2年3月31日）の処理

決算においてはなんの処理もしません。

仕 訳 な し

```
            損 益 計 算 書  （単位：円）
Ⅰ 売 上 高                  3,000
Ⅱ 売 上 原 価                2,230
   売 上 総 利 益              770
```

回収分の利息だけ
計上されます。

(3) 売上高を計上しない方法【第3法】

売上高を計上しない方法では、リース料に含まれる利息相当額を「受取利息」として処理します。

先の例を使ってこの方法による処理をみてみましょう。

① 取引開始時の処理
　リース取引開始時には、リース物件の現金購入価額で「リース債権」を計上します。

（リース債権）10,000　（買　掛　金）10,000

② 第1回目のリース料受取時（×2年3月31日）の処理
　リース料を受け取ったときには、受け取ったリース料に含まれる利息分を「受取利息」として計上します。また、受け取ったリース料から利息分を控除した金額だけリース債権を減額します。

（現　金　な　ど）3,000　（受　取　利　息）　770
　　　　　　　　　　　　（リース債権）2,230

3,000円－770円＝2,230円

③ 第1回目の決算時（×2年3月31日）の処理
　決算においてはなんの処理もしません。

仕　訳　な　し

損　益　計　算　書　（単位：円）	
⋮	⋮
受　取　利　息	770

CASE 53
オペレーティング・リース取引の会計処理

ゴエモン㈱は、クロジリース㈱とオペレーティング・リース契約によって、商品陳列棚（備品）を取得しています。オペレーティング・リースの場合、期中や決算日においてどんな処理をするのでしょう？

取引 次の一連の取引について仕訳しなさい。

×1年8月1日：クロジリース㈱とリース契約（オペレーティング・リース取引に該当）を締結し、リース期間4年、年間リース料3,000円（支払日は毎年7月末日）で備品を取得した。
×2年3月31日：決算日を迎えた。
×2年4月1日：再振替仕訳を行う。
×2年7月31日：第1回目のリース料3,000円を現金で支払った。

● オペレーティング・リース取引の処理

オペレーティング・リース取引は、通常の賃貸借取引に準じて処理します。

● 取引開始時の処理

> ここでは借手側（ゴエモン㈱）の処理をみておきましょう。

取引を開始したときにはなんの処理もしません。

CASE53の仕訳 （×1年8月1日　取引開始時）

仕 訳 な し

決算時の処理

CASE53では、リース料は毎年7月末日に支払うため、当期のリース料（×1年8月1日から×2年3月31日までの8か月分）はまだ支払われていません。しかし、当期分の費用（支払リース料）は発生しているので、決算において**支払リース料（費用）**の未払計上を行います。

> フツウに費用の未払計上をします。

CASE53の仕訳　（×2年3月31日　決算時）

（支払リース料）　2,000　　（未 払 費 用）　2,000

$$3,000円 \times \frac{8か月}{12か月} = 2,000円$$

翌期首の処理

翌期首には再振替仕訳をします。

CASE53の仕訳　（×2年4月1日　翌期首）

（未 払 費 用）　2,000　　（支払リース料）　2,000

リース料の支払時の処理

リース料の支払時には**支払リース料（費用）**を計上します。

CASE53の仕訳　（×2年7月31日　リース料支払時）

（支払リース料）　3,000　　（現　　　　金）　3,000

⇔ 問題編 ⇔
問題45

オペレーティング・リース取引における貸手側の処理

CASE53について、貸手側（クロジリース㈱）の処理をみておきましょう。

> **例** 次の一連の取引について仕訳しなさい。
>
> (1) ×1年8月1日：クロジリース㈱はゴエモン㈱と備品のリース契約（オペレーティング・リース取引に該当）を締結した。リース期間は4年、年間リース料は3,000円（支払日は毎年7月末日）である。なお、クロジリース㈱は当該備品を10,000円で購入し、代金は掛けとしている。
>
> (2) ×2年3月31日：決算日を迎えた。なお、リース物件である備品の減価償却は定額法（耐用年数はリース期間、リース期間終了時の処分見積価額は2,200円）により行う（記帳方法は間接法）。
>
> (3) ×2年4月1日：再振替仕訳を行う。
>
> (4) ×2年7月31日：第1回目のリース料3,000円を現金で受け取った。

(1) 取引開始時（×1年8月1日）の処理

取引を開始したときに備品を購入しているので、貸手側はリース物件を取得原価で固定資産に計上します。

| （備 品） | 10,000 | （買 掛 金） | 10,000 |

(2) 決算時（×2年3月31日）の処理

リース物件について減価償却を行います。なお、残存価額はリース期間終了時の処分見積価額となります。

| （減 価 償 却 費） | 1,300 | （備品減価償却累計額） | 1,300 |

$$（10,000円－2,200円）÷4年×\frac{8か月}{12か月}＝1,300円$$

また、リース料は毎年7月末日に支払われるため、当期のリース料（×1年8月1日から×2年3月31日までの8か月分）は

まだ支払われていません。しかし、当期分の収益（受取リース料）は発生しているので、決算において**受取リース料（収益）**の未収計上を行います。

（未 収 収 益） 2,000 （受取リース料） 2,000

$$3,000円 \times \frac{8か月}{12か月} = 2,000円$$

(3) **翌期首（×2年4月1日）の処理**

　翌期首には再振替仕訳をします。

（受取リース料） 2,000 （未 収 収 益） 2,000

(4) **リース料の受取時（×2年7月31日）の処理**

　リース料の受取時には**受取リース料（収益）**を計上します。

（現　　　　金） 3,000 （受取リース料） 3,000

セール・アンド・リースバック取引

(1) セール・アンド・リースバック取引とは?

　備品や車両、設備などの固定資産を所有していると、メンテナンスなどの管理業務が発生します。そこで、自分の会社が所有する物件をいったんリース会社に売却し、リース会社(貸手)からその物件のリースを受けることがあります。

　このような取引を**セール・アンド・リースバック取引**といいます。

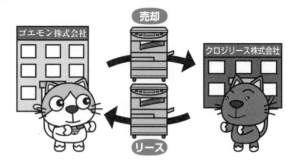

(2) セール・アンド・リースバック取引の会計処理

　セール・アンド・リースバック取引の会計処理について、具体例を使ってみてみましょう。

例 次の資料にもとづき、借手側(ゴエモン㈱)の、①セール・アンド・リースバック時、②第1回目のリース料支払時(×2年3月31日)、③第1回目の決算時(×2年3月31日)の仕訳をしなさい。

[資　料]
1. ×1年4月1日に、ゴエモン㈱は所有する備品(取得原価11,000円、期首減価償却累計額1,980円、耐用年数5年、残存価額は取得原価の10%、定額法で減価償却しており、間接法で記帳している)をクロジリース㈱に10,000円で売却し、現金を受け取るとともに、当該備品をリースバックした。
2. このセール・アンド・リースバック取引の条件は次のとおりである。

---

(1) このリース取引は所有権移転ファイナンス・リース取引である。
(2) リース物件の貸手（クロジリース㈱）の購入価額は10,000円（資料1参照）であり、計算利子率は年7.7%である。
(3) リース期間：4年
(4) リース料：年額3,000円、総額12,000円、
毎年3月31日支払い（現金後払い）
3．リースバック時以後の経済的耐用年数：
4年（残存価額は当初の残存価額を用いる）

① セール・アンド・リースバック時の処理

　セール・アンド・リースバック時には、まず備品の売却の処理をします。なお、セール・アンド・リースバック取引（ファイナンス・リース取引に該当する場合）では、物件（備品）の売却にともなう損益を長期前払費用（売却損の場合）または長期前受収益（売却益の場合）として処理します。

ⓐ 備品の売却時の処理

| （減価償却累計額） | 1,980 | （備　　　品） | 11,000 |
| （現　　　金） | 10,000 | （長期前受収益） | 980 |

> 貸借差額

> 通常の固定資産の売却では「固定資産売却損」や「固定資産売却益」で処理しますが、セール・アンド・リースバック取引の場合はちょっと違います。

　そして、リース物件を取得したときの処理をします。この例題は所有権移転ファイナンス・リースで、貸手の購入価額（10,000円）が明らかなので、リース物件の取得原価相当額は貸手の購入価額で計上します。

> ゴエモン㈱が備品を10,000円で売っているので、貸手（クロジリース㈱）の購入価額は10,000円ということが明らかですね。

ⓑ リース取引時の処理

| （リース資産） | 10,000 | （リース債務） | 10,000 |

　上記ⓐとⓑをあわせた仕訳がセール・アンド・リースバック時の仕訳です。

（減価償却累計額）	1,980	（備　　　　品）	11,000
（現　　　　金）	10,000	（長 期 前 受 収 益）	980
（リ ー ス 資 産）	10,000	（リ ー ス 債 務）	10,000

② 第1回目のリース料支払時（×2年3月31日）の処理

　第1回目のリース料支払時の仕訳は次のようになります。なお、計算の仕方は CASE50 と同様です。

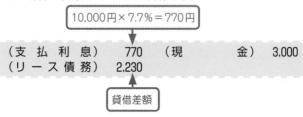

$$10,000円 × 7.7\% = 770円$$

| （支 払 利 息） | 770 | （現　　　　金） | 3,000 |
| （リ ー ス 債 務） | 2,230 | | |

貸借差額

セール・アンド・リースバック取引で、所有権移転ファイナンス・リース取引の場合、通常、当初の取得原価にもとづいた残存価額で計算します。

③ 第1回目の決算時（×2年3月31日）の処理

　決算において、リース物件の減価償却を行います。この例題はリース物件の所有権が借手に移転するため、リースバック後の経済的耐用年数（4年）で減価償却を行います。なお、問題文の指示にしたがい、残存価額は当初の残存価額1,100円（11,000円×10％）を用いて計算します。

ⓐ 減価償却費の計上

| （減 価 償 却 費） | 2,225 | （減価償却累計額） | 2,225 |

$$(10,000円 - 1,100円) ÷ 4年 = 2,225円$$

　また、物件の売却時に計上した長期前払費用または長期前受収益を減価償却費の割合によって当期分の損益に加減（減価償却費に加減）します。

　この例題では減価償却方法が定額法なので、毎期の減価償却費は定額です。したがって、長期前受収益（980円）をリースバック後の経済的耐用年数（4年）で割って、当期分の配分額を計算します。

ⓑ 長期前受収益の取崩し

（長期前受収益）　　245　　（減 価 償 却 費）　　245

980円÷4年＝245円　　相手科目は「減価償却費」

　上記ⓐとⓑをあわせた仕訳が決算時の仕訳です。

（減 価 償 却 費）　2,225　　（減価償却累計額）　2,225
（長期前受収益）　　245　　（減 価 償 却 費）　　245

⟺ 問題編 ⟺
問題46、47

ファイナンス・リース取引の要件

①解約不能（ノンキャンセラブル）
②フルペイアウト

リース取引の分類と会計処理

リース取引の分類		会 計 処 理
ファイナンス・リース取引	所有権移転ファイナンス・リース取引	売買処理
	所有権移転外ファイナンス・リース取引	
オペレーティング・リース取引		賃貸借処理

ファイナンス・リース取引（借手側）のまとめ ≪一連の流れ≫

CASE48,49
リース取引
開始時

（リース資産）10,000 （リース債務）10,000
備品など

●リース物件の取得原価相当額

	貸手の購入価額等が明らかな場合	貸手の購入価額等が不明な場合
所有権移転ファイナンス・リース取引	貸手の購入価額等	①見積現金購入価額 ②リース料総額の割引現在価値 ①、②のいずれか低い方
所有権移転外ファイナンス・リース取引	①貸手の購入価額等 ②リース料総額の割引現在価値 ①、②のいずれか低い方	

CASE50 リース料支払時	（支　払　利　息）　770　（現　　　　金）　3,000 （リ ー ス 債 務）　2,230

CASE51 決算時	（減 価 償 却 費）　1,800　（減価償却累計額）　1,800 ●リース物件の減価償却費の計算

●リース物件の減価償却費の計算

	残存価額	耐用年数
所有権移転 ファイナンス・ リース取引	自己資産と同じ	経済的耐用年数
所有権移転外 ファイナンス・ リース取引	ゼロ	リース期間

オペレーティング・リース取引のまとめ　≪一連の流れ≫

CASE53 リース取引開始時

借手側の仕訳	貸手側の仕訳
仕訳なし	（備　　　品）　10,000 　（買 掛 金）　10,000

CASE53 リース料支払時

借手側の仕訳	貸手側の仕訳
（支払リース料）　3,000 　（現　　　金）　3,000	（現　　　金）　3,000 　（受取リース料）　3,000

CASE53 決算時

●貸手側はリース物件について減価償却（残存価額はリース期間終了時の処分見積価額）を行う

借手側の仕訳	貸手側の仕訳
仕訳なし	（減 価 償 却 費）　1,300 　（備品減価償却累計額）　1,300

●支払リース料（受取リース料）の未払い、未収があるときは、その処理をする

借手側の仕訳	貸手側の仕訳
（支払リース料）　2,000 　（未 払 費 用）　2,000	（未 収 収 益）　2,000 　（受取リース料）　2,000

第9章

固定資産の減損会計

備品や機械などの固定資産は、
それを使用することによって収益を得る
ことができるからこそ、購入する…。
だからそれらを取得するために費やした金額よりも、
多くの収益（キャッシュ・フロー）を生み出してくれないと困るんだ。

ここでは、固定資産の減損会計について学習します。

減損会計とは?

建物A

収益性が
低下している…。

機械B

ゴエモン㈱で所有する
固定資産のうち、A工
場(建物A)と機械Bの収益
性が低下しており、このまま
使用しても当初に予想した収
益の獲得が期待できないよう
です。この場合でも、建物や
機械は取得原価ベースで評価
するのでしょうか?

減損会計とは?

　企業は土地や建物、機械などの固定資産を使用することに
よって、売上(収益)を獲得しています。

　つまり、企業はその固定資産に投資した金額(取得原価)以
上にその固定資産が収益を上げてくれるからこそ、固定資産を
購入するのです。

がんばって
稼いでね!

おまかせを!

　「第6章　有形固定資産」で学習したように、固定資産の貸
借対照表価額は取得原価から減価償却累計額を控除した帳簿価
額で評価します。

しかし、固定資産の収益性が低下して、投資額を回収する見込みが立たないにもかかわらず、取得原価ベースの金額を貸借対照表に計上してしまうと、財務諸表の利用者が誤った判断をしてしまう可能性があります。

　そこで、固定資産の利用によって得られる収益が、当初の予想よりも低下したときは、投資額（固定資産の帳簿価額）の回収が見込めなくなった分だけ、固定資産の帳簿価額を切り下げる処理をします。
　この固定資産の帳簿価額を切り下げる処理を**減損会計**といいます。
　なお、有価証券の強制評価減や商品評価損の計上など、ほかに減損処理の規定があるものは除外します。

●減損会計の手順

　減損会計の手順は次のとおりです。

(Step 1) 対象となる資産のグルーピングを行う

　固定資産の帳簿価額を切り下げるかどうかの判断をするにあたって、まずは所有する固定資産をキャッシュ・フローを生み出す最少の単位でグルーピングします。
　たとえば、機械Aと機械Bを使って製品Pを作っているという場合は、機械Aと機械Bを1つのグループとして減損会計を適用します。

Step 2 減損の兆候の把握

次に、資産または資産グループごとに**減損の兆候を把握**します。

減損の兆候の把握とは、ある資産またはある資産グループが減損を生じさせる状況にあるかどうかを把握することをいいます。たとえば、製品Qを作っているQ事業を廃止する場合は、Q事業部の固定資産の収益性は低下していると考えられるので、「減損の兆候がある」と判断されます。

なお、試験で出題されるときは、「減損の兆候がある」などの指示がつきます。

Step 3 減損損失の認識

減損の兆候があると判断された資産または資産グループについては、減損損失を認識するかどうか（固定資産の帳簿価額を切り下げるかどうか）を判定します。

イメージ的には、「本当に固定資産の帳簿価額を切り下げるかどうか」をStep2よりも厳密にチェックするといったところです。

減損損失の認識については、CASE 55で学習します。

Step 4 減損損失の測定

Step3で減損損失を認識すべきと判断された資産または資産グループについて、「いくらの減損損失を計上するのか」を決定します。

減損損失の測定については、CASE 56で学習します。

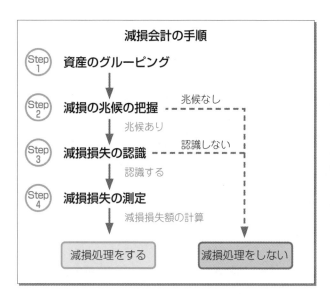

減損会計の手順

Step 1 資産のグルーピング

Step 2 減損の兆候の把握 ──兆候なし

兆候あり

Step 3 減損損失の認識 ──認識しない

認識する

Step 4 減損損失の測定

減損損失額の計算

減損処理をする

減損処理をしない

状況から考えて減損が生じていそうなものをピックアップ！

減損損失を計上すべきかどうかをチェック！

最後に、ちょっとメンドクサイ計算で減損損失額を求めます。

減損損失の認識

建物A

減損の兆候があるな。

機械B

減損の兆候を把握した結果、A工場（建物A）と機械Bに減損の兆候が生じていることが判明しました。そこで、これらの資産について減損の認識を行うのですが、減損の認識はどのように行うのでしょうか？

例　次の資料にもとづき、建物Aと機械Bについて減損損失を認識すべきかどうかを判定しなさい。なお、耐用年数経過後の処分価値は残存価額と一致する。

[資　料]

	建物A	機械B
取　得　原　価	2,000円	1,000円
減価償却累計額	1,200円	600円
残　存　価　額	0円	100円
残 存 耐 用 年 数	5年	3年
毎年の将来CF★(割引前)	200円	90円

★CF…キャッシュ・フロー

● 減損損失の認識

Step2で減損の兆候があると判断された資産または資産グループについては、減損損失の認識の判定をします。

減損会計では、固定資産の利用により将来獲得する収益（キャッシュ・フロー）が固定資産の投資額（帳簿価額）よりも低いと判断したときに固定資産の帳簿価額を切り下げます。

ですから、減損損失の認識の判定では、固定資産の帳簿価額と将来キャッシュ・フローを比べて、将来キャッシュ・フローのほうが低かったら、減損損失を認識すると判断します。

　なお、この段階では減損損失を正確に計算するものではなく、減損損失を認識するかどうかを判断するだけなので、**将来キャッシュ・フローは割引前のものを用います**。

　また、将来キャッシュ・フローには耐用年数経過後の処分価値（残存価額）も含めることに注意しましょう。

　以上より、CASE55の建物Aと機械Bの減損損失の認識は次のようになります。

割引後の金額は次の減損損失の測定で用います。
減損損失額を計算するときだけ、正確に計算する必要があるので割引後の金額を用いる、とおさえておきましょう。

CASE55　減損損失の認識

(1)　建物A

①帳簿価額：2,000円 − 1,200円 = 800円

②将　来 CF：200円 × 5年 = 1,000円

③800円 ＜ 1,000円 → **減損損失を認識しない**
　　帳簿価額　　割引前将来CF

帳簿価額よりも将来キャッシュ・フローのほうが高い（収益性が低下していない）ので、建物Aについては減損損失を認識しません。

(2)　機械B

①帳簿価額：1,000円 − 600円 = 400円

②将　来 CF：90円 × 3年 + 100円 = 370円
　　　　　　　　　　　　　　残存価額

③400円 ＞ 370円 → **減損損失を認識する**
　　帳簿価額　　割引前将来CF

帳簿価額よりも将来キャッシュ・フローのほうが低い（収益性が低下している）ので、機械Bについて減損損失を認識します。

割引前将来キャッシュ・フローを見積る期間

　減損損失の認識にあたって、割引前将来キャッシュ・フローを計算しますが、30年後や40年後といった遠い将来のキャッシュ・フローの見積りには多くの不確実性が介入します。

　そこで、割引前将来キャッシュ・フローを見積る期間は、**資産の経済的残存使用年数と20年のいずれか短いほう**とし、経済的残存使用年数が20年を超える場合には、20年目までの割引前将来キャッシュ・フローに、20年経過時点の回収可能価額（21年目以降に見込まれる将来キャッシュ・フローにもとづいて計算した金額）を加算することとされています。

　ここでいう回収可能価額とは、CASE56で説明する回収可能価額と同様、**正味売却価額**（20年経過時点の時価−処分費用）と**使用価値**（耐用年数まで使用した場合の将来キャッシュ・フローの割引現在価値）のいずれか大きい金額となります。

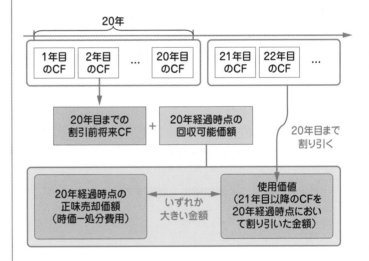

> **例** 建物D（帳簿価額2,380円）の経済的残存使用年数は22年であり、今後20年間の毎年のキャッシュ・フローは80円、21年目と22年目のキャッシュ・フローは各40円と見積もられている。また、22年後の建物Dの処分価値は4円、20年経過時点の正味売却価額は10円と見積もられている。建物Dについて減損損失を認識するかどうかの判定をしなさい。なお、割引率は4%で計算し、円未満の端数はそのつど四捨五入すること。

割引前将来CF

①20年目までの割引前将来CF：80円×20年＝1,600円

②20年経過時点の回収可能価額

　ⓐ20年経過時点の正味売却価額：10円

　ⓑ20年経過時点の使用価値：79円（下図参照）

　ⓒ回収可能価額：10円 ＜ 79円 → 79円

③割引前将来CF：1,600円＋79円＝1,679円

> 割引現在価値の計算など、詳しい回収可能価額の計算方法はCASE56で確認してください。

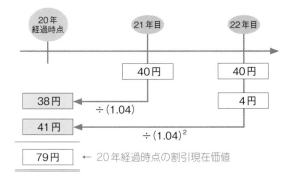

減損損失の認識

①帳簿価額：2,380円

②割引前将来CF：1,679円

③2,380円 ＞ 1,679円 → 減損損失を認識する

減損会計

減損損失の測定

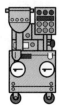

減損損失は
いくら？

CASE55で機械Bについて減損損失を認識すると判断したのですが、減損損失はいくらで計上すればよいのでしょう？

例 次の資料にもとづき、機械Bについて減損損失を計上する仕訳をしなさい。なお、耐用年数経過後の処分価値は残存価額と一致する。

[資　料]

1. 機械Bの取得原価等は次のとおりである。

	機械B
取　得　原　価	1,000円
当期末における減価償却累計額	600円
残　存　価　額	100円
残　存　耐　用　年　数	3年
毎年の将来CF★（割引前）	90円

　★CF…キャッシュ・フロー

2. その他の資料

　(1) 機械Bの当期末における時価は300円である。なお、売却時に処分費用10円がかかる。

　(2) 将来キャッシュ・フローの現在価値を計算する際には、割引率4％を用い、円未満の端数はそのつど四捨五入すること。

減損損失の測定 Step 4

Step 3で減損損失を認識すると判断した資産または資産グループについては、帳簿価額を**回収可能価額**（**正味売却価額**または**使用価値**）まで切り下げます。

> ### 減損損失＝帳簿価額－回収可能価額
> 正味売却価額
> または
> 使用価値

　減損が生じている固定資産はこれ以上使用しても、収益獲得が期待できないので、いま売却してしまったほうが企業にとって得な場合もあります。

　そこで、いま売却したほうが得か、それとも耐用年数まで使用したほうが得かを計算します。

　CASE56では当期末の機械Bの時価が300円なので、いまなら300円で売却することができます。ただし、売却時に処分費用10円がかかるので、正味売却価額は290円（300円－10円）です。

　一方、機械Bを耐用年数まで使い続けると毎年90円ずつキャッシュ・フローがあり、そして耐用年数到来時に処分価値100円が残ります。

　これらの金額は将来の金額なので、減損損失の測定にあたっては、割引現在価値になおします。

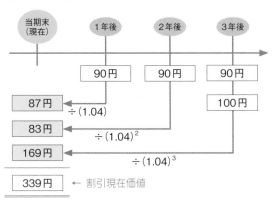

以上より、機械Bの割引後将来キャッシュ・フロー（使用価値）は339円なので、いま売却する（正味売却価額290円）よりも、耐用年数まで使用したほうが得ということになります。

　この場合、「企業は耐用年数まで使用する」と判断するので、機械Bの回収可能価額（企業にもたらす収益）は339円となります。

　したがって、帳簿価額400円（1,000円－600円）と回収可能価額339円との差額だけ機械Bの帳簿価額を切り下げ、その分だけ**減損損失（特別損失）**を計上します。

CASE56の仕訳

（減　損　損　失）　　61　（機　　　　械）　　61
　　　特別損失
　　　　　　　　　　　　　　　　　400円－339円＝61円

　以上の計算をまとめると次のようになります。

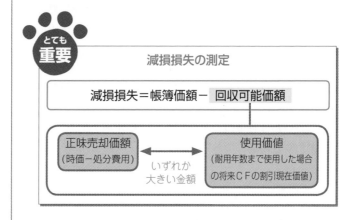

とても
重要

減損損失の測定

減損損失＝帳簿価額－ 回収可能価額

| 正味売却価額
（時価－処分費用） | いずれか
大きい金額 | 使用価値
（耐用年数まで使用した場合
の将来CFの割引現在価値） |

問題編
問題48、49

減損損失の表示

減損処理を行った資産の貸借対照表の表示は、原則として、減損処理前の取得原価から減損損失を直接控除する形式（**直接控除形式**）で表示します。

> **例** 機械の取得原価は1,000円、減価償却累計額は600円、減損損失は61円である。

ただし、次のように①減損損失累計額を用いたり、②減価償却累計額に減損損失を加算して間接的に控除する形式（**間接控除形式**）によって表示することもできます。

CASE 57　減損会計

資産グループで認識された減損損失の処理

こんどは、資産グループの減損について、みてみましょう。

Q事業部では、工場（建物）と機械設備を総合的に使って収益（キャッシュ・フロー）を生み出しています。このような場合の減損処理はどのようになるのでしょう？

例 次の資料にもとづき、減損損失を計上する仕訳をしなさい。

[資　料]

1. Q事業部の当期末における固定資産の状況は次のとおりである。なお、これらの資産は一体となってキャッシュ・フローを生み出している。

	建　物	機械設備	合　計
帳　簿　価　額	1,500円	500円	2,000円
減　損　の　兆　候	—	—	あり
将来CF★合計（割引前）	—	—	1,800円
回　収　可　能　価　額	—	—	1,600円

★CF…キャッシュ・フロー

2. 減損損失は帳簿価額にもとづいて各資産に配分する。

CASE56までは、資産別にキャッシュ・フローを把握できる場合の処理でした。

資産のグルーピングは減損会計の手順Step1ですね。

資産のグルーピング

CASE57のように、複数の固定資産が一体となってキャッシュ・フローを生み出している場合（資産別のキャッシュ・フロー等を把握できない場合）は、資産をグルーピングして減損会計を適用します。

資産グループについての減損処理

資産グループについて減損会計を適用する場合には、資産グループ全体について減損損失の認識、測定を行ったあと、減損損失の額を各資産に配分します。

資料に「減損の兆候あり」とあるので、Step 3 の減損損失の認識からはじめましょう。

(1) 資産グループ全体の減損損失の認識 Step 3

CASE57では、割引前将来キャッシュ・フロー合計（1,800円）が帳簿価額合計（2,000円）よりも低いので、減損損失を認識します。

CASE57　減損損失の認識

$\underset{\text{帳簿価額}}{2,000\text{円}}$ ＞ $\underset{\text{割引前将来CF}}{1,800\text{円}}$ → **減損損失を認識する**

(2) 資産グループ全体の減損損失の測定 Step 4

次に、資産グループ全体の減損損失の金額を求めます。CASE57では、回収可能価額の合計が1,600円なので、帳簿価額合計（2,000円）との差額400円が資産グループ全体の減損損失の金額となります。

回収可能価額が資料にない場合は、CASE56で行った計算を自分で行います。

CASE57　減損損失の測定

$\underset{\text{帳簿価額}}{2,000\text{円}}$ － $\underset{\text{回収可能価額}}{1,600\text{円}}$ ＝ 400円

(3) 減損損失の配分

最後に、資産グループ全体の減損損失（400円）を各資産に配分します。［資料］2よりCASE57では、各資産の帳簿価額にもとづいて配分します。

以上より、CASE57の仕訳は次のようになります。

CASE57の仕訳

$400\text{円} \times \dfrac{1,500\text{円}}{2,000\text{円}} = 300\text{円}$

（減 損 損 失）	400	（建　　　　物）	300
		（機 械 設 備）	100

$400\text{円} \times \dfrac{500\text{円}}{2,000\text{円}} = 100\text{円}$

⇔ 問題編 ⇔
問題50

共用資産がある場合の減損会計

共用資産とは、本社ビルなど複数の資産や資産グループにまたがって、将来キャッシュ・フローを生み出すのに貢献している資産をいいます。

共用資産に減損の兆候がある場合、原則として、共用資産を含む**「より大きな単位」**でグルーピングを行い、減損の兆候の把握、減損損失の認識・測定を行います。

また、容認として、共用資産の帳簿価額を共用資産に関連する資産または資産グループに合理的な基準で配分することができる場合には、共用資産の帳簿価額を各資産または資産グループに配分したうえで、減損の兆候の把握、減損損失の認識・測定を行うことができます。

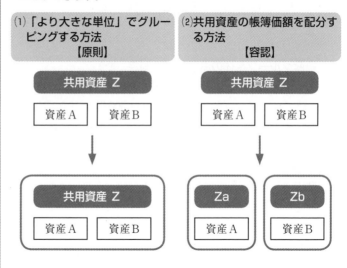

(1)「より大きな単位」でグルーピングする方法【原則】

共用資産がある場合、共用資産を含む「より大きな単位」で減損の兆候の把握、減損損失の認識・測定を行います。この場合、減損の兆候の把握、減損損失の認識・測定は、まずは共用資産を含めないで行い、次に共用資産を含む「より大きな単位」で行います。

なお、共用資産を加えることで増加した減損損失の金額は、原則として共用資産に配分します。

　ただし、共用資産を加えることで増加した減損損失の金額が、
共用資産の「帳簿価額−正味売却価額」を超える場合には、「帳
簿価額−正味売却価額」の分だけ減損損失を共用資産に配分し、
残りの減損損失は、各資産または資産グループに配分します。

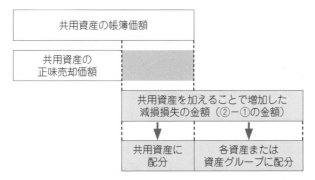

例　次の資料にもとづき、減損損失を計上する仕訳をしな
　　　さい。なお、減損処理は「共用資産を含むより大きな
　　　単位」で行う。

［資　料］
１．資産グループＡ、資産グループＢ、共用資産に減
　　損の兆候が把握された。
２．減損処理に必要な資料は次のとおりである。

	資産グループA	資産グループB	共用資産	合　計
帳　簿　価　額	3,300円	4,400円	3,200円	10,900円
将来CF★合計（割引前）	3,000円	4,600円	−	8,100円
回収可能価額	2,600円	4,500円	−	10,000円

　　★CF…キャッシュ・フロー

① 共用資産を含まない場合

  ⓐ 資産グループＡ

    ・減損損失の認識：3,300円＞3,000円**→認識する**
    帳簿価額　割引前将来ＣＦ

この減損損失700円は資産グループＡから生じたものなので資産グループＡに配分します。

    ・減損損失の測定：3,300円－2,600円＝700円
    帳簿価額　回収可能価額

  ⓑ 資産グループＢ

    ・減損損失の認識：4,400円＜4,600円**→認識しない**
    帳簿価額　割引前将来ＣＦ

② 共用資産を含む場合（共用資産を含むより大きな単位）

    ・減損損失の認識：10,900円＞8,100円**→認識する**
    帳簿価額合計　割引前将来ＣＦ合計

    ・減損損失の測定：10,900円－10,000円＝900円
    帳簿価額合計　回収可能価額合計

共用資産を含んだことによって増加した減損損失は、原則として共用資産に配分します。

    ・増加した減損損失：900円－700円＝200円
    ②の減損損失　①の減損損失

（減 損 損 失）	900	（資産グループＡ）	700
		（共 用 資 産）	200

⑵ 共用資産の帳簿価額を配分する方法【容認】

  共用資産の帳簿価額を共用資産に関連する資産または資産グループに合理的な基準で配分することができる場合には、共用資産の帳簿価額を各資産または資産グループに配分したうえで、減損の兆候の把握、減損損失の認識・測定を行うことができます。

共用資産の帳簿価額を配分する方法【容認】

① 共用資産の帳簿価額を各資産または資産グループに配分する

② 共用資産の配分額を含んだ資産グループごとに、減損の兆候の把握、減損損失の認識・測定を行う

③ 資産グループで認識された減損損失は合理的な方法によって、当該グループを構成する各構成資産に配分する

> **例** 次の資料にもとづき、減損損失を計上する仕訳をしなさい。なお、減損処理は「共用資産の帳簿価額を関連する各資産グループに配分する方法」で行う。

> [資　料]
> 1. 共用資産配分後の資産グループA、資産グループBに減損の兆候が把握された。
> 2. 当期末における固定資産の状況は次のとおりである。
>
> | | 資産グループA | 資産グループB | 共用資産 |
> |---|---|---|---|
> | 帳　簿　価　額 | 3,300円 | 4,500円 | 2,500円 |
> | 共用資産配分後の将来CF★合計(割引前) | 4,450円 | 4,300円 | － |
> | 回 収 可 能 価 額(共用資産配分後) | 4,420円 | 4,200円 | － |
>
> ★CF…キャッシュ・フロー
> 3. 共用資産の配分割合は資産グループAに40%、資産グループBに60%とする。
> 4. 資産グループで認識された減損損失は、共用資産配分前の帳簿価額と共用資産の配分額にもとづいて、資産グループと共用資産に配分する。

① 共用資産の帳簿価額の配分

資産グループA：2,500円×40% = 1,000円

資産グループB：2,500円×60% = 1,500円

共用資産
1,000円

資産グループA
3,300円

4,300円

② ①を含んだ資産グループごとの減損損失の認識・測定

ⓐ 資産グループA

・配分後の帳簿価額：3,300円 + 1,000円 = 4,300円

・減損損失の認識：4,300円 < 4,450円→**認識しない**

　　　　　　　　　帳簿価額　割引前将来CF

共用資産
1,500円

資産グループB
4,500円

6,000円

ⓑ 資産グループB

・配分後の帳簿価額：4,500円 + 1,500円 = 6,000円

・減損損失の認識：6,000円 > 4,300円→**認識する**

　　　　　　　　　帳簿価額　割引前将来CF

・減損損失の測定：6,000円 − 4,200円 = 1,800円

　　　　　　　　　帳簿価額　回収可能価額

ⓒ 減損損失の配分

・共 用 資 産：1,800円 × $\dfrac{1,500円}{6,000円}$ = 450円

・資産グループB：1,800円 × $\dfrac{4,500円}{6,000円}$ = 1,350円

（減 損 損 失）	1,800	（共 用 資 産）	450
		（資産グループB）	1,350

のれんがある場合の減損処理

　のれんがある場合の減損処理は、共用資産がある場合の減損処理と同様の手順で行います。

⇔ 問題編 ⇔
問題51〜53

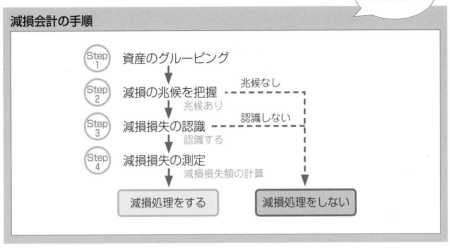

CASE54

減損会計の手順

Step 1 資産のグルーピング

↓

Step 2 減損の兆候を把握 ----→ 兆候なし

↓ 兆候あり

Step 3 減損損失の認識 ----→ 認識しない

↓ 認識する

Step 4 減損損失の測定

↓ 減損損失額の計算

減損処理をする   減損処理をしない

CASE55

減損損失の認識（Step3）

①帳簿価額 ≦ 割引前将来キャッシュ・フロー → 減損損失を認識しない
②帳簿価額 ＞ 割引前将来キャッシュ・フロー → 減損損失を認識する

CASE56

減損損失の測定（Step4）

減損損失＝帳簿価額－ 回収可能価額

正味売却価額
（時価－処分費用） ←いずれか大きい金額→ 使用価値
（耐用年数まで使用した場合の将来CFの割引現在価値）

資産グループで認識された減損損失の処理

●資産グループ全体について、減損の兆候の把握、減損損失の認識、測定を行ったあと、帳簿価額などを基準に各資産に配分する

第10章

無形固定資産と繰延資産

無形固定資産は2級でも学習したけど、
繰延資産ってなんだろう?
ちょっと聞いた話によると、
「費用なのに資産計上できるもの」らしいけど…。

ここでは、無形固定資産と繰延資産について学習します。

無形固定資産

無形固定資産を取得したときの仕訳

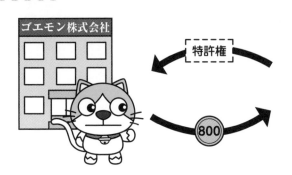

ゴエモン㈱では、特許権を取得しました。特許権は建物などと異なり、形のないものですが、このような形のないものを取得したときはどのような処理をするのでしょうか?

取引 特許権を800円で取得し、代金は現金で支払った。

無形固定資産を取得したときの仕訳

これは2級で学習済みですね。

特許権や**商標権**など、モノとしての形はないけれども、長期にわたってプラスの効果をもたらす資産を**無形固定資産**といいます。

第11章で学習するソフトウェアも無形固定資産です。

無形固定資産	
特許権	新規の発明を独占的に利用できる権利
商標権	文字や記号などの商標を独占的に利用できる権利
のれん	合併や買収で取得したブランド力やノウハウなどほかの会社に対して優位になるもの

無形固定資産を取得したときは、取得にかかった支出額で無形固定資産の名称(**特許権**など)で処理します。

CASE58の仕訳

(特　許　権)　800　(現　　　金)　800

無形固定資産の償却

無形固定資産も
償却しなきゃ！

今日は決算日。
ゴエモン㈱は、当期首
に特許権800円を取得してい
ます。この特許権（無形固定
資産）は、決算において償却
します。

特許権

取引 決算につき、当期首に取得した特許権800円を8年で償却する。

無形固定資産の償却

決算において所有する無形固定資産は、**残存価額をゼロとし
た定額法**で償却します。なお、記帳方法は**直接法**によって行い
ます。

> 無形固定資産の償
> 却期間は問題文に
> 指示がつきます。
> なお、のれんの最
> 長償却期間が20
> 年（通常、月割償
> 却）であることは
> おさえておきま
> しょう。

無形固定資産の償却と減価償却の違い

	無形固定資産の償却	減 価 償 却
残存価額	ゼロ	残存価額あり
償却方法	定額法	定額法以外もあり
記帳方法	直接法	直接法または間接法

CASE59の仕訳

800円÷8年＝100円

（特 許 権 償 却）　100　（特　許　権）　100

⊖ 問題編 ⊖
問題54、55

株式交付費（繰延資産）を支出したときの仕訳

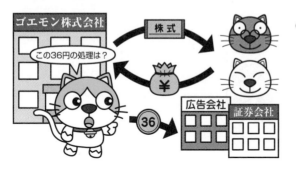

ゴエモン㈱では、事業資金を集めるために、新たに株式を発行しました。このとき、株主募集の広告費や証券会社に対する発行手数料などの費用36円を支出しましたが、この費用はどのように処理するのでしょう？

取引 ゴエモン㈱は新株を発行した。その際に生じた株式発行のための費用36円は現金で支払った。

株式交付費を支出したときの仕訳

　株式を発行するときには、株主募集の広告費や証券会社への手数料などの費用がかかります。

　このような株式の発行時（増資時）にかかった費用は、**株式交付費** として処理します。

CASE60の仕訳

（株 式 交 付 費）	36	（現　　　　　金）	36

　なお、会社設立時の株式の発行にかかった費用は、会社設立にかかったほかの費用とともに**創立費**として処理します。

会社設立

会社設立時の株式発行 費用 ⇒ 創立費	会社設立後（増資時）の 株式発行費用 ⇒ 株式交付費

費用なのに資産？

株式交付費や創立費は費用ですが、その支出の効果は支出した期だけでなく、長期にわたって期待されます。

したがって、このような費用については、資産として計上し、数年間にわたって決算時に費用化（償却）する処理が認められています。ただし、どんな費用でも資産として計上することが認められるわけではなく、次の3つの要件を満たしたものに限られます。

株式を発行している期間や、会社が存続している期間の費用と考えられるわけですね。

> **繰延資産の要件**
> ①すでに代価の支払いが完了し、または支払義務が確定していること
> ②①に対応する役務（サービス）の提供を受けていること
> ③その効果が将来にわたって発現するものと期待されること

この3つの要件を満たした費用で、資産計上したものを**繰延資産**といいます。

CASE60では、株式交付費を現金で支払っているので、①の要件を満たしています。

また、広告会社に株主募集の広告を作ってもらったり、証券会社に株式発行事務をしてもらっています。つまり、広告会社や証券会社から代価に対応するサービスを受けているため、②の要件も満たしています。

さらに株式発行の効果は当期だけでなく、株式を発行している間続くと期待されるので、③の要件も満たします。

以上より、CASE60の株式交付費は繰延資産として処理することができ、繰延資産として処理した場合は、決算において償却します。

繰延資産として処理するかどうかは会社の任意です。3つの要件を満たした場合でも、原則は「発生時に費用処理」です。

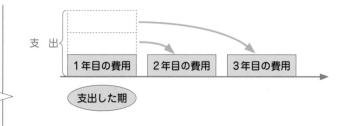

支 出

| 1年目の費用 | 2年目の費用 | 3年目の費用 |

支出した期

繰延資産とした場合も支出時の処理は変わりません。変わるのは決算時の処理です。

● 繰延資産の項目は限定されている！

　繰延資産は「資産」といっても、ほかに売却できるわけではありません。つまり、繰延資産には換金価値がないのです。

　このような換金価値のない繰延資産を貸借対照表に資産として計上することは制限されており、次の項目に限って資産計上することが認められています。

たとえば、備品は売却すればいくらかのお金を受け取ることができます。ですから備品には換金価値があります。

繰延資産	
創 立 費	会社の設立に要した費用
開 業 費	会社の設立後、営業を開始するまでに要した費用
開 発 費	新技術の開発や市場の開拓などに要した費用
株 式 交 付 費	会社の設立後、株式の発行に要した費用
社債発行費等	社債の発行（または新株予約権の発行）に要した費用

新株予約権については、「第16章 純資産（資本）②」で学習します。

繰延資産

繰延資産の償却

株式交付費

これを償却！

今日は決算日。
ゴエモン㈱では、当期の6月1日に支出した株式交付費を繰延資産として処理しているため、決算でこれを償却しなければなりません。

> **取引** ×2年3月31日 決算につき、×1年6月1日に支出した株式交付費36円を定額法（3年間）で月割償却する。

繰延資産の償却

　株式交付費や創立費などを繰延資産として処理したときは、決算において償却しなければなりません。

　各繰延資産の償却期間は次のように決まっています。

繰延資産の償却期間と処理	
創　立　費	5年以内に定額法により償却
開　業　費	
開　発　費	
株式交付費	3年以内に定額法により償却
社債発行費等	社債の償還期間内に原則として利息法により償却。ただし、定額法による償却も可（新株予約権の発行費用は3年以内に定額法により償却）

> 社債発行費の償却は、詳しくは「第14章　社債」で学習します。

なお、繰延資産の償却は基本的に月割りで行います。

CASE61の株式交付費は×1年6月1日に支出しているので、×1年6月1日から×2年3月31日までの10か月分の償却を行います。

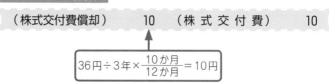

CASE61の仕訳

| （株式交付費償却） | 10 | （株 式 交 付 費） | 10 |

$$36円÷3年×\frac{10か月}{12か月}=10円$$

● 償却費の表示区分

各繰延資産の償却費は、開発費を除いて損益計算書上、**営業外費用**に表示します（ただし、開業費は販売費及び一般管理費に表示することもあります）。**開発費**については、**販売費及び一般管理費**（または売上原価）に表示します。

開発費は、商品を開発することによって販売につながるので、その償却費は販売費及び一般管理費に表示します。ちなみに製品の開発費は製品原価となるため、結果として売上原価に含まれることになります。

償却費の表示区分	
創 立 費 償 却	営業外費用
開 業 費 償 却	営業外費用 （または販売費及び一般管理費）
開 発 費 償 却	販売費及び一般管理費 （または売上原価）
株式交付費償却	営業外費用
社債発行費償却	営業外費用

⇔ 問題編 ⇔
問題56、57

無形固定資産のまとめ　≪一連の流れ≫

CASE58 取得時

（特　許　権）	800	（現　　　　金）	800

CASE59 決算時

●残存価額をゼロとした定額法により償却（のれんは20年以内に定額法等により償却）

（特 許 権 償 却）	100	（特　許　権）	100

繰延資産のまとめ　≪一連の流れ≫

CASE60 支出時

（株 式 交 付 費）	36	（現　　　　金）	36

CASE61 決算時

●残存価額をゼロとした定額法等により償却

（株式交付費償却）	10	（株 式 交 付 費）	10

●繰延資産の償却期間と処理

創 立 費	
開 業 費	5年以内に定額法により償却
開 発 費	
株式交付費	3年以内に定額法により償却
社債発行費	社債の償還期間内に原則として利息法により償却。ただし、定額法による償却も可

●償却費の表示区分

創 立 費 償 却	営業外費用
開 業 費 償 却	営業外費用 （または販売費及び一般管理費）
開 発 費 償 却	販売費及び一般管理費 （または売上原価）
株式交付費償却	営業外費用
社債発行費償却	営業外費用

繰延資産の要件

①すでに代価の支払いが完了し、または支払義務が確定していること
②①に対応する役務の提供を受けていること
③その効果が将来にわたって発現するものと期待されること

第11章

研究開発費とソフトウェア

・・・・・・

新製品を開発するため、日夜、研究・開発に励んでいる…。
ところで、研究・開発のために支出した費用は
どのように処理するんだろう？
それと、ソフトウェアの制作費は
制作目的によって処理が違うんだって！

ここでは、研究開発費とソフトウェアについて学習します。

研究開発費

研究開発費を支出したときの仕訳

新製品の開発、がんばって！

開発チーム

オー！

おー！

企画書

ゴエモン㈱では、「ネコ簿記会計ソフト」の開発に向けて、研究・開発費用として2,800円を支出しました。この場合、どんな処理をすればよいのでしょう？

取引 ゴエモン㈱は新製品の開発のため、研究・開発の人件費2,000円とその他開発費用として800円を現金で支払った。

研究開発費とは？

研究…新しい知識の発見を目的とした計画的な調査、探究。
開発…研究を具体化させるため、新製品の計画や設計、または現製品を著しく改良するための計画や設計をすること。

企業は新製品を開発するため、日々研究し、製品の開発を行っています。新製品の開発のためには費用がかかりますが、費用をかけたからといって、収益に結びつくかどうかは不明です。

そこで、研究や開発にかかる費用は、発生したときに**研究開発費（製造原価または一般管理費）**として処理します。

CASE62の仕訳

（研 究 開 発 費）　2,800　（現　　　　金）　2,800

2,000円＋800円＝2,800円

なお、研究・開発用に仕様変更した備品や機械で、ほかの目的には転用できない資産の購入原価も研究開発費として処理します。

ソフトウェア

ソフトウェア制作費の処理

「ネコ簿記会計ソフト」は量産し、店頭で販売するものです。

このソフトの完全な製品マスターを作成するのに12,000円がかかったのですが、この制作費はどのように処理するのでしょうか？

このソフトの制作費の処理は？

取引 市場販売目的のソフトウェアの制作に必要な人件費（研究開発費に該当するものを除く）として12,000円を現金で支払った。

用語 ソフトウェア…コンピュータを動かすプログラム

ソフトウェアとは？

ソフトウェアとは、コンピュータを機能させるためのプログラムをいいます。

ソフトウェア制作費の処理

ソフトウェアの制作費は、そのソフトウェアがどんな目的のために作られたものであるかによって処理が異なります。

(1) 研究開発目的のソフトウェア

研究開発のために制作されたソフトウェアの制作費は、**研究開発費**として処理します。

「研究開発費に該当する部分」とは、製品マスターの著しい改良にかかった費用などをいい、このような費用は研究開発費として費用処理します。

(2) 市場販売目的のソフトウェア

CASE63のソフトウェアは市場販売を目的としています。このような市場販売目的のソフトウェアの制作費（研究開発費に該当する部分を除く）は、**ソフトウェア（無形固定資産）** で処理します。

CASE63の仕訳

（ソフトウェア）	12,000	（現　　　金）	12,000

なお、制作途中のソフトウェア制作費は「ソフトウェア仮勘定」で処理します。「建設仮勘定」と似ていますね。

ここで、ソフトウェア（無形固定資産）として計上するのは機能強化のために支出した金額で、いわゆるバグ取りなど、ソフトウェアの機能を維持するための費用は**発生時の費用**とします。

(3) 受注制作のソフトウェア

受注制作のソフトウェアにかかる収益は、テキスト1で学習した工事契約の収益認識と同様、収益認識に関する会計基準にしたがって処理します。

他社から依頼されて制作したソフトウェアの制作費については、収益の計上に対応させて費用として処理します。

(4) 自社利用のソフトウェア

自分の会社で利用するために制作したソフトウェアの制作費や、自分の会社で利用するために購入したソフトウェアの購入費は、それを利用することによって将来の収益獲得が確実な場合、または費用の削減が確実な場合には、**ソフトウェア（無形固定資産）** で処理します。

要するに会社の役に立つなら、資産計上する、ということです。

なお、ソフトウェア制作費のうち、研究開発費に該当する部分は**研究開発費**として費用処理します。

ソフトウェア制作費の処理

分　類	制作費の処理
研究開発目的の ソフトウェア	研究開発費（すべて発生時の費用）
市場販売目的の ソフトウェア	ソフトウェア（無形固定資産） ★機能維持にかかる費用は発生時の費用
受注制作の ソフトウェア	収益認識に応じて処理
自社利用目的の ソフトウェア	ソフトウェア（無形固定資産）

★ソフトウェア制作費のうち、研究開発費に該当する部分は研究開発費として費用処理

ソフトウェアの償却（市場販売目的）

ソフトウェアも無形固定資産だから、償却するよね？

今日は決算日。
第10章で学習したように、無形固定資産は決算において償却しますが、ソフトウェアの場合はどのように償却額を計算するのでしょうか？

取引 次の資料にもとづき、当期末（×1年度末）における仕訳をしなさい。

［資　料］
1. 当期首において、無形固定資産として計上したソフトウェア制作費は12,000円である。このソフトウェアは市場販売目的で制作したもので、見込有効期間は3年である。
2. 上記ソフトウェア制作費は見込販売数量にもとづいて償却する。なお、販売開始時における見込販売数量と見込販売収益は次のとおりである。

	見込販売数量	見込販売単価	見込販売収益
×1年度	44個	100円	4,400円
×2年度	28個	80円	2,240円
×3年度	48個	50円	2,400円
合　　計	120個	—	9,040円

3. 当期（×1年度）の実績販売数量・実績販売収益は、見込販売数量・見込販売収益と同じであった。

● ソフトウェアの決算時の処理

　ソフトウェア（無形固定資産）として処理したソフトウェア制作費（取得原価）は、決算において償却します。

　無形固定資産に計上するソフトウェア制作費には、市場販売目的のソフトウェア制作費と自社利用のソフトウェア制作費がありますが、ここでは市場販売目的のソフトウェア制作費の償却についてみていきます。

自社利用のソフトウェア制作費の償却は、CASE 65で学習します。

● ソフトウェア（市場販売目的）の償却

　市場販売目的のソフトウェアの取得原価は、(1)**見込販売数量**や(2)**見込販売収益**などにもとづいて償却します。

　ただし、毎期の償却額は、ソフトウェアの未償却残高を残存有効期間で割った金額（残存有効期間にもとづく均等配分額）を下回ることはできません。

償却期間は原則として3年以内です。

　なお、見込販売数量と見込販売収益のいずれで償却していたとしても、ソフトウェアの期末未償却残高が次期以降の見込販売収益を超過する場合には、その超過額は一時（当期）の費用として処理します。

「ソフトウェア償却」に含めて処理します。

　以上をまとめると、次のようになります。

市場販売目的ソフトウェアの償却額

①見込販売数量または見込販売収益にもとづく償却額

↕ いずれか大きい金額 ＋③

②残存有効期間（原則3年以内）にもとづく均等配分額

> 未償却残高÷残存有効期間

③ | ソフトウェアの期末未償却残高 ＞ 次期以降の見込販売収益 | の場合

→その超過額を当期の費用として処理

---

(1) 見込販売数量にもとづく償却

見込販売数量にもとづいて償却する場合は、次の計算式によって償却額を計算します。

$$償却額 = 未償却残高 \times \frac{各年度の実績販売数量}{各年度の期首の見込販売数量}$$

CASE64 では、当期（×1年度）の実績販売数量は見込販売数量と同じなので、当期の償却額は次のようになります。

見込販売数量にもとづく償却額

①見込販売数量にもとづく償却額：

$$12,000 円 \times \frac{44 個}{44 個 + 28 個 + 48 個} = 4,400 円$$

②残存有効期間にもとづく均等配分額：

$$12,000 円 \div 3 年 = 4,000 円$$

※① ＞ ②なので、4,400 円

③次期以降の見込販売収益との比較

　ⓐソフトウェアの期末未償却残高：

$$12,000 円 - 4,400 円 = 7,600 円$$

　ⓑ次期以降の見込販売収益：9,040 円 − 4,400 円 = 4,640 円

　ⓒ判定：ⓐ7,600 円＞ⓑ4,640 円

　ⓓ超過額：7,600 円 − 4,640 円 = 2,960 円

④当期償却額：4,400 円 + 2,960 円 = 7,360 円

以上より、CASE64 の仕訳は次のようになります。

CASE64 の仕訳

（ソフトウェア償却）　7,360　（ソフトウェア）　　7,360

(2) 見込販売収益にもとづく償却

見込販売収益にもとづいて償却する場合は、次の計算式によって償却額を計算します。

$$償却額 = 未償却残高 \times \dfrac{各年度の実績販売収益}{各年度の期首の見込販売収益}$$

仮に、CASE64のソフトウェアを見込販売収益にもとづいて償却するとした場合、当期の償却額は次のようになります。

数量で計算するか、収益で計算するかの違いだけですね。

見込販売収益にもとづく償却額

①見込販売収益にもとづく償却額：

$$12,000円 \times \dfrac{4,400円}{4,400円 + 2,240円 + 2,400円} ≒ 5,841円$$

円未満は四捨五入しています。試験では問題文の指示にしたがってください。

②残存有効期間にもとづく均等配分額：

12,000円 ÷ 3 年 = 4,000円

※① ＞ ②なので、5,841円

③次期以降の見込販売収益との比較

　ⓐソフトウェアの期末未償却残高：

　12,000円 － 5,841円 = 6,159円

　ⓑ次期以降の見込販売収益：9,040円 － 4,400円 = 4,640円

　ⓒ判定：ⓐ6,159円＞ⓑ4,640円

　ⓓ超過額：6,159円 － 4,640円 = 1,519円

④当期償却額：5,841円 ＋ 1,519円 = 7,360円

見込販売数量等を変更した場合

会計上の見積りの変更については、CASE 7の参考を参照してください。

　見込販売数量、見込販売収益、残存有効期間は毎期見直しを行います。その結果、見込販売数量等を変更することがあります。

　見込販売数量等を変更した場合（会計上の見積りの変更の場合）、見直しを行った年度以降、見込販売数量等を修正して償却額を計算します。

(1)　期首に見込販売数量等を変更した場合

　期首に見込販売数量等を変更した場合には、当期から変更後の見込販売数量等を用いて償却額を計算します。

例1　次の資料にもとづき、当期末（×2年度末）における仕訳をしなさい。なお、端数が生じるときは円未満を四捨五入すること。また、ソフトウェアの期末未償却残高と次期以降の見込販売収益との比較は省略してよい。

　[資　料]
1．前期首（×1年度）において、無形固定資産として計上したソフトウェア製作費は12,000円（市場販売目的）であった。なお、当期首（×2年度）の未償却残高は7,600円である。
2．ソフトウェア製作費は見込販売数量にもとづいて償却する。
3．×1年度期首における見込販売数量は120個であり、×1年度の実績販売数量は44個であった。
4．当期首（×2年度）において見込販売数量の残りを74個に変更した（販売開始時の見積りは合理的なものであった）。なお、当期（×2年度）の実績販売数量は26個であった。
5．当期首（×2年度）における残存有効期間は2年である。

---

①見込販売数量にもとづく償却額

$$7,600円 \times \frac{26個}{74個} \fallingdotseq 2,670円$$

変更後の見込販売数量

②残存有効期間にもとづく均等配分額：7,600円÷2年＝3,800円

③①＜②なので、3,800円

| （ソフトウェア償却） | 3,800 | （ソフトウェア） | 3,800 |

⑵　期末に見込販売数量等を変更した場合

　期末に見込販売数量等を変更した場合には、次期から変更後の見込販売数量等を用いて償却額を計算します。

> 例2　次の資料にもとづき、当期末（×2年度末）における仕訳をしなさい。なお、端数が生じるときは円未満を四捨五入すること。また、ソフトウェアの期末未償却残高と次期以降の見込販売収益との比較は省略してよい。
>
> ［資　料］
> 1．前期首（×1年度）において、無形固定資産として計上したソフトウェア製作費は12,000円（市場販売目的）であった。なお、当期首（×2年度）の未償却残高は7,600円である。
> 2．ソフトウェア製作費は見込販売数量にもとづいて償却する。
> 3．×1年度期首における見込販売数量は120個であり、×1年度の実績販売数量は44個であった。
> 4．当期（×2年度）の実績販売数量は26個であり、当期末（×2年度）において見込販売数量の残りを48個に変更した。
> 5．当期首（×2年度）における残存有効期間は2年である。

①見込販売数量にもとづく償却額

$$7,600円 \times \frac{26個}{120個 - 44個} = 2,600円$$

変更前の見込販売数量（76個）

②残存有効期間にもとづく均等配分額：7,600円÷2年＝3,800円

③①＜②なので、3,800円

| （ソフトウェア償却） | 3,800 | （ソフトウェア） | 3,800 |

⇔ 問題編 ⇔
問題58、59

ソフトウェア

ソフトウェアの償却（自社利用）

このソフトウェアは
自社で使うために
買ってきた。

今度は、自社利用のソフトウェアの償却についてみてみましょう。

取引 次の資料にもとづき、当期末（×2年度末）における仕訳をしなさい。

［資 料］

1. 前期首において、ソフトウェア（無形固定資産）として計上した金額は10,000円である。このソフトウェアは自社で利用するために取得したもので、前期首における利用可能期間は5年である。

2. 上記ソフトウェアの当期首における未償却残高は8,000円である。

CASE65のソフトウェアは前期首に取得しているので、1年分の償却がされています。したがって、未償却残高（帳簿価額）を4年で償却します。

● ソフトウェア（自社利用）の償却

自社利用のソフトウェアの取得原価は利用可能期間（原則として5年以内）にわたり、定額法によって償却します。

CASE65 の仕訳

（ソフトウェア償却）　2,000　（ソフトウェア）　2,000

8,000円 ÷ 4年 ＝ 2,000円

⇔ 問題編 ⇔

問題60

CASE62

研究開発費の処理

●研究開発費：発生時にすべて研究開発費として処理する

（研 究 開 発 費） 2,800 （現　　　　金） 2,800

CASE63

ソフトウェア制作費の処理

分　類	制作費の処理
研究開発目的の ソフトウェア	研究開発費（すべて発生時の費用）
市場販売目的の ソフトウェア	ソフトウェア（無形固定資産） ★機能維持にかかる費用は発生時の費用
受注制作の ソフトウェア	収益と対応させる
自社利用の ソフトウェア	ソフトウェア（無形固定資産）

★ソフトウェア制作費のうち、研究開発費に該当する部分は研究開発
費として費用処理

市場販売目的のソフトウェアの償却額

①見込販売数量または見込販売収益にもとづく償却額

$$償却額＝未償却残高×\frac{各年度の実績販売数量（収益）}{各年度の期首の見込販売数量（収益）}$$

いずれか
大きい金額 $+$ ③

②残存有効期間（原則３年以内）にもとづく均等配分額

$$償却額＝未償却残高÷残存有効期間$$

③ ソフトウェアの
期末未償却残高 ＞ 次期以降の
見込販売収益 の場合

→その超過額を当期の費用として処理

自社利用のソフトウェアの償却額

利用可能期間（原則５年以内）にもとづく均等配分額

$$償却額＝未償却残高÷残存利用可能期間$$

第12章

引当金

・・・・・

引当金の処理は2級でもいろいろ学習したけれど、そもそも
「引当金」っていったいなんだろう?

ここでは、引当金(貸倒引当金、退職給付引当金以外)
について学習します。

CASE
66

引当金

修繕引当金の設定

当期は修繕しなかったニャ。

ゴエモン株式会社

今日は決算日。
ゴエモン㈱では、毎年
2月に建物の修繕を行ってい
ます。でも、当期は都合がつ
かなかったので、次期に延期
することにしました。
この場合、どんな処理をする
のでしょうか?

取引 決算につき、修繕引当金の当期繰入額100円を計上する。

用語 **修繕引当金**…毎年行う修繕について、当期に行うはずの修繕を当期に行わなかった場合に、次期に行う修繕に備えて設定する引当金

修繕引当金を設定したときの仕訳

建物や機械、備品などの固定資産は毎年定期的に修繕が行われ、その機能を維持していますが、毎年行う修繕を当期に行わなかったときは、当期分の費用を**修繕引当金繰入（販売費及び一般管理費）**として処理します。

なお、このときの相手科目（貸方）は**修繕引当金（負債）**で処理します。

CASE66の仕訳

| （修繕引当金繰入） | 100 | （修 繕 引 当 金） | 100 |

販売費及び一般管理費

修繕費を支払ったときの仕訳

　修繕引当金の設定後、修繕を行い、修繕費を支払ったときは、計上してある**修繕引当金（負債）**を取り崩します。また、修繕引当金を超える金額は、**修繕費（販売費及び一般管理費）**で処理します。

貸方に計上している修繕引当金を取り崩すので、借方に記入することになります。

　したがって、CASE66で修繕引当金100円を設定したあと、修繕を行い、修繕費150円を小切手を振り出して支払ったとした場合の仕訳は次のようになります。

| （修　繕　引　当　金） | 100 | （当　座　預　金） | 150 |
| （修　繕　費） | 50 | | |

販売費及び一般管理費

150円－100円＝50円

修繕引当金100円と修繕費（実際支払額）150円との差額は、当期中の状況の変化によるもの（見積りの変更）と仮定しています。

参考　引当金の計上と会計上の見積りおよび誤謬の取扱い

　CASE7の**参考**で説明したように、引当金の見積額と実績額（実際の取崩額）とに差額が生じた場合、その差額の原因が計上時の見積誤り（誤謬の訂正）ならば財務諸表を修正再表示し、その差額の原因が当期中の状況の変化（会計上の見積りの変更）ならば、見積りを変更した期間から変更後の見積りによって処理します。

　CASE66は見積りの変更を前提として説明していますが、仮に差額の原因が計上時の見積誤り（誤謬の訂正）の場合には、次の仕訳になります。

| （修　繕　引　当　金） | 100 | （当　座　預　金） | 150 |
| （繰越利益剰余金） | 50 | | |

そのほかの引当金も同様です。

⊜ 問題編 ⊜
問題61

賞与引当金の設定

今日は決算日（3月31日）。ゴエモン㈱では毎年、6月10日と12月10日に賞与を支給しています。賞与の計算期間は12月1日から5月31日まで（6月支給分）と6月1日から11月30日まで（12月支給分）です。この場合、決算時にはどのような処理をするのでしょう？

取引 次の資料にもとづき、決算における賞与引当金の設定の仕訳をしなさい。

［資　料］
1．当期は×1年4月1日から×2年3月31日までである。
2．賞与の支給日は毎年6月10日と12月10日である。
3．賞与の計算期間は、6月10日支給分は12月1日から5月31日までであり、12月10日支給分は6月1日から11月30日までである。
4．×2年6月10日（計算期間：×1年12月1日から×2年5月31日）に支給予定の賞与は1,200円である。

用語 **賞与引当金**…賞与規定等にもとづいて従業員に対して次期に支給する賞与のうち、当期分の見積額について設定する引当金

賞与引当金を設定したときの仕訳

　CASE67で×2年6月10日に支給される賞与のうち、×1年12月1日から×2年3月31日までの賞与は当期分の費用ですが、支給日は次期です。このように次期に支給される賞与の

うち、当期に発生した分については**賞与引当金繰入（販売費及び一般管理費）**として処理します。

　なお、このときの相手科目（貸方）は、**賞与引当金（負債）**で処理します。

CASE67の仕訳

$$1,200円 \times \frac{4か月}{6か月} = 800円$$

● 賞与を支給したときの仕訳

　賞与引当金の設定後、賞与を支給したときは、計上してある**賞与引当金**を取り崩します。また、×2年4月1日から5月31日までの分については、**賞与（費用）**で処理します。

　したがって、CASE67を前提として、×2年6月10日に賞与1,200円を現金で支払ったとした場合の仕訳は次のようになります。

$$1,200円 - 800円 = 400円$$

⇔ 問題編 ⇔
問題62

引当金とは?

ところで、引当金って何?

修繕引当金や賞与引当金など、これまでにいくつかの引当金をみてきましたが、そもそも引当金とはなんなのでしょう?

💭 引当金とは?

たとえばCASE67(賞与引当金の設定)では、次期に支給される賞与のうち、当期に発生した分については、当期の費用としてあらかじめ計上しています。

このように、将来の費用または損失のうち、当期に発生した分を当期の費用または損失としてあらかじめ計上した際の貸方科目を**引当金**といいます。

💭 引当金の要件

引当金は、次の要件を**すべて**満たしたときに計上します。

とても
重要

> **引当金の要件**
> ①将来の特定の費用または損失であること
> ②発生が当期以前の事象に起因していること
> ③発生の可能性が高いこと
> ④金額を合理的に見積ることができること

引当金の表示上の分類

引当金には、資産の部に表示する引当金（**評価性引当金**）と負債の部に表示する引当金（**負債性引当金**）があります。

引当金の表示上の分類	
表示上の分類	引　当　金
評価性引当金 （資産の部の引当金）	貸倒引当金
負債性引当金 （負債の部の引当金）	修繕引当金、賞与引当金、退職給付引当金　など

なお**貸倒引当金**は、設定の対象となった**債権の区分**ごとに**流動資産**または**固定資産**に表示します。

また**負債の部の引当金**は、**一年基準**によって**流動負債**と**固定負債**に分類し、表示します。

負債性引当金の内容とP/L表示

主な負債性引当金の内容と、各引当金の繰入額の表示区分は次ページのとおりです。

太字のものだけおさえておきましょう。
なお、退職給付引当金については第13章で詳しく学習します。

名　　称	内　　容	P/L表示 （引当金繰入）
製品保証 引 当 金	一定期間内における製品の無料修理を保証した場合に、その支出に備えて設定する引当金	販売費及び一般管理費*
修　　繕 引 当 金	毎年行う修繕について、当期に行うはずの修繕を当期に行わなかった場合に、次期に行う修繕に備えて設定する引当金	販売費及び一般管理費*
特別修繕 引 当 金	一定期間ごとに行う特別な大修繕に備えて設定する引当金	販売費及び一般管理費*
賞　　与 引 当 金	賞与規定等にもとづいて従業員に対して次期に支給する賞与のうち、当期分の見積額について設定する引当金	販売費及び一般管理費*
退職給付 引 当 金	退職給与規定等にもとづいて従業員の退職時または退職後に退職給付を支払う場合に、それに備えて設定する引当金	販売費及び一般管理費*
債務保証 損　　失 引 当 金	企業が他人の債務保証を行っている場合で、実際にその債務を弁済する可能性が高くなったときに、それに備えて設定する引当金	特別損失
損害補償 損　　失 引 当 金	損害賠償訴訟が提訴され、企業が損害賠償責任を負わなければならない可能性が高くなったときに、それに備えて設定する引当金	特別損失

＊製造に関するものは「製造原価」に算入します。

⊜ 問題編 ⊜
問題63

製品の保証に関する取扱い

　製品の修理やメンテナンスを保証するサービスを提供したとき、その保証が、製品の品質を最低限保証するような場合（たとえば、販売から1年以内に製品に不具合が生じたら新品と交換するといった場合）には、**製品保証引当金**を計上します。

　一方、保証が追加のサービスとして提供される場合（たとえば、追加で代金を支払えば1年保証を5年保証に延長できるといった場合）には、追加の保証部分は、別個のサービスの提供として**売上（役務収益）**を計上します。

保証が最低限の品質を保証する場合	製品保証引当金として処理
保証が追加のサービスの提供の場合	サービスの提供として売上（役務収益）として処理

> 収益認識に関する会計基準にしたがい、履行義務を充足するにつれて収益を計上します。

引当金の要件

①将来の特定の費用または損失であること
②発生が当期以前の事象に起因していること
③発生の可能性が高いこと
④金額を合理的に見積ることができること

引当金の表示上の分類

表示上の分類	引　当　金
評価性引当金 （資産の部の引当金）	貸倒引当金
負債性引当金 （負債の部の引当金）	修繕引当金、賞与引当金、退職給付引当金 など

各引当金の繰入額の表示区分

名　　称	P/L表示 （引当金繰入）
製 品 保 証 引 当 金	販売費及び一般管理費*
修 繕 引 当 金	販売費及び一般管理費*
特 別 修 繕 引 当 金	販売費及び一般管理費*
賞 与 引 当 金	販売費及び一般管理費*
退 職 給 付 引 当 金	販売費及び一般管理費*
債務保証損失引当金	特別損失
損害補償損失引当金	特別損失

＊製造に関するものは「製造原価」に算入

第13章

退職給付引当金

退職金は、将来支払うもの。
だけど、将来支払うべき金額のうち、当期の労働に対する部分は
当期の費用として計上するんだって。

2級では、当期に計上する退職給付費用の金額が
資料に与えられましたが、1級では退職給付費用の金額を
自分で計算しなければなりません。

CASE 69 退職給付引当金

退職給付債務の計算

「当期末の退職給付引当金はいくらだ？」

「お世話になりました。」

ゴエモン㈱では退職給付引当金を設定しています。従業員のブンジ君の入社から退職までの勤務期間は10年で、当期末までの勤務年数は6年です。この場合、当期末の退職給付引当金はどのように計算するのでしょうか？

例 次の資料にもとづき、当期末の退職給付債務（退職給付引当金）を計算しなさい。

［資　料］
1．ブンジ君は入社から当期末まで6年勤務している。
2．ブンジ君の入社から退職までの全勤務期間は10年であり、退職予定時の退職給付見込額は10,000円である。
3．割引率は5％であり、端数が生じる場合には円未満を四捨五入すること。なお、年金資産等はないものとする。

用語 **退職給付債務**…退職給付のうち、認識時点までに発生していると認められる部分を割り引いたもの

●退職給付とは？

退職給付とは、退職時または退職後に従業員に支給される**退職一時金**（退職時に一時的に支給されるもの）または**年金**（退職後に一定期間ごとに一定額が支給されるもの）をいいます。

2か月ごとに20万円ずつ10年間にわたって支給されるものなどは年金ですね。

●退職給付会計の基本的な会計処理

CASE69では、ブンジ君の退職給付見込額は10,000円ですが、

この金額は入社時から退職時までの10年間の金額です。このうち、入社から当期末までの6年分についてはすでに発生しているため、企業に支払義務が生じます。

ここで、当期末までに生じている退職給付見込額を計算すると6,000円（10,000円 × $\frac{6年}{10年}$）となりますが、この6,000円は将来の退職時の価値です。

したがって、この6,000円を当期末から退職時までの期間（4年）で割り引いた金額（割引現在価値）が、当期末までに発生した退職給付債務となります。

なお、退職給付引当金は退職給付債務から年金資産を差し引いて計算するので、CASE69のように年金資産がない場合は、期末の退職給付債務の金額が退職給付引当金の金額となります。

以上より、CASE69の退職給付債務（退職給付引当金）は次のようになります。

CASE69　退職給付債務（退職給付引当金）

①当期末までに発生した退職給付見込額：

$$10,000円 \times \frac{6年}{10年} = 6,000円$$

②当期末の退職給付債務：$\frac{6,000円}{(1+0.05)^4} \fallingdotseq 4,936円$

退職給付見込額のうち、認識時点（期末）までに発生していると認められる金額の求め方には、「期間定額基準」と「給付算定式基準」の2つがありますが、このテキストでは「期間定額基準」を前提として説明していきます。

年金資産は、企業が退職給付に充てるために外部の年金基金などに積み立てている資産をいいます。詳しくはCASE71で説明します。

年金資産がないので、退職給付債務＝退職給付引当金となります。

勤務費用と利息費用

増えた分は何?

退職給付
債　務
　1年後　→
退職給付
債　務

CASE69から1年後、ブンジ君に対する退職給付債務は1年分増えますが、この増えた1年分の内容はなんなのでしょうか?

例　次の資料にもとづき、当期末の退職給付債務（退職給付引当金）を計算し、必要な仕訳を示しなさい。

[資　料]
1.　ブンジ君は入社から当期末まで7年勤務している。
2.　ブンジ君の入社から退職までの全勤務期間は10年であり、退職予定時の退職給付見込額は10,000円である。
3.　割引率は5%であり、端数が生じる場合には円未満を四捨五入すること。なお、年金資産等はないものとする。
4.　当期首における退職給付債務（割引計算後）は4,936円である。

退職給付引当金の処理

　CASE69から1年が経過して、当期末までの勤務期間が7年となったので、当期末までに生じた退職給付見込額は7,000円（10,000円×$\frac{7年}{10年}$）となります。

　したがって、7,000円の現在価値を計算し、当期末の退職給付債務を計算します。

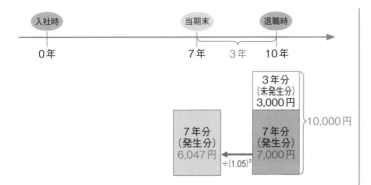

CASE70　退職給付債務（退職給付引当金）

①当期末までに発生した退職給付見込額：

$$10,000円 \times \frac{7年}{10年} = 7,000円$$

②当期末の退職給付債務：$\dfrac{7,000円}{(1+0.05)^3} \fallingdotseq 6,047円$

　当期首の退職給付債務が4,936円で、当期末の退職給付債務が6,047円なので、退職給付引当金の当期繰入額は1,111円（6,047円 − 4,936円）となります。

　したがって、当期末における仕訳は次のようになります。

> 退職給付引当金の当期繰入額は退職給付費用（販売費及び一般管理費）で処理します。これは2級で学習しましたね。

CASE70の仕訳

（退職給付費用）　1,111　（退職給付引当金）　1,111

● 勤務費用と利息費用

　CASE70では、1年間で退職給付債務が1,111円増加しましたが、この増加分は当期に1年間、ブンジ君が勤務したことによるもの（**勤務費用**）と、当期首の退職給付債務にかかる1年間の利息分（**利息費用**）に分けることができます。

(1) 勤務費用

ブンジ君が10年間勤務した場合、10,000円が支給されるので、1年分の勤務に対する金額は1,000円（10,000円÷10年）となります。

この1,000円は退職時の価値なので、当期末から退職時までの3年で割り引き、勤務費用を計算します。

CASE70 勤務費用

①退職給付見積額のうち当期に発生した金額：

$$10,000円÷10年＝1,000円$$

②勤務費用：$\dfrac{1,000円}{(1+0.05)^3} ≒ 864円$

(2) 利息費用

現金を1年間借りていると1年分の利息が生じるように、期首の退職給付債務について生じた1年分の利息が利息費用です。

CASE70では当期首の退職給付債務が4,936円なので、この4,936円に利率（5％）を掛けて利息費用を計算します。

> 利息費用は自分で計算しなければならないので、計算の仕方をおさえておきましょう。

> 利息費用＝期首退職給付債務×割引率

CASE70 利息費用

$$4,936円×5％ ≒ 247円$$

以上の勤務費用と利息費用を合計すると1,111円（864円＋247円）となり、退職給付債務の増加分である退職給付費用（1,111円）と一致します。

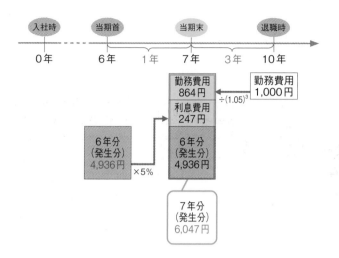

⇔ 問題編 ⇔
問題64

掛金の拠出と年金資産

ゴエモン㈱では、企業年金制度を採用し、退職給付に充てるため、外部の年金基金に積立てを行うことにしました。

今日、年金基金に掛金800円を拠出したのですが、このとき、どのような処理をするのでしょうか?

取引 ゴエモン㈱は年金基金に掛金800円を現金で拠出した。

● 年金基金に拠出したときの仕訳

退職給付会計では、退職給付債務から年金資産を差し引いた正味の債務額を「退職給付引当金」として計上します。

退職給付の支給に備えて、企業外部の年金基金に積立てを行うことがあります。

この年金基金に積み立てた資産を**年金資産**といいます。

ところで、先のCASE70で学習したように、勤務費用や利息費用は退職給付債務を増加させ、結果として**退職給付引当金（負債）を増加**させますが、年金資産の増加は**退職給付引当金（負債）の減少**につながります。

したがって、掛金の拠出によって年金資産が増加したときは、**退職給付引当金（負債）の減少**として処理します。

いったん、年金資産の増加で仕訳をして、勘定科目を退職給付引当金に変えましょう。

以上より、CASE71の仕訳は次のようになります。

CASE71の仕訳

（退職給付引当金）	800	（現　　　金）	800
年金資産			

期待運用収益と年金資産

これを運用しま～す。

年金基金

年金資産

年金基金に拠出した金額は、年金基金が運用するので、時の経過によって年金資産が増加します。
CASE71から1年後、年金資産はいくらになっているでしょうか？

例 次の資料にもとづき、当期末の年金資産の金額を計算しなさい。

[資 料]
1. 期首における年金資産の公正な評価額は800円である。
2. 当期の長期期待運用収益率は3％である。

期待運用収益とは？

年金資産は年金基金等によって運用されるため、期首の年金資産は、期末において運用収益分だけ増加するはずです。

この年金資産の運用から生じると期待される収益を**期待運用収益**といいます。期待運用収益は、期首の年金資産に予想される収益率（長期期待運用収益率）を掛けて計算します。

> 現金を銀行に1年間預けておくと、利息分だけ預金が増えるのと同じイメージですね。

> 期待運用収益＝期首年金資産×長期期待運用収益率

以上より、CASE72の期待運用収益と当期末の年金資産を計算すると次のようになります。

①期 待 運 用 収 益：800円×3% = 24円
②当期末の年金資産：800円 + 24円 = 824円

期待運用収益が生じた場合の仕訳

期待運用収益が生じたことにより、年金資産が増加します。したがって、**退職給付引当金の減少**として処理します。

また、期待運用収益は受取利息などの収益の勘定科目で処理せず、**退職給付費用の減少**として処理します。

以上より、CASE72の仕訳は次のようになります。

（退職給付引当金）	24	（退職給付費用）	24
年金資産		期待運用収益	

退職給付会計における勘定科目

退職給付会計では、「**退職給付費用**」と「**退職給付引当金**」の2つの勘定科目を用いて処理します。

したがって、増減する項目が費用（勤務費用、利息費用）または収益（期待運用収益）の場合は、「**退職給付費用**」で処理し、増減する項目が資産（年金資産）または負債（退職給付債務）の場合は、「**退職給付引当金**」で処理します。

退職給付会計における勘定科目

●勤務費用、利息費用、期待運用収益 → 退職給付費用
●年金資産、退職給付債務 → 退職給付引当金

CASE 73 退職給付引当金

退職一時金を支給したときの仕訳

ブンジ君の退職にともない、退職一時金8,000円を現金で支給しました。
この場合、どのような処理をするのでしょうか?

取引 ゴエモン㈱は退職一時金8,000円を現金で支給した。

●退職一時金を支給したときの処理

　退職一時金を支給したときは、企業が負っていた退職給付債務が減少するので、**退職給付引当金（負債）の減少**として処理します。

　したがって、CASE73の仕訳は次のようになります。

CASE73の仕訳

（退職給付引当金）	8,000	（現　　　　金）	8,000
退職給付債務			

CASE 74

退職年金が年金基金から支給されたときの仕訳

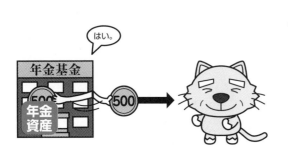

年金基金から退職年金がブンジ君に支給されました。
この場合、ゴエモン㈱ではどのような処理をするのでしょうか？

取引 退職者に対し、年金基金から退職年金500円が現金で支給された。

● 退職年金が年金基金から支給されたときの仕訳

CASE74では現金が支給されていますが、この現金は年金基金から支給されたものなので、ゴエモン㈱の現金は減りません。しかし、年金基金からゴエモン㈱の年金資産を原資として支給されるため、ゴエモン㈱の**年金資産が減少**します。

( )		（年　金　資　産）	500

また、退職年金の支給により、企業が負っていた**退職給付債務が減少**します。

（退職給付債務）	500	（年　金　資　産）	500

年金資産も退職給付債務も、「退職給付引当金」で処理するため、結局、「仕訳なし」となります。

CASE74の仕訳

仕　訳　な　し

退職給付引当金の問題の解き方①

ボックス図を
作って解こう！

退職給付引当金に関する問題の解き方につ
いてみてみましょう。

問題 次の資料にもとづき、期末における退職給付引当金の金額を計算
しなさい。

［資　料］
1．期首退職給付債務　20,000円
2．期首年金資産の時価　6,000円
3．割引率　4％
4．長期期待運用収益率　3％
5．当期勤務費用　4,000円

退職給付引当金の問題の解き方

　退職給付引当金の問題を解く際には、「年金資産」、「退職給
付債務」、「退職給付費用」、「退職給付引当金」のボックス図を
作ります。なお、仕訳上では、「年金資産」や「退職給付債務」
は「退職給付引当金」で処理しますが、ボックス図を作る際に
は「年金資産」、「退職給付債務」のボックス図に記入します。
そして、退職給付引当金は退職給付債務と年金資産の差額で計
算しましょう。

(1) 期首退職給付引当金

　退職給付引当金は、退職給付債務から年金資産を差し引いて
計算します。したがって、期首の退職給付引当金は次のように
なります。

期首退職給付引当金

$$20,000 円 - 6,000 円 = 14,000 円$$

期首   期首
退職給付債務 年金資産

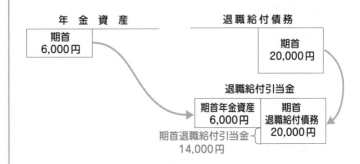

(2) 退職給付費用の計算

　勤務費用、利息費用、期待運用収益を計算し、退職給付費用と期末退職給付引当金を求めます。

退職給付費用

①勤　務　費　用：4,000円
②利　息　費　用：20,000円×4％＝800円
③期待運用収益：6,000円×3％＝180円

（退職給付費用） 勤務費用	4,000	（退職給付引当金） 退職給付債務	4,000

（退職給付費用） 利息費用	800	（退職給付引当金） 退職給付債務	800

（退職給付引当金） 年金資産	180	（退職給付費用） 期待運用収益	180

> 勤務費用と利息費用は退職給付債務を増加させ、期待運用収益は年金資産を増加させます。

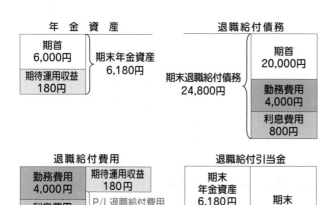

CASE75 期末退職給付引当金

ボックス図より → 24,800円 − 6,180円 = 18,620円
　　　　　　　　 期末　　　　期末
　　　　　退職給付債務　年金資産

または

仕訳より → 14,000円 + 4,000円 + 800円 − 180円 = 18,620円
　　　　　　 期首　　　　勤務費用　利息費用　　期待
　　　退職給付引当金　　　　　　　　　　　　運用収益

⊖ 問題編 ⊖
問題65

退職給付引当金の問題の解き方②

CASE75をベース
にして拠出等が
あった場合は…

次に、期中に年金基金への拠出や退職金の
支払いがあった場合の問題の解き方をみて
みましょう。

問題 次の資料にもとづき、期末における退職給付引当金の金額を計算
しなさい。

[資 料]
1. 期首退職給付債務　20,000円
2. 期首年金資産の時価　6,000円
3. 割引率　4%
4. 長期期待運用収益率　3%
5. 当期勤務費用　4,000円
6. 期中の年金基金への拠出額は200円であった。
7. 期中の年金基金からの退職者への支払額は190円であった。

期中に拠出・支払いがあった場合

　年金基金への拠出があった場合は年金資産が増加し、年金基
金からの支払いがあった場合は年金資産と退職給付債務が減少
します。

① 年金基金への拠出

（退職給付引当金）　　200　（現 金 な ど）　　200
　　　年金資産

② 年金基金からの支払い

（退職給付引当金）	190	（退職給付引当金）	190
退職給付債務		年金資産	

相殺されて「仕訳なし」となります。

なお、上記以外の期首退職給付引当金、退職給付費用等の計算はCASE75と同様なので、説明を省略します。

以上より、ボックス図を作って期末退職給付引当金を計算すると次のようになります。

年 金 資 産

期首 6,000円	支払い 190円
期待運用収益 180円	期末年金資産 6,190円
拠出 200円	

退 職 給 付 債 務

支払い 190円	期首 20,000円
期末退職給付債務 24,610円	勤務費用 4,000円
	利息費用 800円

退 職 給 付 費 用

勤務費用 4,000円	期待運用収益 180円
利息費用 800円	P/L退職給付費用 4,620円

退 職 給 付 引 当 金

期末 年金資産 6,190円	期末 退職給付債務 24,610円
B/S退職給付引当金 18,420円	

CASE76　期末退職給付引当金

ボックス図より → $24,610円 - 6,190円 = 18,420円$

期末退職給付債務　期末年金資産

または

仕訳より → $14,000円 + 4,000円 + 800円 - 180円 - 200円$

期首退職給付引当金　勤務費用　利息費用　期待運用収益　拠出

$= 18,420円$

⇔ 問題編 ⇔
問題66

数理計算上の差異

あらら…。

実際の運用収益率は2%で…。

年金基金

年金資産

期首において長期期待運用収益率を3%と見積って計算をしていたのですが、実際の運用収益率は2%でした。このように退職給付引当金を計算する際の見積数値と実際数値が異なる場合は、どんな処理をするのでしょう?

> **例** 次の資料にもとづき、決算時の仕訳をしなさい。

[資　料]
1. 期首における年金資産の公正な評価額は800円である。
2. 当期の長期期待運用収益率は3%である。
3. 当期の年金資産の実際運用収益率は2%であった。なお、数理計算上の差異は発生年度から4年で毎期均等額を償却する。

用語 **数理計算上の差異**…期待運用収益と実際運用収益との差異や、退職給付債務の割引計算で用いた当初の割引率と実際の割引率との差異から生じる、計算上の差異

数理計算上の差異とは?

　勤務費用、利息費用、期待運用収益から退職給付引当金を計算し、設定することはすでに学習しましたが、これらの計算は期首において見積額を用いて行われます。したがって、実際の数値とは異なることがあります。

　たとえばCASE77では、期首において長期期待運用収益率3%で期待運用収益を計算していますが、実際運用収益は2%に低下しています。また、退職給付債務にかかる利息費用を計

算する際、当初の割引率を 5 ％で計算していたにもかかわらず、実際の割引率は 4 ％であったという場合もあります。このような見積数値と実際数値との差異等を**数理計算上の差異**といいます。

● 数理計算上の差異が生じたときの処理

　数理計算上の差異が生じたときは、発生額を把握しておきます（仕訳はしません）。

　CASE77では長期期待運用収益率が 3 ％なので、期首において期待運用収益24円（800円× 3 ％）を見積計上しています。

| （退職給付引当金） | 24 | （退職給付費用） | 24 |
| 年金資産 | | 期待運用収益 | |

　しかし、実際運用収益率は 2 ％なので、実際運用収益は16円（800円× 2 ％）です。したがって、期待運用収益と実際運用収益との差額 8 円（24円 − 16円）が数理計算上の差異となります。

数理計算上の差異

①期 待 運 用 収 益：800円× 3 ％＝24円
②実 際 運 用 収 益：800円× 2 ％＝16円
③数理計算上の差異：16円 − 24円＝△ 8 円

予想よりも実際の収益が少ない（年金資産が少ない）ので不利差異（借方差異）です。

　なお、数理計算上の差異が発生したときには処理（仕訳）はしませんが、あとの計算のために頭の中で、行うべき仕訳をしておきましょう。

　CASE77では実際運用収益が期待運用収益よりも低いので、当初見積った年金資産よりも実際年金資産は減少しています。したがって、数理計算上の差異の分だけ年金資産を減らします。

未認識数理計算上の差異とは、数理計算上の差異のうち、費用化（償却）されていない金額をいいます。

また、相手科目は**未認識数理計算上の差異**という科目で処理しておきます。

（未認識数理計算上の差異）	8	（年　金　資　産）	8

●数理計算上の差異が生じたときの決算時の処理

数理計算上の差異は原則として発生年度から償却しますが、発生年度の翌年から償却することも認められています。
また、定額法のほか、定率法によって償却することもできます。

　数理計算上の差異は、原則として平均残存勤務期間内の一定の年数で按分する方法（定額法）によって償却し、償却分は**退職給付費用**で処理します（発生時に一括して費用処理することもできます）。

　CASE77では数理計算上の差異が8円なので、これを4年で割った金額（2円）を当期償却分として計上します。

　なお、数理計算上の差異が生じたとき、頭の中の仕訳では借方に「未認識数理計算上の差異8円」を計上しています。したがって、このうち当期償却分（2円）を取り崩します（貸方に計上します）。

		（未認識数理計算上の差異）	2

また、相手科目は**退職給付費用**で処理します。

（退職給付費用）	2	（未認識数理計算上の差異）	2

　そして、上記の頭の中の仕訳を実際の仕訳になおします。このとき、「未認識数理計算上の差異」は「退職給付引当金」で処理します。

退職給付引当金の設定は、「退職給付引当金」と「退職給付費用」を用いて処理します。

以上より、CASE77の決算時の仕訳は次のようになります。

CASE77の仕訳

（退職給付費用）　　　2　（退職給付引当金）　　　2
　　　　　　　　　　　　　　　　未認識数理計算上の差異

8円÷4年＝2円

過去勤務費用

　退職給付会計で生じる差異には、数理計算上の差異のほか、**過去勤務費用**があります。

　過去勤務費用とは、退職給付に関する規定が改定されて、退職給付の金額が変更されたときの退職給付債務の増加額または減少額をいいます。

　過去勤務費用は、発生年度から、数理計算上の差異と同様、定額法等により償却します（発生時に一括して費用処理することもできます）。

退職給付引当金の問題の解き方③

計算がちょっと
メンドクサイです。

数理計算上の差異がある場合の問題の解き
方をみてみましょう。

問題 次の資料にもとづき、期末における退職給付引当金の金額を計算
しなさい。

［資　料］
1．期首退職給付債務　20,000円
2．期首年金資産の時価　6,000円
3．割引率　4％
4．長期期待運用収益率　3％
5．当期勤務費用　4,000円
6．当期の実際運用収益率は2％であった。なお、数理計算上の差異
　は発生年度から5年間で毎期均等額を償却する。
7．期首においては差異等は発生していない。

差異がある場合の問題の解き方

　数理計算上の差異がある場合には、「年金資産」、「退職給付
債務」、「退職給付費用」、「退職給付引当金」のボックス図に加
えて「未認識数理計算上の差異」のボックス図を作ります。

(1)　期首退職給付引当金

　CASE75と同様に、期首退職給付債務から期首年金資産を差
し引いて期首退職給付引当金を計算します。

20,000円 – 6,000円 = 14,000円

期首退職給付債務　期首年金資産

(2)　退職給付費用の計算

CASE75と同様に、勤務費用、利息費用、期待運用収益を計算します。

退職給付費用

①勤　務　費　用：4,000円

②利　息　費　用：20,000円× 4 ％ = 800円

③期待運用収益：6,000円× 3 ％ = 180円

| （退職給付費用） | 4,000 | （退職給付引当金） | 4,000 |
| 勤務費用 | | 退職給付債務 | |

| （退職給付費用） | 800 | （退職給付引当金） | 800 |
| 利息費用 | | 退職給付債務 | |

| （退職給付引当金） | 180 | （退職給付費用） | 180 |
| 年金資産 | | 期待運用収益 | |

ここまでのボックス図を示すと次のとおりです。

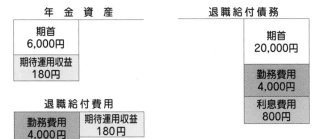

年 金 資 産
期首 6,000円
期待運用収益 180円

退職給付債務
期首 20,000円
勤務費用 4,000円
利息費用 800円

退職給付費用	
勤務費用 4,000円	期待運用収益 180円
利息費用 800円	

ここまではCASE75
と同じです。

(3) **数理計算上の差異の把握**

数理計算上の差異を把握し、頭の中で仕訳をします。

数理計算上の差異

①期待運用収益：6,000円×3％＝180円

②実際運用収益：6,000円×2％＝120円

③数理計算上の差異：120円－180円＝△60円

年金資産の減少

（未認識数理計算上の差異）　　60　（年　金　資　産）　　60

年　金　資　産

期首 6,000円	数理計算上の差異 60円
期待運用収益 180円	

退職給付費用

勤務費用 4,000円	期待運用収益 180円
利息費用 800円	

退職給付債務

	期首 20,000円
	勤務費用 4,000円
	利息費用 800円

未認識数理計算上の差異

数理計算上の差異 60円

(4) **数理計算上の差異の償却**

問題文の指示にしたがい、数理計算上の差異を5年で償却します。

数理計算上の差異の償却

60円÷5年＝12円

（退職給付費用）　　　12　　（未認識数理計算上の差異）　　12

（退職給付費用）　　　12　　（退職給付引当金）　　　12
　　　　　　　　　　　　　　　　　　未認識数理計算上の差異

　以上より、期末退職給付引当金を計算すると次のようになります。なお、ボックス図から計算する際には、**未認識数理計算上の差異の期末残高を退職給付引当金に加減する**ことに注意してください。

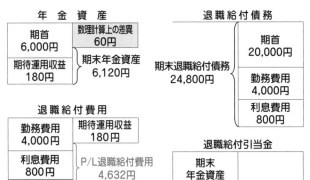

当期に発生した数理計算上の差異60円（不利差異）のうち、48円についてはまだ償却していない（未認識である）ため、退職給付引当金（負債）から差し引きます。

CASE78　期末退職給付引当金

ボックス図より

$$24,800円 - 6,120円 - 48円 = 18,632円$$

期末退職給付債務　期末年金資産　期末未認識数理計算上の差異

または

仕訳より

$$14,000円 + 4,000円 + 800円 - 180円 + 12円$$

期首退職給付引当金　勤務費用　利息費用　期待運用収益　数理計算上の差異の償却

$$= 18,632円$$

◆ 問題編 ◆
問題67、68

退職給付引当金のまとめ　≪一連の流れ≫

CASE70、72
期首

●勤務費用と利息費用の計上

> 利息費用＝期首退職給付債務×割引率

（退職給付費用）	1,111	（退職給付引当金）	1,111
勤務費用・利息費用		退職給付債務	

●期待運用収益の計上

> 期待運用収益＝期首年金資産×長期期待運用収益率

（退職給付引当金）	24	（退職給付費用）	24
年金資産		期待運用収益	

CASE71
掛金の
拠出時

（退職給付引当金）	800	（現　　　　金）	800
年金資産			

CASE73
退職一時金
の支給時

●企業が退職一時金を支給したときの仕訳

（退職給付引当金）	8,000	（現　　　　金）	8,000
退職給付債務			

CASE74
退職年金の
支給時

●年金基金から退職年金が支給されたときの仕訳

（退職給付引当金）	500	（退職給付引当金）	500
退職給付債務		年金資産	

　→　相殺されて仕訳なし

CASE77
決算時

①差異の把握（仕訳なし）

②差異の償却

●借方の差異（未認識数理計算上の差異）を償却する場合

（退職給付費用）	2	（退職給付引当金）	2
		未認識数理計算上の差異	

●貸方の差異（未認識数理計算上の差異）を償却する場合

（退職給付引当金）	2	（退職給付費用）	2
未認識数理計算上の差異			

退職給付引当金の計算の構成要素

●退職給付債務…退職給付のうち、認識時点までに発生していると認められる
　　　　　　　　部分を割り引いたもの
●勤　務　費　用…当期に従業員が勤務したことによって発生した退職給付
●利　息　費　用…期首退職給付債務から生じる計算上の利息
●年　金　資　産…企業外部の年金基金に積み立てた資産
●期待運用収益…期首年金資産から生じると予想される運用収益

第14章

社 債

・・・・・

事業拡大のためにもっと資金が必要。
株式以外で一般の人から資金を集める方法はないかと
調べてみたところ、
社債を発行するという手があるらしい。

ここでは、社債について学習します。

社債を発行したときの仕訳

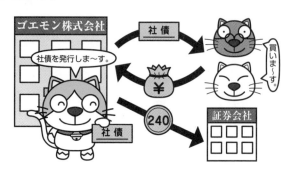

ゴエモン㈱は事業拡大のため、多額の資金が必要になりました。資金調達の方法には、株式を発行したり、銀行などから借り入れるほか、社債を発行するという方法もあります。そこで、今回は社債を発行して資金を調達することにしました。

取引 ×1年4月1日　ゴエモン㈱は額面総額10,000円の社債を額面100円につき、97円（償還期間3年、年利率2.4%、利払日は3月末と9月末）で発行し、払込金額は当座預金とした。なお、社債発行のための費用240円は現金で支払った。

用語 社　　債…株式会社の社債購入者に対する債務（負債）
　　　　償還期間…社債（負債）を返済するまでの期間

社債を発行したときの仕訳

　株式会社が一般の人から資金を調達する方法には、株式の発行のほか、**社債の発行**があります。

　社債は、一般の人（社債の購入者）からの借入れを意味し、社債を発行したら一定期間（**償還期間**）後にお金を返さなければなりません。したがって、社債を発行したときは、**社債（負債）の増加**として会社に払い込まれた金額（**払込金額**）で処理します。

| （当 座 預 金） | 9,700 | （社　　債） | 9,700 |

$$10,000円 \times \frac{97円}{100円} = 9,700円$$

また、社債の発行には広告費や手数料などがかかります。この社債の発行にともなって生じる費用は、**社債発行費** として処理します。

社債発行費は費用ですが、繰延資産として処理することもできます。

以上より、CASE79 の仕訳は次のようになります。

CASE79の仕訳

| （当 座 預 金） | 9,700 | （社　　債） | 9,700 |
| （社 債 発 行 費） | 240 | （現　　金） | 240 |

● 社債の発行形態

社債は額面金額で発行すること（**平価発行**<ruby>へいかはっこう</ruby>といいます）もありますが、CASE79 のように額面金額よりも低い金額で発行すること（**割引発行**<ruby>わりびきはっこう</ruby>といいます）も、また逆に額面金額よりも高い金額で発行すること（**打歩発行**<ruby>うちぶはっこう</ruby>といいます）もあります。

社債の発行形態	
平価発行	額面金額で発行すること
割引発行	額面金額よりも低い金額で発行すること
打歩発行	額面金額よりも高い金額で発行すること

試験では割引発行がよく出題されるので、このテキストでは割引発行を前提として説明していきます。

社 債

利払時の仕訳

社債の発行日　　6か月　　利払日

6か月分の利息を払わなきゃ！

×1年 4/1　　×1年 9/30

今日は社債の利払日（×1年9月30日）。そこで、社債利息の支払いについて処理をしたのですが、社債の払込金額と額面金額との差額を利息法という方法で処理している場合は、社債の帳簿価額の調整も行わなければならないようです。

取引　×1年9月30日　×1年4月1日に発行した社債の利払日のため、利息を当座預金口座から支払った。なお、この社債は次の条件で発行したものであり、社債の額面金額と払込金額との差額（金利調整差額）は償却原価法（利息法）によって処理する（円未満四捨五入）。

［条 件］
1．発 行 日：×1年4月1日　　2．満 期 日：×4年3月31日
3．額面金額：10,000円　　　　4．払込金額：9,700円
5．利 払 日：毎年9月末日と3月末日
6．クーポン利子率：年2.4%
7．実 効 利 子 率：年3.46%

社債の利払時の処理（利息の支払い）

　社債は借入れの一種ですから、利息を支払う必要があります。そして、社債の利息を支払ったときは、**社債利息（営業外費用）** で処理します。

　社債利息は額面金額にクーポン利子率（券面利子率）を掛け

て計算します。なおCASE80では、社債の発行日から利払日までの期間が6か月なので、6か月分の利息を計上します。

（社 債 利 息）　　120　　（当 座 預 金）　　120

10,000円×2.4%×$\dfrac{6か月}{12か月}$＝120円

● 社債の利払時の処理（社債の帳簿価額の調整）

社債を額面金額よりも低い価額（または高い価額）で発行した場合には、償却原価法により額面金額と払込金額との差額（金利調整差額）を毎期一定の方法によって、社債の帳簿価額に加減します。これを償却原価法といいます。

償却原価法には**利息法（原則）**と**定額法（容認）**があり、利息法による場合は利払日ごとに償却額を計算します。

> 定額法の場合は、決算日に償却額を計算します。

● 償却原価法（利息法）

利息法とは、社債の帳簿価額に実効利子率を掛けた金額を、各期の利息（利息配分額）として計上する方法をいいます。

CASE80では、社債の帳簿価額が9,700円、実効利子率が年3.46%なので、利息配分額は次のようになります。

利息配分額

$$9,700円×3.46%×\dfrac{6か月}{12か月}≒168円$$

このうち、クーポン利息（120円）についてはすでに計上しているため、利息配分額とクーポン利息との差額を**社債利息（営業外費用）**として追加計上するとともに、同額だけ社債の帳簿価額に加算します。

（社 債 利 息）　　48　　（社 　 債）　　48

168円－120円＝48円

以上より、CASE80の仕訳は次ページのようになります。

これは普通の利息
の計上ですね。

クーポン
利息の計上

社債の帳簿
価額の調整

利息配分額

CASE80の仕訳

| （社　債　利　息） | 120 | （当　座　預　金） | 120 |
| （社　債　利　息） | 48 | （社　　　　　債） | 48 |

とても
重要

償却原価法（利息法）

① クーポン利息＝額面金額×クーポン利子率

② 利息配分額＝帳簿価額×実効利子率

③ 金利調整差額の償却額＝②－①

なお、×1年9月30日以降の社債の帳簿価額は次のように
なります。

利息法

日　付	(1)帳簿価額 （償却原価）	(2)利息配分額 (1)×3.46% ×$\frac{6か月}{12か月}$	(3)クーポン利息 10,000円×2.4% ×$\frac{6か月}{12か月}$	(4)金利調整 差額の償却額 (2)-(3)	(5)帳簿価額 （償却原価） (1)+(4)
×1年 4/1	9,700円	－	－	－	9,700円
×1年 9/30	9,700円	168円	120円	48円	9,748円
×2年 3/31	9,748円	169円	120円	49円	9,797円
×2年 9/30	9,797円	169円	120円	49円	9,846円
×3年 3/31	9,846円	170円	120円	50円	9,896円
×3年 9/30	9,896円	171円	120円	51円	9,947円
×4年 3/31	9,947円	173円	120円	53円	10,000円

②120円＋53円＝173円

①最後は帳簿価額が10,000円に
なるように償却額を計算します。
10,000円－9,947円＝53円

社 債

社債の決算時の仕訳

今日は決算日（×2年3月31日）。ここでは社債について、決算時に行う処理をみておきましょう。

取引 次の条件で発行した社債について、決算日（×2年3月31日）における必要な仕訳をしなさい。なお、社債の額面金額と払込金額との差額（金利調整差額）は償却原価法（定額法）によって処理する。また、社債発行費240円は定額法により月割償却する（利息の支払いの処理は適正に行われている）。

［条 件］
1. 発 行 日：×1年4月1日
2. 満 期 日：×4年3月31日
3. 額面金額：10,000円
4. 払込金額：9,700円
5. 利 払 日：毎年9月末日と3月末日
6. クーポン利子率：年2.4%

決算時の処理① （社債発行費の償却）

社債発行費を繰延資産として処理した場合には、償還期間にわたって償却します。なお、償却方法は**利息法（原則）**または**定額法（容認）**によりますが、利息法は出題可能性が低いため、このテキストでは定額法のみ説明します。

定額法は、繰延資産として処理した社債発行費を社債の償還期間にわたって月割りで償却する方法です。

CASE81の社債の償還期間は3年なので、社債発行費償却の仕訳は次のようになります。

（社債発行費償却）　　80　　（社 債 発 行 費）　　80

240円÷3年＝80円

決算時の処理②（社債利息の未払計上）

社債の利払日と決算日が異なる場合は、当期分の社債利息のうち、当期にまだ支払っていない金額（利払日が次期に到来するもの）について未払計上します。

仮にCASE81の社債の発行日が×1年7月1日、利払日が毎年6月末と12月末であったとした場合には、決算日（×2年3月31日）において、×2年1月1日から×2年3月31日までの3か月分の社債利息を未払計上します。

（社 債 利 息）　　60　　（未払社債利息）　　60
　　　　　　　　　3か月分　　　　　　　　　3か月分

期　首	発行日		利払日	決算日	利払日
×1年4/1	7/1		12/31	×2年3/31	6/30

当　期

支払済み　　未払分：3か月

決算時の処理③（社債の帳簿価額の調整）

定額法による償却原価法を採用している場合には、決算において、社債の額面金額と払込金額との差額（金利調整差額）を償還期間にわたって月割りで償却します。

CASE81では、金利調整差額が300円（10,000円－9,700円）、償還期間が3年なので、社債の帳簿価額を調整する仕訳は次のようになります。

| （社 債 利 息） | 100 | （社 　　　　 債） | 100 |

300円÷3年＝100円

以上より、CASE81の仕訳は次のようになります。

CASE81の仕訳

| （社債発行費償却） | 80 | （社 債 発 行 費） | 80 |
| （社 債 利 息） | 100 | （社 　　　　 債） | 100 |

社債発行費
の償却

社債の帳簿
価額の調整

定額法

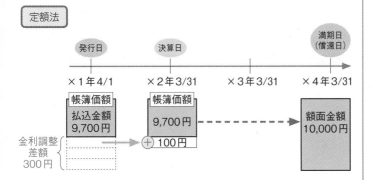

⇔ 問題編 ⇔
問題69、70

CASE 82 社 債

社債を償還したときの仕訳①
満期償還

×4年3月31日。今日
は社債の満期日なので、
社債を償還しました。社債を
償還したときにはどんな処理
をするのでしょうか？

> 3年間、お金を貸して
> くれてありがとう！

取引 ×4年3月31日 満期日につき、次の条件で発行した社債（前期末の帳簿価額は9,900円）を償還し、額面金額と最終回の利息を当座預金口座から支払った。なお、決算日は3月31日で、社債の額面金額と払込金額との差額（金利調整差額）は償却原価法（定額法）によって処理しており、過年度における社債の処理は適正に行われている。

［条 件］
1．発 行 日：×1年4月1日　　2．満 期 日：×4年3月31日
3．額面金額：10,000円　　　　4．払込金額：9,700円
5．利 払 日：毎年9月末日と3月末日
6．クーポン利子率：年2.4%

🔴 社債の償還とは？

　社債は借入金の一種なので、一定期間後に社債の購入者にお金を返さなければなりません。これを**社債の償還**といいます。
　社債の償還方法には、**満期償還**、**買入償還**、**抽選償還**がありますが、CASE82は満期償還なので、まずは満期償還の処理についてみてみましょう。

満期償還の処理

社債を満期日に償還するときは、**額面金額で償還**します。そこで、まずはまだ償却していない金利調整差額を社債の帳簿価額に加減して、社債の帳簿価額を額面金額に一致させます。

額面金額を社債の購入者に支払います。

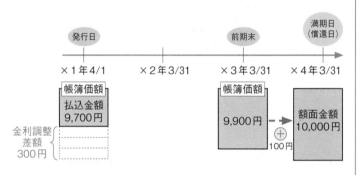

| （社 債 利 息） | 100 | （社　　　　債） | 100 | ◄ 300円÷3年＝100円 |

そして、額面金額で社債を償還します。

| （社　　　　債） | 10,000 | （当 座 預 金） | 10,000 |

さらに、社債利息を計上します。

| （社 債 利 息） | 120 | （当 座 預 金） | 120 |

$$10,000円 \times 2.4\% \times \frac{6か月}{12か月} = 120$$

なお、社債の償還時に社債発行費を償却することもあります。

以上より、CASE82の仕訳は次のようになります。

⇔ 問題編 ⇔
問題71

CASE82の仕訳

（社 債 利 息）	100	（社　　　　債）	100	◄ 帳簿価額の調整
（社　　　　債）	10,000	（当 座 預 金）	10,000	◄ 額面金額で償還
（社 債 利 息）	120	（当 座 預 金）	120	◄ 社債利息の計上

社債を償還したときの仕訳②
買入償還

資金的に余裕ができたから、社債を償還してしまおうかな？

社債は、発行していると利息を支払わなければならないので、早めに償還してしまうほうが会社にとって得な場合もあります。資金的に余裕ができたので、満期日前ですが、今日、社債を償還することにしました。

取引 ×2年6月30日（決算日は3月31日）×1年4月1日に発行した社債（額面総額10,000円、払込金額9,700円、発行期間3年、前期末の帳簿価額9,800円）を額面100円につき98.6円で買入償還し、代金は当座預金口座から支払った。なお額面金額と払込金額との差額（金利調整差額）は償却原価法（定額法）によって償却している。

用語 買入償還…社債を満期日前に時価で買い入れること

社債の買入償還とは？

社債を発行している間は、会社は利息を支払わなければなりません。そこで、資金的に余裕ができたら、社債を満期日前に償還してしまうほうが、会社にとって有利な場合があります。

社債を満期日前に償還するときは、時価で市場から買い入れるため、これを**社債の買入償還**といいます。

買入償還時の仕訳①（社債の帳簿価額の調整）

当期分は4月1日（当期首）から6月30日（買入償還日）の3か月分ですね。

社債を買入償還したときは、当期分の金利調整差額を社債の帳簿価額に加減し、買入時の社債の帳簿価額を計算します。

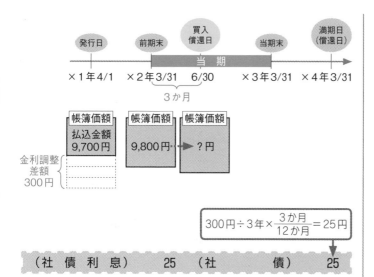

$$300円 \div 3年 \times \frac{3か月}{12か月} = 25円$$

（社 債 利 息）	25	（社 債）	25

　以上より、買入時の社債の帳簿価額は9,825円（9,800円＋25円）となります。

● 買入償還時の仕訳②（社債の買入償還の処理）

　次に、買入償還の仕訳をします。

　買入償還の処理では、まず買入時の**社債（負債）の帳簿価額を減らします**。

（社 債）	9,825	（ ）	

　また、買入償還は社債を時価で買い入れるため、その分の当座預金などが減少します。

社債の買入価額

$$10,000円 \times \frac{@98.6円}{@100円} = 9,860円$$

（社 債）	9,825	（当 座 預 金）	9,860

　ここで、仕訳を見ると貸借差額が生じています。この差額は**社債償還損（特別損失）**または**社債償還益（特別利益）**で処理します。

| （社　　　　債） | 9,825 | （当 座 預 金） | 9,860 |
| （社 債 償 還 損） | 35 | | |

特別損失

貸借差額

以上より、CASE83の仕訳は次のようになります。

CASE83の仕訳

帳簿価額の
調整

| （社 債 利 息） | 25 | （社　　　　債） | 25 |

社債の償還

| （社　　　　債） | 9,825 | （当 座 預 金） | 9,860 |
| （社 債 償 還 損） | 35 | | |

⇔ 問題編 ⇔
問題72、73

CASE 84　社　債

社債を償還したときの仕訳③
抽選償還

満期償還は満期日に一括して社債を額面で償還する方法で、買入償還は満期日前に社債を時価で買い入れて償還する方法だったけど、これ以外に一定期間に一定額ずつ償還する方法もあるらしい…。ここでは、抽選償還について学習します。

取引　次の条件で発行した社債について、×2年3月31日の仕訳をしなさい。なお、社債の償却額の計算は社債資金の利用割合に応じて償却する方法によるものとし、決済はすべて当座預金口座を通じて行う。

［条　件］
1．発 行 日：×1年4月1日　　2．発行期間：5年
3．額面金額：10,000円　　　　4．払込金額：9,700円
5．償還方法：毎年3月末に2,000円（額面金額）ずつ抽選償還
6．利 払 日：毎年3月末日
7．クーポン利子率：年2.4%

用語 **抽選償還**…社債を一定期間ごとに一定額ずつ償還すること

🐾 社債の抽選償還とは？

　CASE84では、額面金額が10,000円の社債を毎年2,000円ずつ償還することになっています。

　このように社債の発行後、抽選により一定期間ごとに一定額

ずつ償還する方法を**抽選償還**といいます。

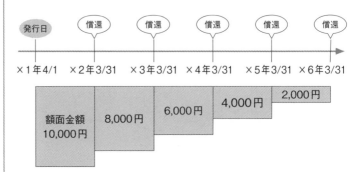

● 社債を発行したときの仕訳（×１年４月１日）

　社債を発行したときの処理は、これまでみてきた処理と同様
で、払込金額で**社債（負債）**を計上します。

（当 座 預 金）	9,700	（社　　　　債）	9,700

　なお、抽選償還の場合における社債の償却額の計算方法に
は、**利息法（原則）**と**社債資金の利用割合に応じて償却する方
法（容認）**がありますが、ここでは**社債資金の利用割合に応じ
て償却する方法（容認）**を前提として説明します。

利息法については
参考で説明しま
す。

● 利払時の処理（×２年３月31日）

　社債の利息を支払ったときには、社債利息を計上します。な
お、抽選償還の場合の社債利息は、残っている社債の額面金額
に年利率を掛けて計算します。

　したがって、×２年３月31日の社債利息は額面10,000円に
クーポン利子率2.4％を掛けた240円となります。

（社 債 利 息）	240	（当 座 預 金）	240

　なお、×２年３月31日以降の社債利息の計算は次のように
なります。

$\times 3$ 年 3 月 31 日： 8,000円 × 2.4% = 192円

$\times 4$ 年 3 月 31 日： 6,000円 × 2.4% = 144円

$\times 5$ 年 3 月 31 日： 4,000円 × 2.4% = 96円

$\times 6$ 年 3 月 31 日： 2,000円 × 2.4% = 48円

● 抽選償還時の処理（×2年3月31日）

抽選償還は額面によって行われます。したがって、まず抽選償還する社債の帳簿価額を調整してから、その分だけ償還します。

(1) 金利調整差額の計算

まずは金利調整差額を計算します。

金利調整差額

10,000円 − 9,700円 = 300円

(2) 金利調整差額の償却

CASE84の問題文に「社債の償却額の計算は社債資金の利用割合に応じて償却する方法による」とありますが、「社債資金の利用割合」とは、社債の総利用金額に対する当期の利用金額をいいます。

CASE84では、額面10,000円の社債を発行しており、1年後に2,000円を償還するため、1年目の利用金額は10,000円となります。また、2年目は1回償還されたあとの金額8,000円（10,000円 − 2,000円）が、3年目は2年目からさらに1回償還されたあとの金額6,000円（8,000円 − 2,000円）が利用金額となります。

そして、各期の利用金額を合計した金額が総利用金額となるので、1年目に償還される社債（2,000円）の金利調整差額の償却（社債の帳簿価額の調整）は次のようになります。

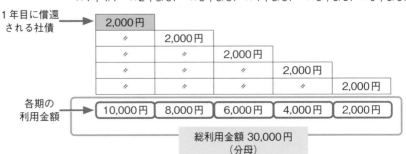

総利用金額 30,000円
（分母）

償還社債の金利調整差額の償却

$$300 円 \times \frac{2,000 円}{30,000 円} = 20 円$$

| （社 債 利 息） | 20 | （社　　　　債） | 20 |

（2）の処理によって、抽選償還分の社債の帳簿価額は額面金額となります。

(3)　抽選償還の仕訳

　抽選償還は額面金額で行います。したがって、当期に抽選償還する社債の額面金額を減らします。

| （社　　　　債） | 2,000 | （当 座 預 金） | 2,000 |

決算時の処理（×2年3月31日）

(1)　金利調整差額の償却

　決算において、未償還分の社債の帳簿価額を調整します。

未償還社債の金利調整差額の償却

$$300\text{円} \times \frac{8,000\text{円}}{30,000\text{円}} = 80\text{円}$$

（社 債 利 息）　　80　　（社　　　　債）　　80

(2) 一年以内償還社債への振替え

　貸借対照表上、1年以内に返済される負債は流動負債に表示します。

　CASE84は、毎年3月末に額面2,000円の社債が償還されるため、×2年3月31日（決算日）において、×3年3月31日に償還される社債（額面2,000円）は1年以内に返済される負債として、**社債（固定負債）**から**一年以内償還社債（流動負債）**に振り替えます。

　なお、×3年3月31日に償還される社債の×2年3月31日時点の帳簿価額は次ページのように計算します。

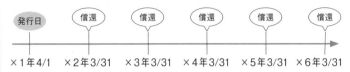

次期に償還される社債の、次期に償却
される金利調整差額に対応する額

2,000円				
〃	2,000円			
〃	〃	2,000円		
〃	〃	〃	2,000円	
〃	〃	〃	〃	2,000円

| 10,000円 | 8,000円 | 6,000円 | 4,000円 | 2,000円 |

総利用金額 30,000円
（分母）

一年以内償還社債への振替え

①×3年3月31日に償還される社債の額面金額：2,000円

②①のうち次期に償却される金利調整差額：

$$300円 \times \frac{2,000円}{30,000円} = 20円$$

③×3年3月31日に償還される社債の帳簿価額：

2,000円 － 20円 ＝ 1,980円

この仕訳は貸借対照表の表示上の仕訳なので、処理として行う必要はありません。

| （社　　　　債） | 1,980 | （一年以内償還社債） | 1,980 |

以上より、CASE84の仕訳（×2年3月31日の仕訳）は次のようになります。

CASE84の仕訳

社債利息の支払い

| （社　債　利　息） | 240 | （当　座　預　金） | 240 |

抽選償還の処理

| （社　債　利　息） | 20 | （社　　　　債） | 20 |
| （社　　　　債） | 2,000 | （当　座　預　金） | 2,000 |

未償還社債の帳簿価額の調整

| （社　債　利　息） | 80 | （社　　　　債） | 80 |

一年以内償還社債への振替え（表示上の仕訳）

| （社　　　　債） | 1,980 | （一年以内償還社債） | 1,980 |

据置期間がある場合

CASE84では、社債を発行した1年後から抽選償還をしていますが、社債を発行したあと1年据え置いて、2年後から抽選償還をする場合もあります。

据置期間がある場合の抽選償還の処理は次のようになります。

> 2年据え置いて3年後から抽選償還をする場合もあります。

> **例** 次の条件で発行した社債について、×1年4月1日、×2年3月31日、×3年3月31日の仕訳をしなさい。
> なお、社債の償却額の計算は社債資金の利用割合に応じて償却する方法によるものとし、決済はすべて当座預金口座を通じて行う。
>
> ［条 件］
> 1．発 行 日：×1年4月1日
> 2．額面金額：10,000円
> 3．払込金額： 9,700円
> 4．償還方法：1年据置後、毎年3月末に2,000円（額面金額）ずつ抽選償還

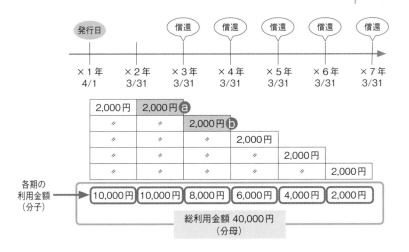

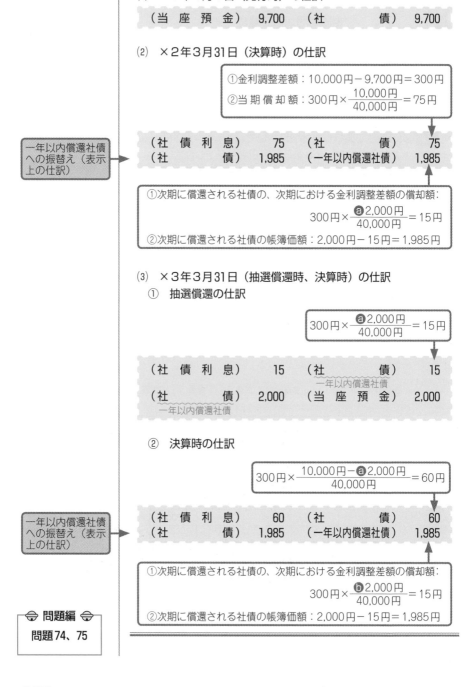

(1) ×1年4月1日（発行時）の仕訳

（当 座 預 金） 9,700 （社 債） 9,700

(2) ×2年3月31日（決算時）の仕訳

> ①金利調整差額：10,000円－9,700円＝300円
> ②当期償却額：300円×$\frac{10,000円}{40,000円}$＝75円

一年以内償還社債への振替え（表示上の仕訳）

（社 債 利 息） 75 （社 債） 75
（社 債） 1,985 （一年以内償還社債） 1,985

> ①次期に償還される社債の、次期における金利調整差額の償却額：
> 300円×$\frac{⒜2,000円}{40,000円}$＝15円
> ②次期に償還される社債の帳簿価額：2,000円－15円＝1,985円

(3) ×3年3月31日（抽選償還時、決算時）の仕訳
① 抽選償還の仕訳

> 300円×$\frac{⒜2,000円}{40,000円}$＝15円

（社 債 利 息） 15 （社 債） 15
　　　　　　　　　　　　　　　一年以内償還社債
（社 債） 2,000 （当 座 預 金） 2,000
一年以内償還社債

② 決算時の仕訳

> 300円×$\frac{10,000円－⒜2,000円}{40,000円}$＝60円

一年以内償還社債への振替え（表示上の仕訳）

（社 債 利 息） 60 （社 債） 60
（社 債） 1,985 （一年以内償還社債） 1,985

> ①次期に償還される社債の、次期における金利調整差額の償却額：
> 300円×$\frac{⒝2,000円}{40,000円}$＝15円
> ②次期に償還される社債の帳簿価額：2,000円－15円＝1,985円

⊖ 問題編 ⊖
問題74、75

抽選償還（利息法）

CASE84では、金利調整差額を社債資金の利用割合に応じて償却しましたが、ここでは金利調整差額を利息法によって償却する場合の抽選償還の処理についてみておきましょう。

> 例 次の条件で発行した社債について、×1年4月1日、×2年3月31日、×3年3月31日の仕訳をしなさい。なお、社債の額面金額と払込金額との差額（金利調整差額）は償却原価法（利息法）によって処理し、決済はすべて当座預金口座を通じて行う（円未満四捨五入）。
>
> ［条 件］
> 1. 発 行 日：×1年4月1日
> 2. 発 行 期 間：5年
> 3. 額 面 金 額：10,000円
> 4. 払 込 金 額：9,700円
> 5. 償 還 方 法：毎年3月末に2,000円（額面金額）ずつ
>   抽選償還
> 6. 利 払 日：毎年3月末日
> 7. クーポン利子率：年2.4%
> 8. 実 効 利 子 率：年3.46%

(1) ×1年4月1日（社債の発行時）の仕訳

社債を発行したときの仕訳は、社債資金の利用割合に応じて償却する方法の場合（CASE84）と同じです。

| （当 座 預 金） | 9,700 | （社　　　債） | 9,700 |

社債資金の利用割合に応じて償却する方法（CASE84）では、社債の帳簿価額の調整は決算日において行いますが、利息法では、社債の帳簿価額の調整は利払時に行います。

(2) ×2年3月31日（1回目の利払時、抽選償還時）の仕訳

利払時には、社債利息の支払いの処理と、償却原価法（利息法）による社債の帳簿価額の調整をします。

| （社 債 利 息） | 240 | （当 座 預 金） | 240 |

クーポン利息の計上

10,000円×2.4%＝240円

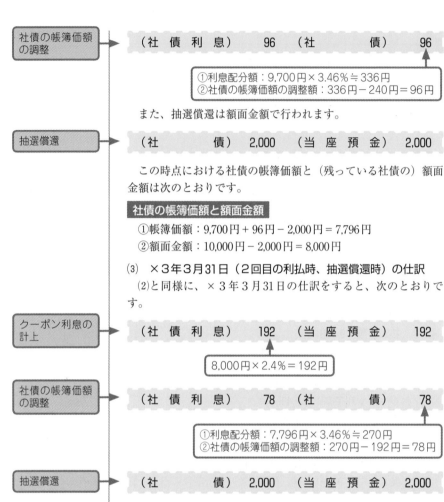

社債の帳簿価額の調整

（社 債 利 息） 96 （社 債） 96

①利息配分額：9,700円×3.46%≒336円
②社債の帳簿価額の調整額：336円－240円＝96円

また、抽選償還は額面金額で行われます。

抽選償還

（社 債） 2,000 （当 座 預 金） 2,000

この時点における社債の帳簿価額と（残っている社債の）額面金額は次のとおりです。

社債の帳簿価額と額面金額

①帳簿価額：9,700円＋96円－2,000円＝7,796円
②額面金額：10,000円－2,000円＝8,000円

(3) ×3年3月31日（2回目の利払時、抽選償還時）の仕訳

(2)と同様に、×3年3月31日の仕訳をすると、次のとおりです。

クーポン利息の計上

（社 債 利 息） 192 （当 座 預 金） 192

8,000円×2.4%＝192円

社債の帳簿価額の調整

（社 債 利 息） 78 （社 債） 78

①利息配分額：7,796円×3.46%≒270円
②社債の帳簿価額の調整額：270円－192円＝78円

抽選償還

（社 債） 2,000 （当 座 預 金） 2,000

この時点における社債の帳簿価額と（残っている社債の）額面金額は次のとおりです。

社債の帳簿価額と額面金額

①帳簿価額：7,796円＋78円－2,000円＝5,874円
②額面金額：8,000円－2,000円＝6,000円

社債（満期償還・買入償還）のまとめ　≪一連の流れ≫

CASE79
発行時

●社債を発行したときは払込金額で社債（負債）を計上

（当 座 預 金）	9,700	（社　　　　　債）	9,700
（社 債 発 行 費）	240	（現　　　　　金）	240

CASE80
利払時

●社債利息（費用）の計上

（社 債 利 息）	120	（当 座 預 金）	120

●金利調整差額を利息法による償却原価法で処理している
　場合は、社債の帳簿価額の調整を行う

（社 債 利 息）	48	（社　　　　　債）	48

●償却原価法（利息法）

① 　クーポン利息＝額面金額×クーポン利子率

② 　利息配分額＝帳簿価額×実効利子率

③ 　金利調整差額の償却額＝②－①

CASE81
決算時

①社債発行費の償却（月割償却）

（社債発行費償却）	80	（社 債 発 行 費）	80

②社債利息の未払計上

（社 債 利 息）	10	（未 払 社 債 利 息）	10

③金利調整差額を定額法による償却原価法で処理している
　場合は、社債の帳簿価額の調整を行う

（社 債 利 息）	100	（社　　　　　債）	100

CASE83
買入償還時

①金利調整差額の償却（社債の帳簿価額の調整）

（社 債 利 息）	25	（社　　　　　債）	25

②社債の償還

（社　　　　　債）	9,825	（当 座 預 金）	9,860
（社 債 償 還 損）	35		

①金利調整差額の未償却残高を償却（社債の帳簿価額の調整）

（社 債 利 息）　100　（社　　　　債）　100

②額面金額で社債を償還

（社　　　　債）10,000　（当 座 預 金）10,000

③（必要に応じて）社債利息の支払いの処理、社債発行費の償却を行う

抽選償還のまとめ　≪一連の流れ≫

●社債を発行したときは払込金額で社債（負債）を計上

（当 座 預 金）　9,700　（社　　　　債）　9,700

①社債利息（費用）の計上

（社 債 利 息）　240　（当 座 預 金）　240

②金利調整差額を利息法による償却原価法で処理している場合は、社債の帳簿価額の調整を行う

①抽選償還分の社債の帳簿価額の調整

（社 債 利 息）　20　（社　　　　債）　20

②額面金額で償還

（社　　　　債）　2,000　（当 座 預 金）　2,000

①残っている社債の帳簿価額の調整

（社 債 利 息）　80　（社　　　　債）　80

②一年以内償還社債への振替え（表示上の仕訳）

（社　　　　債）　1,980　（一年以内償還社債）　1,980

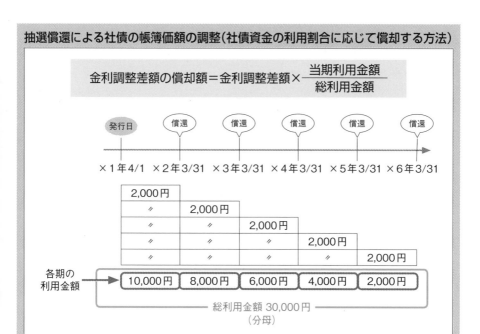

抽選償還による社債の帳簿価額の調整（社債資金の利用割合に応じて償却する方法）

$$金利調整差額の償却額＝金利調整差額 \times \frac{当期利用金額}{総利用金額}$$

第15章

純資産（資本）①

・・・・・

株式を発行したり、剰余金を配当・処分したときの処理は
2級でも学習したけど、配当できる金額には制限があるらしい…。
また、自社が発行した株式を取得したんだけど、
こんなとき、どんな処理をするのかなぁ…。

ここでは、株式の発行、剰余金の配当・処分、株主資本の計数変動、
自己株式の処理について学習します。

株式会社とは

ゴエモン㈱には、株主総会、取締役会、監査役という機関がありますが、これらの機関は何をするための機関なのでしょう？
株式会社については2級でも学習しましたが、ここで再度確認しておきましょう。

株式会社とは？

株式会社とは、**株式**を発行することによって、多額の資金を集めて営む企業形態をいいます。

事業規模が大きくなると、多くの元手が必要となります。そこで、必要な資金を集めるため、株式を発行して多数の人から少しずつ出資してもらうのです。

株主と取締役

株式会社では、出資してくれた人を**株主**といいます。株主からの出資があって会社が成り立つので、株主は会社の所有者（オーナー）ともいわれます。

したがって、株主は会社の方向性についても口を出せます
し、究極的には会社を解散させることもできます。

　しかし、株主は何万といるわけですから、株主が直接、日々
の会社の経営を行うことはできません。

　そこで、株主は出資した資金を経営のプロである**取締役**に任
せ、日々の会社の経営は取締役が行います。

　また、株主からの出資があって会社が成り立ち、利益を得る
ことができるので、会社が得た利益は株主に分配（**配当**といい
ます）されます。

取締役会、株主総会、監査役

　会社には何人かの取締役がいます。そして、取締役は**取締役
会**を構成し、取締役会で会社の経営方針を決めていきます。

　なお、会社の基本的な経営方針や利益の使い道（株主への配
当など）は、株主が集まる**株主総会**で決定されます。

　また、取締役が株主の意図に背いた経営を行わないように監
視する機関を**監査役**といいます。

> これを所有（株
> 主）と経営（取締
> 役）の分離といい
> ます。

純資産の部

これから貸借対照表の純資産の部について学習していきますが、純資産の部にはどんな項目があるのかを先にみておきましょう。

純資産の部

貸借対照表上、純資産の部はさらに**株主資本、評価・換算差額等、新株予約権**に分かれます。

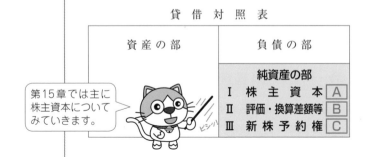

第15章では主に株主資本についてみていきます。

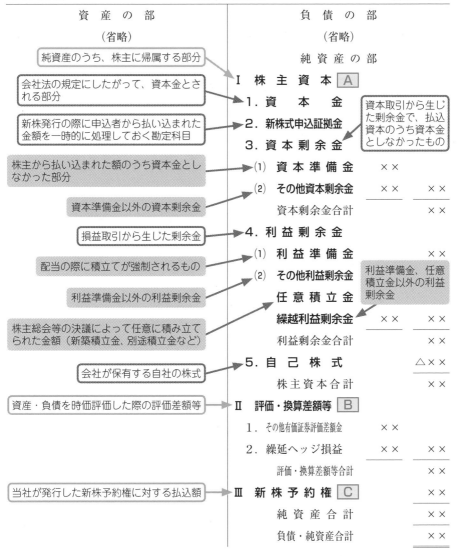

貸借対照表

ゴエモン㈱　　　　　　　×2年3月31日　　　　　　　（単位：円）

資 産 の 部	負 債 の 部
（省略）	（省略）

純資産のうち、株主に帰属する部分

会社法の規定にしたがって、資本金とされる部分

新株発行の際に申込者から払い込まれた金額を一時的に処理しておく勘定科目

株主から払い込まれた額のうち資本金としなかった部分

資本準備金以外の資本剰余金

損益取引から生じた剰余金

配当の際に積立てが強制されるもの

利益準備金以外の利益剰余金

株主総会等の決議によって任意に積み立てられた金額（新築積立金、別途積立金など）

会社が保有する自社の株式

資産・負債を時価評価した際の評価差額等

当社が発行した新株予約権に対する払込額

純 資 産 の 部

Ⅰ　株 主 資 本　A

1．資　本　金

2．新株式申込証拠金

3．資 本 剰 余 金

資本取引から生じた剰余金で、払込資本のうち資本金としなかったもの

(1)　資 本 準 備 金　××

(2)　その他資本剰余金　××　××

資本剰余金合計　××

4．利 益 剰 余 金

(1)　利 益 準 備 金　××

(2)　その他利益剰余金

任 意 積 立 金

利益準備金、任意積立金以外の利益剰余金

繰越利益剰余金　××　××

利益剰余金合計　××

5．自 己 株 式　△××

株主資本合計　××

Ⅱ　評価・換算差額等　B

1．その他有価証券評価差額金　××

2．繰延ヘッジ損益　××　××

評価・換算差額等合計　××

Ⅲ　新 株 予 約 権　C　××

純 資 産 合 計　××

負債・純資産合計　××

申込証拠金を受け取ったときの仕訳

取締役会で新たに20株の株式を発行することが決まり、株主を募集したところ、全株式について申込みがありました。申込みと同時に払込みを受けていますが、この払込金額はどのように処理するのでしょうか?

> **取引** 増資のため、株式20株を1株あたり10円で発行することとし、株主を募集したところ、申込期日までに全株式が申し込まれ、払込金額の全額を申込証拠金として受け入れ、別段預金とした。

増資の流れ

増資(会社の設立後に新株を発行して資本金を増やすこと)をするときには、まず一定期間(**申込期間**)を設けて株主を募集します。

そして、会社は申込者の中からだれを株主とするかを決め、株主には株式を割り当てます。

20株の募集に対して、30株の申込みがあったときは、10株分の申込者は株主になれません。

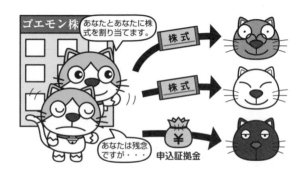

申込証拠金を受け取ったときの仕訳

　株式の申込者から払込金額を受け取っても、株式を割り当てなかった申込者に対しては、その払込金額を返さなければなりません。

　そこで、株式を割り当てる前に申込者から受け取った払込金額（**申込証拠金**）は、まだ資本金としないで、**新株式申込証拠金**で処理しておきます。

　また、申込者から申込証拠金として払い込まれた現金や預金は、会社の資産である当座預金などとは区別して、**別段預金（資産）**として処理しておきます。

CASE87の仕訳

（別　段　預　金）　200　　（新株式申込証拠金）　　200

あとで返すかもしれないお金なので、この時点ではまだ資本金や当座預金では処理できません。

@10円×20株＝200円

払込期日の仕訳

これをど〜する？

払込金額

今回の増資では、申込者全員に株式を割り当てることにしました。
そして、今日は募集した株式の払込期日。
このときはどんな処理をするのでしょう？

取引 払込期日となり、申込証拠金200円を増資の払込金額に充当し、同時に別段預金を当座預金とした。なお、払込金額のうち「会社法」で認められている最低額を資本金とすることとした。

● 払込期日の仕訳

　会社は申込者の中からだれを株主にするのかを決めて、株式を割り当てます。そして、払込期日において、**新株式申込証拠金を資本金に振り替える**とともに、**別段預金を当座預金などに預け替えます。**

　なお、原則として払込金額の全額を資本金として処理しなければなりませんが、払込金額のうち最高2分の1までは資本金にしないことが認められています。

　払込金額のうち資本金としなかった金額については、**資本準備金**で処理します。

> 要するに払込金額のうち最低2分の1は資本金にしなければならないということです。

とても
重要

株式を発行したときの処理

●原則…払込金額の全額を資本金で処理
●容認…払込金額のうち最低2分の1を資本金とし、残額は資本準備金で処理

CASE88の仕訳

$$200円 \times \frac{1}{2} = 100円$$

| （新株式申込証拠金） | 200 | （資　本　金） | 100 |
| | | （資本準備金） | 100 |

$$200円 \times \frac{1}{2} = 100円$$

| （当　座　預　金） | 200 | （別　段　預　金） | 200 |

貸借対照表

資産の部	負債の部
	純資産の部
	I　株　主　資　本
	1．資　本　金
	2．資本剰余金
	(1) 資本準備金

ピシッ!

⇔ 問題編 ⇔
問題76

剰余金を配当・処分したときの仕訳

第1期　ゴエモン㈱ 株主総会

これでいいですか？

株主配当金　500円

いいで〜す！

株主

株式会社では、利益は出資してくれた株主のものだから、その使い道については、株主の承認が必要とのこと。

そこで、ゴエモン㈱も株主総会を開き、利益の使い道について株主から承認を得ることにしました。

取引　×2年6月20日　ゴエモン㈱の第1期株主総会において、繰越利益剰余金1,000円を次のように配当・処分することが承認された。

株主配当金 500円　利益準備金50円　別途積立金 200円

剰余金の配当や処分は、経営者が勝手に決めることはできず、株主総会の承認が必要です。

剰余金の配当と処分

株式会社では、会社の利益（剰余金）は出資者である株主のものです。ですから、会社の利益は株主に配当として分配する必要があります。

しかし、すべての利益を配当として分配してしまうと、会社に利益が残らず、会社が成長することができません。そこで、剰余金のうち一部を社内に残しておくことができます。また、会社法の規定により、積立てが強制されるもの（利益準備金など）もあります。

剰余金の配当・処分をしたときの仕訳

株主総会で剰余金の配当や処分の額が決まったときには、剰余金の勘定からそれぞれの勘定科目に振り替えます。

CASE89では、繰越利益剰余金からの配当・処分が決まったので、繰越利益剰余金からそれぞれの勘定科目に振り替えます。

　ただし、株主配当金は、株主総会の場では金額が決定しただけで支払いは後日となるので、**未払配当金（負債）**で処理します。

CASE89の仕訳

（繰越利益剰余金）	750	（未払配当金）	500
		（利益準備金）	50
		（別途積立金）	200

貸方合計

任意積立金

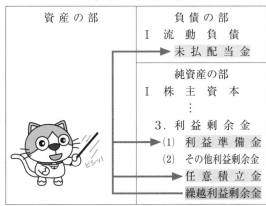

貸借対照表

資産の部	負債の部
	Ⅰ　流動負債
	未払配当金
	純資産の部
	Ⅰ　株主資本
	⋮
	3．利益剰余金
	(1) 利益準備金
	(2) その他利益剰余金
	任意積立金
	繰越利益剰余金

CASE **90**

剰余金の配当・処分

利益準備金の積立額の計算

利益準備金を
積み立ててね。

って・・・。
いくらを？

先の CASE89 で、「利益
準備金などは会社法に
よって積立てが強制されてい
る」と学習しましたが、「会社
法」ではいくらを積み立てる
ように規定されているので
しょう？

取引 ×3年6月21日　ゴエモン㈱の第2期株主総会において、繰越利
益剰余金2,000円を次のように配当・処分することが承認された。
株主配当金 1,000円　利益準備金 ？円　別途積立金 200円
なお、×3年3月31日（決算日）現在の資本金は4,000円、資本
準備金は250円、利益準備金は50円であり、株主総会の日までに
純資産の変動はない。

● 会社法で規定する利益準備金の積立額はいくら？

　会社の利益（剰余金）は株主のものですが、配当を多くしす
ぎると現金などが会社から多く出ていってしまい、会社の財務
基盤が弱くなってしまいます。

　そこで、「会社法」では「**資本準備金と利益準備金の合計額
が資本金の4分の1に達するまで、配当金の10分の1を準備
金（利益準備金、資本準備金）として積み立てなければならな
い**」という規定を設けて、利益準備金または資本準備金を強制
的に積み立てるようにしています。

　なお、この規定を簡単な式で表すと、次のようになります。

> 配当財源がその他
> 利益剰余金（繰越
> 利益剰余金）の場
> 合は利益準備金
> を、配当財源がそ
> の他資本剰余金の
> 場合は資本準備金
> を積み立てます。

準備金積立額		
①	$資本金 \times \dfrac{1}{4} - (資本準備金 + 利益準備金)$	いずれか小さい金額
②	$株主配当金 \times \dfrac{1}{10}$	

CASE90では、配当財源が繰越利益剰余金（その他利益剰余金）なので、利益準備金を積み立てます。

利益準備金積立額

$$① \underset{資本金}{4,000円} \times \dfrac{1}{4} - (\underset{資本準備金}{250円} + \underset{利益準備金}{50円}) = \boxed{700円}$$

$$② \underset{株主配当金}{1,000円} \times \dfrac{1}{10} = \boxed{100円} \quad \begin{array}{l} いずれか小さい金額 \\ \rightarrow 100円 \end{array}$$

CASE90の仕訳

（繰越利益剰余金）	1,300	（未 払 配 当 金）	1,000
		（利 益 準 備 金）	100
		（別 途 積 立 金）	200

貸方合計

その他資本剰余金からの配当の場合

CASE90では、繰越利益剰余金（その他利益剰余金）から配当していますが、**その他資本剰余金**を配当財源として配当することもできます。

その他資本剰余金を配当財源とする場合には、利益準備金の積立ての基準と同様の基準によって、**資本準備金**を積み立てなければなりません。

具体例を使って、その他利益剰余金とその他資本剰余金を配当財源とした場合の処理をみてみましょう。

> **例** 株主総会によって剰余金の配当2,000円（繰越利益剰余金からの配当1,200円、その他資本剰余金からの配当800円）が決議された。なお、株主総会直前の資本金は4,000円、資本準備金は250円、利益準備金は50円である。

(1) 株主配当金の処理

| （繰越利益剰余金） | 1,200 | （未 払 配 当 金） | 2,000 |
| （その他資本剰余金） | 800 | | |

(2) 利益準備金、資本準備金の積立限度額

$$① \underset{\text{資本金}}{4{,}000\text{円}} \times \frac{1}{4} - (\underset{\text{資本準備金}}{250\text{円}} + \underset{\text{利益準備金}}{50\text{円}}) = \boxed{700\text{円}}$$

$$② \underset{\text{株主配当金}}{(1{,}200\text{円} + 800\text{円})} \times \frac{1}{10} = \boxed{200\text{円}}$$

いずれか小さい金額
→200円

(3) 利益準備金、資本準備金の積立て

(2)の積立限度額（合計額）を、配当財源の割合によって利益準備金と資本準備金に配分します。

$$①利益準備金：200\text{円} \times \frac{1{,}200\text{円}}{2{,}000\text{円}} = 120\text{円}$$

$$②資本準備金：200\text{円} \times \frac{800\text{円}}{2{,}000\text{円}} = 80\text{円}$$

| （繰越利益剰余金） | 120 | （利 益 準 備 金） | 120 |
| （その他資本剰余金） | 80 | （資 本 準 備 金） | 80 |

⇔ 問題編 ⇔
問題77、78

株主資本の計数変動

貸　借　対　照　表

資産の部	負債の部
	純資産の部
	I　株　主　資　本
	1.　資　　本　　金
	2.　資　本　剰　余　金
	(1)資本準備金
	(2)その他資本剰余金
	3.　利　益　剰　余　金
	(1)利益準備金
	(2)その他利益剰余金

増資や配当以外にも株主資本の金額が増減する取引があります。ここではCASE90までに学習した株主資本の変動以外のものをみていきましょう。

取引　(1)　資本準備金200円を資本金に振り替えた。

　　　　(2)　繰越利益剰余金△100円をてん補するために資本金100円を取り崩した。

株主資本の計数変動

　資本準備金を資本金に振り替えるなど、株主資本内の金額の移動を**株主資本の計数変動**といいます。

　株主資本の計数変動には、次のものがあります。

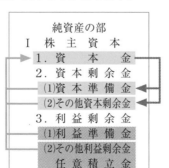

純資産の部
I　株　主　資　本
　1.　資　　本　　金
　2.　資　本　剰　余　金
　　(1)資本準備金
　　(2)その他資本剰余金
　3.　利　益　剰　余　金
　　(1)利益準備金
　　(2)その他利益剰余金
　　　任　意　積　立　金
　　　繰越利益剰余金

準備金（資本準備金、利益準備金）、剰余金（その他資本剰余金、その他利益剰余金）から資本金への振替え

資本金から資本準備金、その他資本剰余金への振替え

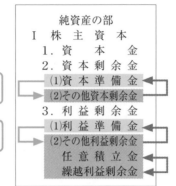

純資産の部
I 株主資本
　1. 資　本　金
　2. 資本剰余金
　　(1)資本準備金
　　(2)その他資本剰余金
　3. 利益剰余金
　　(1)利益準備金
　　(2)その他利益剰余金
　　任意積立金
　　繰越利益剰余金

資本準備金からその他資本剰余金への振替え

その他資本剰余金から資本準備金への振替え

利益準備金からその他利益剰余金への振替え

その他利益剰余金から利益準備金への振替え

剰余金の内訳科目間の振替え

欠損とは？

欠損とは、株主資本の金額が資本金と準備金（資本準備金＋利益準備金）の合計額を下回ることをいい、その他利益剰余金（繰越利益剰余金）がマイナスである状態をいいます。

欠損が生じている場合には、資本金や資本剰余金を取り崩して、欠損をてん補することができます。

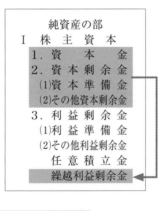

純資産の部
I 株主資本
　1. 資　本　金
　2. 資本剰余金
　　(1)資本準備金
　　(2)その他資本剰余金
　3. 利益剰余金
　　(1)利益準備金
　　(2)その他利益剰余金
　　任意積立金
　　繰越利益剰余金

欠損てん補の場合には、資本金や資本剰余金を取り崩すことができます。

CASE91の仕訳

(1)

（資 本 準 備 金）	200	（資 　本　 金）	200

⇔ 問題編 ⇔
問題79

(2)

（資 　本　 金）	100	（繰越利益剰余金）	100

自己株式を取得したときの仕訳

ゴエモン㈱は、市場に流通する自社発行の株式を取得しました。
この場合は、どのような処理をするのでしょうか？

取引 ゴエモン㈱は自己株式10株を1株@100円で取得し、手数料20円とともに小切手を振り出して支払った。

用語 **自己株式**…自社が発行した株式を取得したときの、その株式のこと

自己株式とは？

　会社は資金調達のため、株式を発行しますが、市場に多くの株式があると他社に買収される可能性があります。

　また、会社は取引の円滑化等の理由で取引先とお互いの株式を持ち合うこと（**株式持合い**といいます）がありますが、株式持合いが解消され、株式が売却されると株価が下がる恐れがあります。

　このように、買収を防衛したり、株価を安定させるためなどの目的で、会社は自社が発行した株式を買い入れることがあります。

　このとき買い入れた自社発行の株式を**自己株式**といいます。

自己株式を取得したときの仕訳

他社の株式を取得する際にかかった手数料は、有価証券の取得原価に含めましたよね。違いに注意！

　自己株式を取得したときは、**取得原価**で「**自己株式**」として処理します。また、自己株式を取得する際にかかった手数料は**支払手数料（営業外費用）**で処理します。

　以上より、CASE92の仕訳は次のようになります。

CASE92の仕訳	@100円×10株＝1,000円

（自 己 株 式）　1,000　　（当 座 預 金）　1,020
（支 払 手 数 料）　　20

自己株式の貸借対照表上の表示

　株式を発行したときは、株主資本が増加します。反対に、自己株式を取得したときは、株主資本の減少となるので、期末において自己株式を所有するときは、貸借対照表上、純資産の部の「株主資本」に**控除形式**で表示します。

貸 借 対 照 表

資 産 の 部	負 債 の 部
	純資産の部
	Ⅰ　株 主 資 本
	1．資 本 金
	2．資本剰余金
	3．利益剰余金
	4．自 己 株 式　△1,000

金額のアタマに△をつけて表示します。

ビシッ!

　なお、期末に保有する**自己株式**については、**決算において評価替えをしない**ことに注意しましょう。

自己株式を処分したときの仕訳

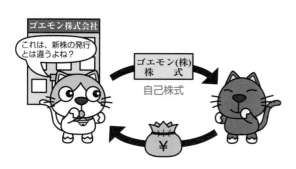

ゴエモン㈱は、所有する自己株式（1株あたりの帳簿価額は@100円）を@120円で売却しました。この場合は、どんな処理をするのでしょうか？

> **取引** ゴエモン㈱は所有する自己株式（取得原価@100円、10株）を、1株120円で募集株式の発行手続を準用して処分し、払込金を当座預金に預け入れた。

自己株式を処分したときの仕訳

会社は所有する自己株式を処分（売却）することができます。

自己株式を処分したときは、所有する自己株式の帳簿価額（取得原価）を減らします。

また、処分対価と自己株式の帳簿価額との差額（**自己株式処分差益**または**自己株式処分差損**）は、**その他資本剰余金**で処理します。

CASE93の仕訳

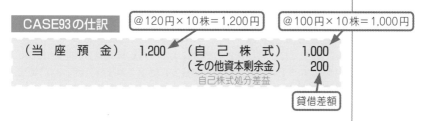

@120円×10株＝1,200円　　@100円×10株＝1,000円

（当 座 預 金）　1,200　（自 己 株 式）　1,000
　　　　　　　　　　　　　（その他資本剰余金）　 200
　　　　　　　　　　　　　　自己株式処分差益

貸借差額

自己株式の処分と新株の発行を同時に行う場合

　自己株式の処分と新株の発行が同時に行われることがあります。この場合、株主から払い込まれた金額を、次の式によって新株分と自己株式分に分けてから、新株発行の処理と自己株式の処分の処理をします。

$$新株分 = 払込金額 \times \frac{新株発行数}{交付株式数}$$ ・ $$自己株式分 = 払込金額 \times \frac{自己株式数}{交付株式数}$$

> **例1** 株式15株を交付した。そのうち5株は新株を発行し（払込金額の全額を資本金として処理する）、10株は自己株式（帳簿価額@100円）を交付した。なお、払込金額の総額1,800円は当座預金口座に預け入れた。

(1)　払込金額の分割

　　①新　株　分：$1,800円 \times \dfrac{5株}{15株} = 600円$

　　②自己株式分：$1,800円 \times \dfrac{10株}{15株} = 1,200円$

(2)　新株発行の処理

（当 座 預 金）	600	（資 本 金）	600

(3)　自己株式の処分の処理

@100円×10株＝1,000円

（当 座 預 金）	1,200	（自 己 株 式）	1,000
		（その他資本剰余金）	200

貸借差額

(4)　解答の仕訳（(2)＋(3)）

（当 座 預 金）	1,800	（資 本 金）	600
		（自 己 株 式）	1,000
		（その他資本剰余金）	200

　例1では、自己株式の処分によって自己株式処分差益が生じています（その他資本剰余金が貸方に計上されます）が、自己株式処分差損が生じる場合（その他資本剰余金が借方に計上される場合）は、自己株式処分差損を増加する資本金等の額から控除します。

例2 株式15株を交付した。そのうち5株は新株を発行し（払込金額の全額を資本金として処理する）、10株は自己株式（帳簿価額@100円）を交付した。なお、払込金額の総額1,470円は当座預金口座に預け入れた。

(1) 払込金額の分割

①新　株　分：$1,470円 \times \dfrac{5株}{15株} = 490円$

②自己株式分：$1,470円 \times \dfrac{10株}{15株} = 980円$

(2) 新株発行の処理

（当　座　預　金）　490　（資　本　金）　490

(3) 自己株式の処分の処理

> @100円 × 10株 ＝ 1,000円

（当　座　預　金）　980　（自　己　株　式）　1,000
（その他資本剰余金）　20
　　自己株式処分差損

(4) 解答の仕訳（(2)＋(3)）

> 490円 － 20円 ＝ 470円

（当　座　預　金）　1,470　（資　本　金）　470
　　　　　　　　　　　　　（自　己　株　式）　1,000

 参考 期末にその他資本剰余金がマイナスになる場合

　自己株式の処分対価（払込金額）によっては、期末において「その他資本剰余金」がマイナスになる場合があります。

　この場合は、マイナスのその他資本剰余金の分だけ繰越利益剰余金を取り崩し、その他資本剰余金をゼロにします。たとえば、期末においてその他資本剰余金が△100円（借方残）、繰越利益剰余金が300円の場合の仕訳は次のようになります。

（繰越利益剰余金）　100　（その他資本剰余金）　100

⇔ 問題編 ⇔
問題80、81

94

自己株式

自己株式を消却したときの仕訳

取締役会で、所有する
自己株式の消却が決定
し、今日、すべての消却手続
が完了しました。そこで、自
己株式の消却の処理をするこ
とにしました。

取引 本日、所有する自己株式（帳簿価額200円）の消却手続がすべて
完了した。なお、その他資本剰余金の残高は1,000円である。

● 自己株式を消却したときの仕訳

自己株式を消滅させることを**自己株式の消却**といいます。
自己株式を消却したときは、自己株式の帳簿価額を**その他資本剰余金から減額**します。

CASE94の仕訳

（その他資本剰余金）	200	（自 己 株 式）	200

なお、自己株式の消却は取締役会で決定し、すべての消却手続が完了したときに処理します。

⇔ 問題編 ⇔
問題82、83

328

分配可能額の計算

配当額に
規制があるのか…。

その他資本剰余金　その他利益剰余金

会社法

ゴエモン㈱では、×2
年度の株主総会で提案
する株主配当金を計算してい
ます。株主のためには、剰余
金のすべてを配当するのがよ
いのかと思って調べてみたと
ころ、どうやら配当できる金
額には規制があるようです。

例　次の資料にもとづき、ゴエモン㈱の×3年6月21日の株主総会に
おける分配可能額を計算しなさい。

[資　料]
1．×2年度の貸借対照表

貸 借 対 照 表

ゴエモン㈱　　　×3年3月31日　　（単位：万円）

資　　　産	11,040	負　　　　　債	2,500
		資　本　金	4,800
		資 本 準 備 金	600
		その他資本剰余金	1,290
		利 益 準 備 金	350
		任 意 積 立 金	800
		繰 越 利 益 剰 余 金	1,200
		自 己 株 式	△600
		その他有価証券評価差額金	100
	11,040		11,040

2．期中取引
　①×3年4月28日に自己株式200万円を210万円で処分し、代金は
　当座預金口座に預け入れた。
　②×3年5月1日に繰越利益剰余金40万円を利益準備金に振り替え
　た。

分配可能額の計算

会社法では、債権者を保護するため、配当できる金額に上限を設けています。この配当できる金額の上限を**分配可能額**といいます。

分配時の剰余金の計算

分配可能額を計算するには、まず分配時の剰余金を計算する必要があります。

なお、分配可能額を算定する際の剰余金とは、その他資本剰余金とその他利益剰余金（任意積立金、繰越利益剰余金）の合計額をいいます。

会社法の規定どおりのことばや計算式を用いると非常に難しいので、ここではわかりやすいことば、計算式で説明します。

前期末の剰余金は「資産＋自己株式－（負債＋資本金＋準備金＋株主資本以外の純資産項目）」によって計算した金額ですが、この金額は「その他資本剰余金＋その他利益剰余金」と一致します。

(1) 前期末の剰余金

CASE95の貸借対照表より、×2年度末における剰余金を計算すると次のようになります。

> **前期末の剰余金**
>
> 1,290万円 ＋ 800万円 ＋ 1,200万円 ＝ 3,290万円
> 　その他資本　　　任意積立金　　　繰越利益
> 　剰余金　　　　　　　　　　　　　剰余金

(2) 分配時の剰余金

前期末の剰余金に［資料］2の期中取引の金額を加減して、分配時の剰余金を計算してみましょう。

①

（当 座 預 金）	210	（自 己 株 式）	200
		（その他資本剰余金）	10

貸借差額

②

（繰越利益剰余金）	40	（利 益 準 備 金）	40

$$3,290万円 + \underset{\substack{①その他資本\\剰余金}}{10万円} - \underset{\substack{②繰越利益\\剰余金}}{40万円} = 3,260万円$$

分配可能額の計算

分配可能額は、分配時の剰余金から**ⓐ分配時の自己株式の帳簿価額**、**ⓑ前期末から分配時までの自己株式の処分対価**、**ⓒのれん等調整額（一部）**、**ⓓその他有価証券評価差額金（マイナスの場合）**を控除した金額となります。

```
　　　　　　┌→分配時の剰余金
┌─────────────────────────┐
│ⓐ分配時の自己株式の帳簿価額          │
├─────────────────────────┤
│ⓑ前期末から分配時までの自己株式の処分対価   │
├─────────────────────────┤
│ⓒ剰余金から控除するのれん等調整額       │
├─────────────────────────┤
│ⓓその他有価証券評価差額金（マイナスの場合）  │
├─────────────────────────┤
│                         │
│        分配可能額             │
│                         │
└─────────────────────────┘
```

なお、のれん等調整額とは、のれんの2分の1と繰延資産を合計した金額をいいます。

$$のれん等調整額 = のれん \times \frac{1}{2} + 繰延資産$$

> このうち、一定の金額を剰余金から控除します。控除する金額の求め方は「参考」で確認してください。

CASE95では、**ⓐ**分配時の自己株式の帳簿価額は400万円（600万円 − 200万円）、**ⓑ**前期末から分配時までの自己株式の処分対価は210万円、**ⓒ**のれん等調整額は0万円です。なお、前期末の貸借対照表に**ⓓ**その他有価証券評価差額金がありますが、金額がプラスなので控除しません。

以上より、CASE95の分配可能額は次のようになります。

CASE95　分配可能額

$$3,260万円 − 400万円 − 210万円 = 2,650万円$$

分配時の剰余金3,260万円

> ⓐ分配時の自己株式の帳簿価額
> 600万円 − 200万円 = 400万円
>
> ⓑ前期末から分配時までの自己株式の処分対価
> 210万円
>
> ⓒ剰余金から控除するのれん等調整額
> 0万円
>
> ⓓその他有価証券評価差額金（マイナスの場合）
> 0万円
>
> 分配可能額
> 2,650万円

純資産額300万円未満の分配規制

　会社の純資産（資産 − 負債）が**300万円未満の場合は、配当をすることができません**。また、純資産が300万円未満となってしまうような配当は行うことができません。

　　　　　　　　　　　　　　　のれん等調整額の分配規制

　のれんや繰延資産がある場合、のれん等調整額（のれん $\times \frac{1}{2}$ ＋繰延資産）のうち一部を分配時の剰余金から控除しますが、控除する金額はのれん等調整額の金額の大小によって異なります。

(1)　**のれん等調整額 ≦ 資本等金額の場合**
　「のれん等調整額」が前期末における**資本金、資本準備金、利益準備金の合計額**（「**資本等金額**」といいます）以下である場合は、剰余金から控除するのれん等調整額はゼロとなります。

まずは、のれん等調整額が小さい場合です。

この場合の資本金等は前期末の資本金等を用います。

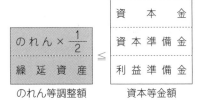

剰余金から控除する
のれん等調整額
0円

のれん×$\frac{1}{2}$
繰延資産
のれん等調整額

≦

資　本　金
資本準備金
利益準備金
資本等金額

(2)　**資本等金額＜のれん等調整額 ≦ 資本等金額＋その他資本剰余金の場合**

　「のれん等調整額」が前期末における「資本等金額」よりも大きく、「資本等金額＋その他資本剰余金」以下の場合、剰余金から控除するのれん等調整額は**資本等金額を超過する額**となります。

> 次は、のれん等調整額が中くらいの場合です。

剰余金から控除する
のれん等調整額

資　本　金
資本準備金
利益準備金
資本等金額

＜

のれん×$\frac{1}{2}$
繰延資産
のれん等調整額

≦

資　本　金
資本準備金
利益準備金
その他資本剰余金
資本等金額
＋
その他資本剰余金

(3)　**資本等金額＋その他資本剰余金 ＜ のれん等調整額の場合**

　「のれん等調整額」が前期末における「資本等金額＋その他資本剰余金」よりも大きい場合は、さらに「のれんの2分の1」と「資本等金額＋その他資本剰余金」を比べます。

> のれん等調整額が大きい場合は…

　①　**のれんの2分の1 ≦ 資本等金額＋その他資本剰余金の場合**

　「のれんの2分の1」が「資本等金額＋その他資本剰余金」以下の場合、剰余金から控除するのれん等調整額は「のれん等調整額」のうち、**資本等金額を超過する額**となります。

> のれん等調整額は大きいけど、のれんの金額はそれほど大きくない場合ですね。
> この場合は(2)と同じになります。

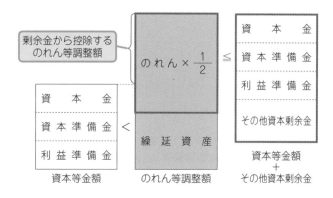

のれんの金額がとても大きい場合ですね。

② **資本等金額＋その他資本剰余金 ＜ のれんの２分の１の場合**

「のれんの２分の１」が「資本等金額＋その他資本剰余金」よりも大きい場合、剰余金から控除するのれん等調整額は、「**その他資本剰余金＋繰延資産**」となります。

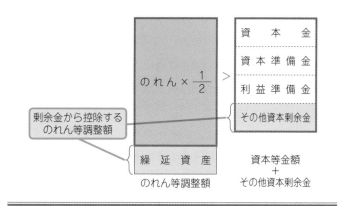

⇔ 問題編 ⇔
問題84〜86

株主資本等変動計算書

株主資本等変動計算書は、株主資本等（純資産）の変動を表す財務諸表で、貸借対照表の純資産の部について項目ごとに、当期首残高、当期変動額、当期末残高を記載します。

なお、株主資本の変動額は、変動原因ごとに記載します。

株主資本等変動計算書の形式（一部）を示すと次のとおりです。

株主資本以外の当期変動額は純額で記載します。

	株 主 資 本							
		資本剰余金			利益剰余金			
						その他利益剰余金		
	資本金	資本準備金	その他資本剰余金	資本剰余金合計	利益準備金	別途積立金	繰越利益剰余金	利益剰余金合計
当 期 首 残 高	25,000	2,500	1,000	3,500	2,500	1,000	5,000	8,500
当 期 変 動 額								
新 株 の 発 行	1,250	1,250	例1	1,250				
剰余金の配当等					例2 50		△550	△500
当 期 純 利 益							例3 1,250	1,250
自己株式の取得								
株主資本以外の項目の当期変動額（純額）								
当期変動額合計	1,250	1,250	0	1,250	50	0	700	750
当 期 末 残 高	26,250	3,750	1,000	4,750	2,550	1,000	5,700	9,250

株主資本の変動額は変動原因ごとに記載

下段へ続く

上段より続く

| | 株主資本 | | 評価・換算差額等 | | | 新株予約権 | 純資産合計 |
	自己株式	株主資本合計	その他有価証券評価差額金	繰延ヘッジ損益	評価・換算差額等合計		
当 期 首 残 高	△1,000	36,000	500	250	750	150	36,900
当 期 変 動 額							
新 株 の 発 行		2,500					2,500
剰余金の配当等		△500					△500
当 期 純 利 益		1,250					1,250
自己株式の取得	△90	△90					△90
株主資本以外の項目の当期変動額（純額）			300	150	450	250	700
当期変動額合計	△90	3,160	300	150	450	250	3,860
当 期 末 残 高	△1,090	39,160	800	400	1,200	400	40,760

株主資本以外の変動額は純額で記載

例1 新株の発行

（現 金 預 金）	2,500	（資　本　金）	1,250
		（資 本 準 備 金）	1,250

例2 剰余金の配当&利益準備金の積立て

（繰 越 利 益 剰 余 金）	550	（未 払 配 当 金）	500
		（利 益 準 備 金）	50

例3 当期純利益の計上

（損　　　　益）	1,250	（繰越利益剰余金）	1,250

純資産の部のまとめ

貸 借 対 照 表

資 産 の 部	負 債 の 部
	純資産の部
	Ⅰ 株 主 資 本
	1．資 本 金
	2．新株式申込証拠金
	3．資 本 剰 余 金
	(1) 資 本 準 備 金
	(2) その他資本剰余金
	4．利 益 剰 余 金
	(1) 利 益 準 備 金
	(2) その他利益剰余金
	任 意 積 立 金
	繰越利益剰余金
	5．自 己 株 式
	Ⅱ 評価・換算差額等
	1．その他有価証券評価差額金
	2．繰延ヘッジ損益
	Ⅲ 新 株 予 約 権

新株の発行のまとめ　≪一連の流れ≫

CASE87 申込証拠金の受取時

（別　段　預　金）	200	（新株式申込証拠金）	200

CASE88 払込期日

（新株式申込証拠金）	200	（資　　本　　金）	100
		（資 本 準 備 金）	100
（当 座 預 金）	200	（別　段　預　金）	200

株式を発行したときの処理

●原則…払込金額の全額を資本金で処理
●容認…払込金額のうち最低2分の1を資本金とし、
　　　　残額は資本準備金で処理

CASE89、90

剰余金の配当・処分のまとめ

(繰越利益剰余金)	750	(未 払 配 当 金)	500
		(利 益 準 備 金)	50
		(別 途 積 立 金)	200

●利益準備金（資本準備金）積立額

　繰越利益剰余金（その他利益剰余金）からの配当の場合は利益準備金を、その他資本剰余金からの配当の場合は資本準備金を積み立てる

① $資本金 \times \dfrac{1}{4} - (資本準備金 + 利益準備金)$

② $株主配当金 \times \dfrac{1}{10}$

いずれか
小さい金額

CASE91

株主資本の計数変動のまとめ

●準備金（資本準備金、利益準備金）、剰余金（その他資本剰余金、その他利益剰余金）から資本金への振替え
●資本金から資本準備金、その他資本剰余金への振替え
●資本準備金からその他資本剰余金、利益準備金からその他利益剰余金への振替え
●その他資本剰余金から資本準備金、その他利益剰余金から利益準備金への振替え
●剰余金の内訳科目間の振替え
●欠損てん補の場合は、資本金、資本準備金、その他資本剰余金を取り崩して繰越利益剰余金に振り替えることができる

自己株式のまとめ ≪一連の流れ≫

CASE92 取得時

- 取得原価で「自己株式」で処理
- 取得時に支払った手数料は支払手数料（営業外費用）で処理

（自 己 株 式）	1,000	（当 座 預 金）	1,020
（支 払 手 数 料）	20		

CASE93 処分時

- 処分対価と自己株式の帳簿価額との差額（自己株式処分差益または自己株式処分差損）はその他資本剰余金で処理

（当 座 預 金）	1,200	（自 己 株 式）	1,000
		（その他資本剰余金）	200

CASE94 消却時

- 自己株式の帳簿価額をその他資本剰余金から減額

（その他資本剰余金）	200	（自 己 株 式）	200

CASE95

分配可能額の計算のまとめ

- 分配時の剰余金（その他資本剰余金＋その他利益剰余金）から下記ⓐ～ⓓを控除した金額が分配可能額

→ 分配時の剰余金

ⓐ分配時の自己株式の帳簿価額
ⓑ前期末から分配時までの自己株式の処分対価
ⓒ剰余金から控除するのれん等調整額
ⓓその他有価証券評価差額金（マイナスの場合）

分配可能額

第16章

純資産（資本）②

株式をあらかじめ決められた価額で買う権利
（新株予約権）というものがあるらしい…。
この権利は社債にくっつけることもできるんだって！

ここでは、新株予約権と新株予約権付社債
について学習します。

新株予約権を発行したときの仕訳

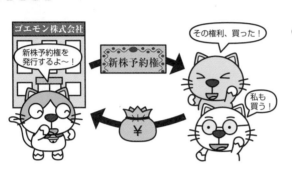

ゴエモン㈱は、一定の期間に一定の価額でゴエモン㈱の株式を買うことができる権利（新株予約権）を発行しました。
この場合、どんな処理をするのでしょう？

取引 ×1年4月1日、ゴエモン㈱は次の条件で新株予約権を発行した。なお、払込金額はただちに当座預金口座に預け入れた。

［条　件］
1．新株予約権の発行数：10個（新株予約権1個につき20株）
2．新株予約権の払込金額：1個につき500円
3．行使価額：1株につき150円
4．行使期間：×2年6月1日から×2年8月31日

用語 **新株予約権**…一定の期間にあらかじめ決められた価額で株式を買うことができる権利

● 新株予約権とは？

　新株予約権とは、一定の期間（CASE96では×2年6月1日から×2年8月31日）にあらかじめ決められた価額（CASE96では@150円）で株式を買うことができる権利をいいます。権利取得者がこの権利を行使したときは、発行会社（ゴエモン㈱）は株式を発行しなければなりません。

自己株式を渡すこともあります。

新株予約権の流れとメリット

CASE96では、新株予約権の払込金額（権利取得者がゴエモン㈱に払う金額）が新株予約権1個につき、@500円です。したがって、新株予約権を1個買った権利取得者は、500円をゴエモン㈱に支払うことになります。

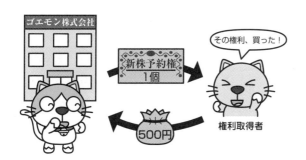

ここでは、新株予約権1個につき20株が付与されるという条件なので、この権利取得者が権利を行使したとき、20株（1個×20株）をゴエモン㈱から受け取ることができます。

また、権利取得者は権利行使にあたって、行使価額を支払わなければなりません。CASE96では行使価額が1株につき150円なので、この権利取得者が権利行使時に支払う金額は3,000円（@150円×20株）となります。

つまり、この権利取得者は3,500円（500円＋3,000円）でゴエモン㈱の株式20株を取得することになります。

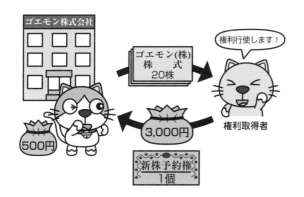

通常、株式は購入時の価格（時価）で売買されますが、新株予約権を行使すると、株式の時価にかかわらず一定金額で発行会社（ゴエモン㈱）の株式を取得できるのです。

したがって、発行会社（ゴエモン㈱）の株価が上昇した場合、権利取得者は権利を行使して時価よりも安い価額で株式を取得し、そして市場で売却すればもうけを得ることができるのです。

ストック・オプションの会計処理についてはCASE99の参考で確認してください。

また、この新株予約権を自社の従業員や役員に対して発行することもあります。これを**ストック・オプション**といいますが、ストック・オプションによると、会社がもうかれば株価（時価）も上昇し、そして高い株価のときに所有する株式（権利行使して取得した株式）を売却することによって従業員（役員）自身ももうかるので、従業員（役員）のモチベーションを高めることができます。

ここからは、新株予約権の発行者側（ゴエモン㈱）の処理を中心にみていきます。

● 新株予約権の発行時の処理

新株予約権を発行したときは、新株予約権の払込金額をもって**新株予約権**として処理します。

CASE96では新株予約権10個（払込金額は@500円）を発行しているので、次のような仕訳になります。

CASE96の仕訳

@500円×10個＝5,000円

（当 座 預 金） 5,000 （新 株 予 約 権） 5,000

　なお、新株予約権は貸借対照表上、**純資産の部に表示**します。

貸 借 対 照 表

資産の部	負債の部
	純資産の部
	Ⅰ　株　主　資　本
	Ⅱ　評価・換算差額等
	Ⅲ　新 株 予 約 権

権利行使されて、はじめて資本金等の増加となるので、まだ株主資本に含めることはできません。

参考　新株予約権の取得者側の処理（新株予約権の発行時）

　CASE96で新株予約権を取得した人は、あとで権利行使をすることによって、ゴエモン㈱の株式を取得することができます。
　したがって、新株予約権を取得した側は、その株式の所有目的に応じて、新株予約権の取得原価を**その他有価証券**または**売買目的有価証券**で処理します。
　仮に、CASE96で発行された新株予約権をすべて同一の者が取得したとするならば、取得者側の仕訳は次のようになります（売買目的以外の目的で所有すると仮定しています）。

CASE96　権利取得者側の処理

（その他有価証券） 5,000 （当座預金など） 5,000

CASE 97 新株予約権

新株予約権の権利行使があったときの仕訳①

今日（×2年6月10日）、×1年4月1日に発行した新株予約権のうち6個について権利行使があったので、新株を発行することにしました。

この場合、どんな処理をするのでしょう？

取引 ×2年6月10日 ×1年4月1日に次の条件で発行した新株予約権のうち、6個（対応する新株予約権の帳簿価額：3,000円）について権利行使を受けたため、新株を発行した。なお、払込金額はただちに当座預金口座に預け入れ、会社法規定の最低限度額を資本金とした。

［条　件］
1. 新株予約権の発行数：10個（新株予約権1個につき20株）
2. 新株予約権の払込金額：1個につき500円
3. 行使価額：1株につき150円
4. 行使期間：×2年6月1日から×2年8月31日

新株予約権の行使時の仕訳①（新株の発行）

> 権利行使分の新株予約権が減少します。

　新株予約権が行使されたときは、行使された新株予約権の払込金額（CASE96で払い込まれた金額）と権利行使にともなう払込金額（CASE97で払い込まれた金額）の合計額を発行した株式の払込金額とします。

　CASE97では、新株予約権6個について権利行使があったので、発行する株式は120株（6個×20株）です。そして、行使

価額が@150円なので、権利行使にともなう払込金額は18,000円（@150円×120株）となり、払込金額の合計は21,000円（3,000円+18,000円）となります。

またCASE97では、払込金額のうち「会社法規定の最低限度額」を資本金とするため、払込金額のうち半分を資本金、残りを資本準備金として処理します。

> 権利行使分の新株予約権の帳簿価額は@500円×6個＝3,000円ですね。

CASE97の仕訳

$$(3,000円 + 18,000円) \times \frac{1}{2} = 10,500円$$

| （新株予約権） | 3,000 | （資　本　金） | 10,500 |
| （当座預金） | 18,000 | （資本準備金） | 10,500 |

@150円×120株＊＝18,000円
＊6個×20株＝120株

参考 新株予約権の取得者側の処理（新株予約権の行使時）

新株予約権の取得者は、権利行使によって株式を取得することになります。したがって、権利行使した分の払込金額の合計額（新株予約権の払込金額＋権利行使時の払込金額）を**その他有価証券**または**売買目的有価証券**で処理します。

以上より、CASE97の取得者側の仕訳は次のようになります（売買目的以外の目的で所有すると仮定しています）。

CASE97 権利取得者側の処理

新株予約権の取得時に計上した金額

| （その他有価証券） | 21,000 | （その他有価証券） | 3,000 |
| | | （当座預金など） | 18,000 |

貸方合計

@150円×120株＝18,000円

なお、新株予約権を売買目的で所有する場合は、新株予約権の帳簿価額を時価に評価替えしてから権利行使の処理をします。

CASE 98 新株予約権

新株予約権の権利行使があったときの仕訳②

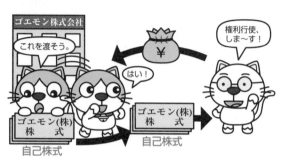

新株予約権が行使されたとき、新株を発行するのではなく、所有する自己株式を移転することもできます。

この場合の処理についてみてみましょう。

取引 ×2年6月10日 ×1年4月1日に次の条件で発行した新株予約権のうち、6個（対応する新株予約権の帳簿価額：3,000円）について権利行使を受けたため、自己株式（帳簿価額：@140円）を移転した。なお、払込金額はただちに当座預金口座に預け入れ、会社法規定の最低限度額を資本金とした。

[条 件]
1. 新株予約権の発行数：10個（新株予約権1個につき20株）
2. 新株予約権の払込金額：1個につき500円
3. 行使価額：1株につき150円
4. 行使期間：×2年6月1日から×2年8月31日

権利取得者側では、取得した株式が新株か自己株式かは関係ないので、権利取得者側の処理はCASE97（参考）の場合と同じになります。

● 新株予約権の行使時の仕訳② （自己株式の移転）

新株予約権が行使されたとき、新株を発行するのではなく、自己株式を移転（処分）することもあります。

この場合、払込金額の合計額（新株予約権の払込金額＋権利行使にともなう払込金額）と自己株式の帳簿価額との差額は、**その他資本剰余金**（**自己株式処分差益**または**自己株式処分差損**）で処理します。

@140円×120株＝16,800円

| （新 株 予 約 権） | 3,000 | （自 己 株 式） | 16,800 |
| （当 座 預 金） | 18,000 | （その他資本剰余金） | 4,200 |

自己株式処分差益

@150円×120株＊＝18,000円
＊6個×20株＝120株

貸借差額

CASE 99

新株予約権の権利行使期間が満了したときの仕訳

権利行使が、なかった分の処理は？

株行使分 4個

×2年 9/1

×1年4月1日に発行した新株予約権のうち4個については権利行使がないまま、権利行使期間が終了しました。
この場合、どんな処理をしたらよいのでしょう？

取引　×1年4月1日に次の条件で発行した新株予約権のうち、4個（対応する新株予約権の帳簿価額：2,000円）について権利行使がないまま、権利行使期間が満了した。

[条　件]
1．新株予約権の発行数：10個（新株予約権1個につき20株）
2．新株予約権の払込金額：1個につき500円
3．行使価額：1株につき150円
4．行使期間：×2年6月1日から×2年8月31日

権利行使期間が満了したときの仕訳

権利行使がない場合でも、新株予約権の発行時に受け取った払込金額は取得者に返しません。

　新株予約権の取得者から権利行使がないまま、権利行使期間が満了した場合には、権利行使がなかった新株予約権の帳簿価額を**新株予約権戻入益（特別利益）**に振り替えます。

CASE99の仕訳

（新株予約権）　2,000　（新株予約権戻入益）　2,000
　　　　　　　　　　　　　　　特別利益

参 考 新株予約権の取得者側の処理（権利行使期間満了時）

　新株予約権の取得者が権利行使をすることなく、権利行使期間が満了した場合、新株予約権の発行時（取得時）に支払った払込金額は戻ってきません。

　したがって、新株予約権の発行時（取得時）に計上した**その他有価証券**または**売買目的有価証券**を減らすとともに、相手科目（借方科目）は**新株予約権未行使損**で処理します。

　以上より、CASE99の取得者側の仕訳は次のようになります（売買目的以外の目的で所有していると仮定しています）。

> 新株予約権未行使損は、特別損失または営業外費用の科目です。

CASE101 権利取得者側の処理

> 新株予約権の取得時に計上した金額

| （新株予約権未行使損） | 2,000 | （その他有価証券） | 2,000 |

⊜ 問題編 ⊜
問題87、88

参 考 ストック・オプションの処理

(1)　ストック・オプションとは？

　ストック・オプションとは、会社が従業員等に対して報酬（労働の対価）として新株予約権を付与するものをいいます。

　ストック・オプションでは、まず会社が権利付与日に従業員等に権利を与えます。

　次に、権利確定日ですが、ストック・オプションでは「ある勤務条件を満たすこと」や「ある業績に達すること」などの条件が設けられていることが多く、この条件を満たしたときに権利が確定します。なお、権利付与日から権利確定日までを**対象勤務期間**といいます。

　そして権利確定日以降、ストック・オプションを与えられた従業員等は権利を行使することができます。

(2) ストック・オプションの会計処理
① 権利確定日以前の会計処理

　ストック・オプションは、従業員等の労働に対して支払われる報酬の意味があります。したがって、ストック・オプションの公正な評価額のうち、当期に発生した金額は**株式報酬費用**などの費用科目で処理するとともに、相手科目は**新株予約権**で処理します。

　なお、当期までに発生したストック・オプションの公正な評価額および当期の株式報酬費用は、対象勤務期間などを基にして次の式によって計算します。

ⓐ　$$\text{ストック・オプションの公正な評価額} = \text{ストック・オプションの公正な評価単価} \times \text{ストック・オプション数}$$

ⓑ　$$\text{当期までの株式報酬費用} = ⓐ \times \frac{\text{権利付与日から当期末までの期間}}{\text{対象勤務期間}}$$

ⓒ　$$\text{当期の株式報酬費用} = ⓑ - \text{前期までに計上した金額}$$

> **例1** 次の資料にもとづき、×2年3月31日（期末）の仕訳をしなさい。
>
> [資　料]
> (1) ×1年4月1日（期首）に課長以上の従業員に対して50個のストック・オプションを付与した。
> (2) 権利付与日における失効見積数は10個である。
> (3) 権利確定日は×3年3月31日、権利行使期間満了日は×5年3月31日である。
> (4) 権利付与日における公正な評価単価は@10円である。
> (5) 各年度の費用計上額は、対象勤務期間を基礎に月割計算によって計算する。

失効見積数とは、付与したストック・オプションのうち、従業員の退職等により権利確定日までに失効すると見積られる数をいいます。

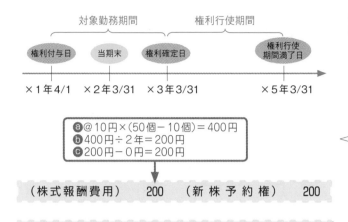

失効見積数はストック・オプション数から除外します。

@10円×(50個-10個)=400円
ⓑ400円÷2年=200円
ⓒ200円-0円=200円

|（株式報酬費用）|200|（新株予約権）|200|

例2 例1を前提として、×3年3月31日（権利確定日）の仕訳をしなさい。なお、×3年3月31日における実際の失効数は8個（権利確定数は42個）であった。

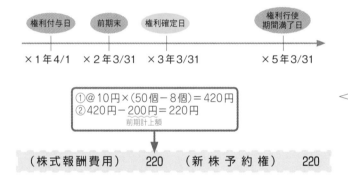

失効数が確定したので、失効確定数をストック・オプション数から除外します。

①@10円×(50個-8個)=420円
②420円-200円=220円
　　　　前期計上額

|（株式報酬費用）|220|（新株予約権）|220|

② 権利確定日後の会計処理

　権利確定日後、ストック・オプションの権利行使がなされたときの処理、または権利が行使されずに権利行使期間が満了したときの処理は、新株予約権の権利行使時の処理（CASE97）、または新株予約権の権利行使期間満了時の処理（CASE99）と同様です。

⇔ 問題編 ⇔
問題89

新株予約権付社債

新株予約権付社債とは

これと…

これをくっつける？

社　債

新株予約権

ゴエモン㈱では資金調達のため、社債を発行しようとしています。よりスムーズな資金調達ができるようにしたいと思い、調べてみたら、新株予約権を社債につけて発行するという手もあるようです。

新株予約権付社債とは？

新株予約権がついた社債を**新株予約権付社債**といいます。

新株予約権付社債は、はじめは社債として機能するので、新株予約権付社債の取得者は、発行会社（ゴエモン㈱）から利息を受け取ることができます。

さらに、一定期間（権利行使期間）中に新株予約権を行使して、株式を受け取ることができます。

また、取得者は新株予約権を行使しないで社債としてずっと持ちつづけることもできます。

このように新株予約権付社債は、社債と株式の両方の側面をもち、取得者の選択の幅が広がるので、会社にとって資金調達がしやすいというメリットがあります。

> 選択の幅が広いほうが、投資者（取得者）にとってより魅力的なので、会社にとっては資金調達がしやすくなるわけです。

新株予約権付社債の種類

新株予約権付社債には、(1)**転換社債型新株予約権付社債**と、(2)**転換社債型以外の新株予約権付社債（その他の新株予約権付社債）**があります。

(1) 転換社債型新株予約権付社債

新株予約権の行使時に、現金等による払込みに代えて、社債による払込み（**代用払込**）とすることがあらかじめ決められている新株予約権付社債を、**転換社債型新株予約権付社債**といいます。

(2) その他の新株予約権付社債

新株予約権付社債には、新株予約権の行使時に、社債による払込みとすることがあらかじめ決められていないものがあります。

このような新株予約権付社債（**その他の新株予約権付社債**）は、新株予約権の行使時に現金等による払込みか、社債による代用払込が行われます。

社債による代用払込があらかじめ決められているかどうかによって「転換社債型」か「その他」かに分かれます。

新株予約権付社債を発行したときの仕訳（区分法）

ゴエモン㈱は新株予約権付社債を発行しました。この新株予約権付社債は、新株予約権の権利行使時に現金等による払込みも、社債による代用払込もできるものです。
この場合の処理はどのようになるのでしょう？

取引 ×1年4月1日　ゴエモン㈱は次の条件により、新株予約権付社債（転換社債型以外）を発行した。なお、払込金額はただちに当座預金口座に預け入れた。

［条　件］
1. 社債額面金額：10,000円（100口）
2. 払込金額：社債の払込金額は額面100円につき90円
　　　　　　　　新株予約権の払込金額は1個につき10円
3. 付与割合：社債1口につき1個の新株予約権を発行
　　　　　　　　（新株予約権1個につき2株）
4. 行使価額：1株につき50円

新株予約権付社債の処理方法

新株予約権付社債の処理方法には、新株予約権と社債を分けて処理する方法（区分法）と新株予約権と社債を分けずに処理する方法（一括法）があります。

いずれも発行者側（ゴエモン㈱）の処理です。

転換社債型新株予約権付社債は**区分法**または**一括法**で処理しますが、その他の新株予約権付社債は**区分法**で処理します。

● 新株予約権付社債を発行したときの仕訳（区分法）

CASE101の新株予約権付社債は、その他の新株予約権付社債です。

その他の新株予約権付社債は区分法で処理するため、払込金額を社債分と新株予約権分に分けて処理します。

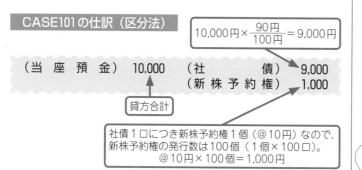

CASE101の仕訳（区分法）

$$10,000円 \times \frac{90円}{100円} = 9,000円$$

（当 座 預 金）10,000　（社　　　　債）9,000
　　　　　　　　　　　　　（新 株 予 約 権）1,000

貸方合計

社債1口につき新株予約権1個（@10円）なので、
新株予約権の発行数は100個（1個×100口）。
@10円×100個＝1,000円

なお、社債の利払日には利息の支払いの処理をします。また、社債を額面金額と異なる金額で発行した場合は、額面金額と払込金額との差額（金利調整差額）を決算日または利払日に調整します。

社債部分について通常の社債の処理をするということです。
ここでは社債の処理については省略します。

新株予約権付社債の権利行使が あったときの仕訳（区分法）

×1年4月1日に発行した新株予約権付社債（転換社債型以外）のうち、60％について権利行使があったので、新株を発行することにしました。
この場合の処理はどのようになるのでしょう？

取引 ×1年4月1日に次の条件で発行した新株予約権付社債のうち、60％について権利行使を受けたため、新株を発行した。なお、払込金額はただちに当座預金口座に預け入れ、その全額を資本金とした。また、権利行使時の新株予約権の帳簿価額は1,000円、社債の帳簿価額は9,400円とする。

［条　件］
1．社債額面金額：10,000円（100口）
2．払 込 金 額：社債の払込金額は額面100円につき90円
　　　　　　　　　新株予約権の払込金額は1個につき10円
3．付 与 割 合：社債1口につき1個の新株予約権を発行
　　　　　　　　　（新株予約権1個につき2株）
4．行 使 価 額：1株につき50円

● 権利行使があったときの仕訳（区分法）

　CASE102では、新株予約権付社債のうち60％について権利行使がされています。したがって、権利行使がされた分（60％分）の新株予約権を減らします。

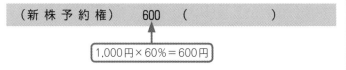

（新 株 予 約 権）　　　600　　（　　　　　　　　　　）

$$1,000円 × 60\% = 600円$$

またCASE102では、新株予約権1個につき2株が付与されているので、発行する株式数は120株（100個×60%×2株）となります。

そして、行使価額が@50円なので、権利行使にともなう払込金額は6,000円（@50円×120株）となります。この払込金額はただちに当座預金口座に預け入れているので、当座預金の増加として処理します。

> 社債による代用払込ではないので、社債は減少しません。

> 「払込金額は〜全額を資本金とした」より、全額（借方合計）を資本金として処理します。

CASE102の仕訳（区分法）

（新 株 予 約 権）　　　600　　（資　　本　　金）　6,600
（当 座 預 金）　6,000

$$@50円 × 120株^* = 6,000円$$
$$* 100個 × 60\% × 2株 = 120株$$

なお、権利行使時の払込みが社債によって行われた場合（社債による代用払込の場合）、株式を発行するかわりに社債（負債）がなくなったとして、社債の帳簿価額を減らします。

したがって、仮にCASE102が社債による代用払込であったとした場合、次のような仕訳になります。

> 通常の社債の償還と同様に考えるので、金利調整差額がある場合は、当期分の金利調整差額を償却したあとの社債の帳簿価額を減らします。

社債による代用払込の場合の仕訳

（新 株 予 約 権）　　　600　　（資　　本　　金）　6,240
（社　　　　　債）　5,640

> 借方合計

$$9,400円 × 60\% = 5,640円$$

CASE 103 新株予約権付社債

新株予約権付社債の権利行使期間が満了したときの仕訳（区分法）

権利行使期間が過ぎた場合の処理をみてみよう！

×1年4月1日に発行した新株予約権付社債（転換社債型以外）のうち10%について権利行使がないまま、権利行使期間が終了しました。
この場合、どんな処理をしたらよいのでしょう？

> **取引** ×1年4月1日に発行した新株予約権付社債のうち10%（対応する新株予約権の帳簿価額は100円）について権利行使がないまま、権利行使期間が満了した（社債の償還期限は到来していない）。

● 権利行使期間が満了したときの仕訳

新株予約権付社債の取得者から権利行使がないまま、権利行使期間が満了した場合には、権利行使がなかった新株予約権の帳簿価額を**新株予約権戻入益（特別利益）**に振り替えます。

CASE103の仕訳

（新株予約権）	100	（新株予約権戻入益）	100

なお、新株予約権の権利行使期間が満了しても、社債の償還日までは、社債は償還されないので、社債についてはなんの処理もしません。

一括法の処理

(1) 区分法と一括法

CASE102で学習したように、転換社債型以外の新株予約権付社債（その他の新株予約権付社債）は、新株予約権の行使時に必ずしも社債によって代用払込がされるわけではありません。

社債による代用払込の場合は、新株予約権の行使によって社債がなくなりますが、現金等による払込みの場合は、新株予約権の行使後も社債は存在します。

（新株予約権）	600	（資 本 金）	6,600
（当座預金）	6,000	社債は減少しません。	

> 現金等による
> 払込みの場合

（新株予約権）	600	（資 本 金）	6,240
（社 債）	5,640	社債が減少します。	

> 社債による
> 代用払込の場合

したがって、その他の新株予約権付社債の場合には、払込金額を社債部分と新株予約権部分に分けておく必要があるため、**区分法**によって処理します。

一方、転換社債型新株予約権付社債の場合は、新株予約権が行使されると、必ず社債によって代用払込がなされるので、その分の社債が減少します。

したがって、払込金額を社債分と新株予約権分に分ける必要性が乏しいので、転換社債型新株予約権付社債については一括法（払込金額を社債分と新株予約権分に分けない方法）によって処理することもできるのです。

(2) 一括法の処理

一括法による場合、転換社債型新株予約権付社債を発行したときに、払込金額を社債分と新株予約権分に分けず、すべて**社債（負債）**で処理します。

また、新株予約権の権利行使時には、権利行使があった分の社債の帳簿価額を減額します。

次の資料にもとづき、①新株予約権付社債の発行時、②新株予約権の権利行使時、③権利行使期間満了時の仕訳をしなさい（一括法で処理）。

［資　料］
1．×1年4月1日　ゴエモン㈱は次の条件により、転換社債型新株予約権付社債を発行した。なお、払込金額はただちに当座預金口座に預け入れた。

社債額面金額：10,000円（100口）
払　込　金　額：額面100円につき100円
付　与　割　合：社債1口につき1個の新株予約権を発行（新株予約権1個につき2株）

権利行使時の出資財産：新株予約権付社債
2．×2年4月1日　上記転換社債型新株予約権付社債のうち60％について権利行使を受けたため、新株を発行した。なお、払込金額の全額を資本金とした。
3．上記転換社債型新株予約権付社債のうち、40％について権利行使がないまま、権利行使期間が満了した。

① 発行時の処理

（当 座 預 金） 10,000 （社　　　　　債） 10,000

$$10,000円 \times \frac{100円}{100円} = 10,000円$$

② 権利行使時の処理

$$10,000円 \times 60\% = 6,000円$$

（社　　　　　債） 6,000 （資　本　金） 6,000

社債と新株予約権を分けていないので、権利行使期間が満了してもなんの処理もしません。

③ 権利行使期間満了時の処理

仕　訳　な　し

⊖ 問題編 ⊖
問題90〜92

新株予約権のまとめ ≪一連の流れ≫

CASE96 発行時

●新株予約権の払込金額を新株予約権（純資産）で処理
（当 座 預 金）　5,000　　（新 株 予 約 権）　5,000

CASE97,98 権利行使時

① 新株を発行した場合
　新株予約権の払込金額（帳簿価額）と権利行使時の払込金額の合計額を資本金等で処理
（新 株 予 約 権）　3,000　　（資 　 本 　 金）10,500
（当 座 預 金）18,000　　（資 本 準 備 金）10,500
② 自己株式を処分した場合
　自己株式の帳簿価額を減額し、払込金額の合計額との差額をその他資本剰余金で処理
（新 株 予 約 権）　3,000　　（自 　 己 　 株 　 式）16,800
（当 座 預 金）18,000　　（その他資本剰余金）　4,200

CASE99 権利行使期間 満了時

●権利行使期間満了時の新株予約権の帳簿価額を新株予約権戻入益（特別利益）に振り替える
（新 株 予 約 権）　2,000　　（新株予約権戻入益）　2,000

新株予約権付社債の処理方法（発行者側）

CASE101

①転換社債型 → 区分法または一括法
②そ　の　他 → 区分法

新株予約権付社債のまとめ ≪一連の流れ≫

CASE
101、103
発行時

① 区分法の場合

払込金額を社債分と新株予約権分に分ける

（当 座 預 金）10,000 （社 　 　 債） 9,000

（新 株 予 約 権） 1,000

② 一括法の場合

払込金額を社債分と新株予約権分に分けず、全額、社債
で処理

（当 座 預 金）10,000 （社 　 　 債）10,000

CASE
102、103
権利行使時

① 区分法の場合

ⓐ現金等による払込みの場合

（新 株 予 約 権） 　 600 （資 　 本 　 金） 6,600

（当 座 預 金） 6,000

ⓑ社債による代用払込の場合 → 社債の帳簿価額を減額

（新 株 予 約 権） 　 600 （資 　 本 　 金） 6,240

（社 　 　 債） 5,640

② 一括法の場合

（社 　 　 債） 6,000 （資 　 本 　 金） 6,000

CASE103
権利行使期間
満了時

① 区分法の場合

権利行使期間満了時の新株予約権の帳簿価額を新株予約
権戻入益（特別利益）に振り替える

（新 株 予 約 権） 　 100 （新株予約権戻入益） 　 100

② 一括法の場合 → 仕訳なし

問題編

マークの意味

基本 応用 …基本的な問題

基本 **応用** …応用的な問題

解答用紙あり …解答用紙がある問題

別冊の解答用紙をご利用ください。
※仕訳問題の解答用紙が必要な方は、
　仕訳シート（別冊の最終ページ）を
　ご利用ください。

第2章　現金預金

解答…P.60

問題 1　現金の範囲 解答用紙あり

次の資料にもとづき、貸借対照表（一部）を完成させるとともに、損益計算書に記載される雑損または雑益の金額を答えなさい（当期：×2年4月1日～×3年3月31日）。

[資料1] 決算整理前残高試算表（一部）

決算整理前残高試算表
×3年3月31日　（単位：円）

現 金 預 金	80,000	買 掛 金	51,000
受 取 手 形	71,460		
売 掛 金	47,540		

[資料2] 期末整理事項等

(1) 現金預金の内訳は次のとおりである。

現金出納帳上の残高　　　　　5,000円
当座預金出納帳上の残高　25,000円
定期預金残高　　　　　　　50,000円*

＊　定期預金のうち、20,000円は期間2年（×1年6月1日から×3年5月31日まで）のものであり、30,000円は期間3年（×2年8月1日から×5年7月31日まで）のものである。

(2) 現金の実際有高を調べたところ、次のとおりであった。

通貨手許残高　　　　　　　1,800円
他人振出小切手　　　　　　3,000円（うち先日付小切手1,000円）
配当金領収証　　　　　　　1,200円（未記帳）
期限到来後社債利札　　　　2,300円（未記帳）

(3) 受取手形と売掛金の期末残高に対し、2％の貸倒引当金を設定する。

次の資料にもとづき、貸借対照表（一部）を完成させなさい。

［資料１］決算整理前残高試算表（一部）

決算整理前残高試算表
×３年３月31日　　　（単位：円）

現　金　預　金	72,000	支　払　手　形	17,000
受　取　手　形	35,000	買　　掛　　金	24,000
売　　掛　　金	41,000	未　　払　　金	1,400

［資料２］期末整理事項等

　当座預金の帳簿残高と銀行残高証明書残高に差額が生じていたため、調査したところ、次の事実が判明した。

(1) 決算日に現金6,000円を預け入れたが、銀行の営業時間外であった。

(2) 仕入先に対して振り出した約束手形10,000円が期日に銀行から支払われていたが、連絡が未達であった。

(3) 仕入先に対して振り出していた小切手12,000円が未渡しであった。

(4) 他人振出小切手8,000円の取立てを銀行に依頼していたが、いまだ取り立てられていなかった。

(5) 広告費の支払いのために振り出していた小切手3,000円が未渡しであった。

第3章　金銭債権と貸倒引当金

問題 3　一般債権　　　　　　　　解答…P.62　基本　応用

次の資料にもとづき、×4年度末における一般債権の貸倒見積高を計算しなさい。

[資　料]

(1)　×4年度の決算整理前残高試算表の売掛金は60,000円で、すべて一般債権に分類される。

(2)　一般債権の平均回収期間は1年であり、×4年度の貸倒実績率は過去3期間の貸倒実績率の平均とする。

(3)　一般債権の過去3期間における一般債権残高と実際貸倒高は次のとおりである。

　　　×1年度の期末残高 40,000円（うち×2年度中の貸倒高は640円）
　　　×2年度の期末残高 48,000円（うち×3年度中の貸倒高は1,392円）
　　　×3年度の期末残高 56,000円（うち×4年度中の貸倒高は840円）

問題 4　貸倒引当金の過不足等　　　　解答…P.62　基本　応用

次の各取引について、仕訳しなさい。

(1)　前期末において、売掛金の残高10,000円に対して貸倒引当金200円を設定したが、当該売掛金のうち250円が当期に貸し倒れた。この差額は前期における見積誤り（誤謬）によって生じたものである。

(2)　当期末において、売掛金の残高20,000円に対して3％の貸倒引当金を設定する。なお、当期末における貸倒引当金の残高は700円であり、この残高は当期の状況の変化によって生じたもの（会計上の見積りの変更に該当するもの）である。

(3)　前期末において、売掛金の残高10,000円に対して貸倒引当金200円を設定したが、当該売掛金のうち250円が当期に貸し倒れた。この差額は当期の状況の変化によって生じたもの（会計上の見積りの変更に該当するもの）である。

(4)　前期末において、貸付金の残高5,000円に対して貸倒引当金100円を設定したが、当該貸付金のうち150円が当期に貸し倒れた。この差額は当期の状況の変化によって生じたもの（会計上の見積りの変更に該当するもの）である。

(5)　前期に貸倒処理した売掛金200円と貸付金150円を当期において現金で回収した。この回収額は当期の状況の変化によって生じたもの（会計上の見積りの変更に該当するもの）である。

次の資料にもとづき、A社に対する受取手形について、財務内容評価法による貸倒見積高を計算しなさい（当期：×2年4月1日〜×3年3月31日）。

［資　料］
(1)　A社に対する受取手形の期末残高は60,000円であり、この債権は貸倒懸念債権に分類される。
(2)　A社からは営業保証金20,000円を預かっており、今後のA社の支払能力を評価した結果、40％の貸倒引当金を設定する。

次の資料にもとづき、B社に対する貸付金について、キャッシュ・フロー見積法による貸倒見積高を計算しなさい（当期：×2年4月1日〜×3年3月31日）。
なお、計算過程で端数が生じる場合は、その都度円未満を四捨五入すること。

［資　料］
(1)　B社に対する貸付金の期末残高は50,000円（年利率4％、利払日3月末日、返済日×6年3月31日）であり、この債権は貸倒懸念債権に分類される。
(2)　当期末の利払後、B社より弁済条件の緩和の申し出があったので、これを承諾し、年利率を2％に引き下げた。

次の資料にもとづき、C社に対する貸付金について、当期末における仕訳を答えなさい。

［資　料］
(1)　C社に対する貸付金の期末残高は70,000円であり、この債権は破産更生債権等に分類される（この債権に対する貸倒引当金は0円である）。
(2)　C社に対する貸付金は土地（時価40,000円）を担保としている。

次の資料にもとづき、貸借対照表（一部）および損益計算書（一部）を完成させなさい。

［資料１］決算整理前残高試算表（一部）

決算整理前残高試算表
×３年３月31日 （単位：円）

受 取 手 形	25,500	貸 倒 引 当 金	0
売 掛 金	42,500		
短 期 貸 付 金	17,000		
長 期 貸 付 金	7,000		

［資料２］期末整理事項等

(1) 受取手形には貸倒懸念債権10,000円（当期に発生）が含まれている。そこで、債権額から担保の見積処分価額4,000円を差し引いた残額に対し、50%の貸倒引当金を設定する。

(2) 上記以外の債権はすべて一般債権に分類される。なお、一般債権に対し、２%の貸倒引当金を設定する。

7

第4章　手　形

問題 **9**　荷為替手形　　　　　　　　　　解答…P.66　基本　応用

次の一連の取引について、仕訳しなさい。
(1) 静岡商事㈱に商品6,000円を発送し、その際、銀行で4,000円の荷為替を取り組み、割引料100円を差し引かれた残額を当座預金に預け入れた。
(2) 静岡商事㈱は、取引銀行から(1)の荷為替4,000円について引受けを求められたので、これを引き受け、貨物代表証券を受け取った。なお、商品6,000円はまだ到着していない。
(3) 静岡商事㈱は、(2)で荷為替を引き受けた際に受け取っていた貨物代表証券6,000円と引換えに商品を引き取った。

問題 **10**　手形の裏書き　　　　　　　　　解答…P.66　基本　応用

次の各取引について、仕訳しなさい。
(1) 滋賀商会㈱は、三重物産㈱に対する買掛金につき、京都商事㈱振出の約束手形20,000円を裏書譲渡して支払った。なお、保証債務の時価は額面の2％である。
(2) 埼玉商会㈱は、群馬物産㈱に裏書譲渡した約束手形20,000円につき、支払人の栃木商事㈱が満期日に支払いを拒絶したため、群馬物産㈱より償還請求費用200円とともに償還請求されたため、延滞利息100円とともに小切手を振り出して支払った。なお、埼玉商会㈱は手形裏書時に保証債務400円を計上している。
(3) かねて裏書きしていた手形10,000円（保証債務の時価100円）が決済された。

問題 **11**　手形の割引き　　　　　　　　　解答…P.67　基本　応用

次の一連の取引について、仕訳しなさい。
(1) 奈良商事㈱は、得意先大阪商事㈱から受け取った同社振出の約束手形30,000円を銀行で割り引き、割引料200円を差し引かれた残額を当座預金に預け入れた。なお、保証債務の時価は額面の2％である。
(2) 上記(1)の手形が満期日に決済されたとの連絡を受けた。

　　　　　　解答…P.67　基本　応用

次の一連の取引について、(A)奈良商事㈱と(B)大阪商事㈱の仕訳をしなさい。

(1)　奈良商事㈱は、仕入先大阪商事㈱に対する買掛金30,000円の支払いに電子記録債務を用いることとし、取引銀行を通じて債務の発生記録を行った（債務者請求方式）。

(2)　奈良商事㈱は、(1)の電子記録債務30,000円について、取引銀行の当座預金口座から大阪商事㈱の取引銀行の当座預金口座に払込みを行った。

問題 13　電子記録債権（債務）②　　　　　　解答…P.67　基本　応用

次の各取引について仕訳しなさい。

(1)　兵庫商事㈱は、鳥取物産㈱に対する買掛金20,000円の決済のため、所有する電子記録債権20,000円を譲渡することとし、取引銀行を通じて譲渡記録を行った。

(2)　静岡商事㈱は、所有する電子記録債権50,000円を取引先に49,800円で売却し、売却代金は当座預金口座に入金された。

第5章 有価証券

問題 14 有価証券の購入と売却　　　解答…P.68 基本 応用

　次の一連の取引について仕訳しなさい。なお、売買目的有価証券は分記法で処理している。

(1) 売買目的で愛媛商事㈱の株式200株を1株あたり400円で購入し、代金は売買手数料400円とともに月末に支払うこととした。

(2) 売買目的で愛媛商事㈱の株式200株を1株あたり450円で追加購入し、代金は売買手数料400円とともに月末に支払うこととした。

(3) 愛媛商事㈱から配当金領収証600円を受け取った。

(4) 愛媛商事㈱の株式350株を1株あたり425円で売却し、売却代金から売買手数料400円を差し引いた残額は月末に受け取ることとした。なお、当社は株式について移動平均法により記帳しており、売却時にかかる売買手数料は有価証券売却損益に含めないで処理する。

問題 15 売買目的有価証券の評価 解答用紙あり 解答…P.68 基本 応用

　次の資料にもとづき、貸借対照表（一部）と損益計算書（一部）を完成させなさい（当期：×2年4月1日〜×3年3月31日）。なお、有価証券はすべて当期に取得したものである。なお、売買目的有価証券は分記法で処理している。

［資料1］決算整理前残高試算表（一部）

決算整理前残高試算表
×3年3月31日　　　（単位：円）

有 価 証 券	116,200	

［資料2］

銘　柄	分　　類	市場価格	取得原価	時　　価
A社株式	売買目的有価証券	有	70,000円	72,800円
B社株式	売買目的有価証券	有	46,200円	42,000円

次の一連の取引について、(A)切放法と(B)洗替法によって仕訳しなさい。なお、売買目的有価証券は分記法で処理している。

(1) 売買目的でA社株式400株を1株あたり100円で購入し、代金は売買手数料400円とともに月末に支払うこととした。

(2) 決算を迎えた。なお、A社株式の時価は1株あたり103円である。

(3) 期首につき、必要な仕訳を行う。

(4) A社株式のうち300株を1株あたり105円で売却し、売却代金から売買手数料400円を差し引いた残額を月末に受け取ることとした。なお、売買手数料は有価証券売却損益に含めて処理する。

問題 17 満期保有目的債券の評価 解答用紙あり 解答…P.70 基本 応用

次の資料にもとづき、貸借対照表（一部）と損益計算書（一部）を完成させなさい（当期：×2年4月1日〜×3年3月31日）。

［資料1］決算整理前残高試算表（一部）

決算整理前残高試算表
×3年3月31日 （単位：円）

満期保有目的債券	38,800	有価証券利息	800

［資料2］

銘　柄	分　　類	市場価格	取得原価	時　　価	備考
C社社債	満期保有目的債券	有	38,800円	39,000円	＊

＊ C社社債（満期日：×7年6月30日、年利率：4％、利払日：12月末と6月末）は、×2年7月1日に額面総額40,000円を額面100円につき97円で取得したものである。取得価額と額面金額との差額は金利の調整と認められるため、償却原価法（定額法）を適用する。なお、利息の計上は適正に行われている。

次の資料にもとづき、貸借対照表（一部）と損益計算書（一部）を完成させなさい（当期：×2年4月1日～×3年3月31日）。なお、有価証券はすべて当期に取得したものである。

[資料1] 決算整理前残高試算表（一部）

決算整理前残高試算表

×3年3月31日 （単位：円）

有 価 証 券	?	有価証券利息	4,000

[資料2]

銘　柄	分　類	市場価格	取得原価	時　価	備考
D社社債	満期保有目的債券	有	49,000円	49,200円	＊

＊　D社社債（満期日：×7年3月31日、クーポン利子率：年8％、利払日：9月末と3月末）は、×2年4月1日に額面総額50,000円を額面100円につき98円で取得したものである。取得価額と額面金額との差額は金利の調整と認められるため、償却原価法（利息法）を適用する。なお、クーポン利息の処理は正しく行われているが、償却額の計上が未処理である。償却額計算上の実効利子率は年8.5％とし、計算上、端数が生じた場合は円未満を四捨五入すること。

次の一連の取引について、(A)全部純資産直入法と(B)部分純資産直入法によって仕訳しなさい。なお、決算日は3月31日である。

(1) ×1年4月1日　A社株式（その他有価証券）40,000円を購入し、代金は小切手を振り出して支払った。

(2) ×1年7月1日　B社株式（その他有価証券）50,000円を購入し、代金は小切手を振り出して支払った。

(3) ×2年3月31日　決算日につき、その他有価証券の評価替えを行う。なお、A社株式の時価は42,000円、B社株式の時価は47,000円である。

(4) ×2年4月1日　期首につき、再振替仕訳を行う。

(5) ×3年3月31日　決算日につき、その他有価証券の評価替えを行う。なお、A社株式の時価は38,500円、B社株式の時価は51,000円である。

解答…P.73 **基本** 応用

問題 **20** その他有価証券の評価 解答用紙あり

次の資料にもとづき、貸借対照表（一部）と損益計算書（一部）を完成させなさい（当期：×2年4月1日～×3年3月31日）。なお、有価証券はすべて当期に取得したものである。

［資　料］

銘　柄	分　　類	市場価格	取得原価	時　　価	備考
E社株式	その他有価証券	有	67,200円	72,800円	＊
F社株式	その他有価証券	有	69,020円	65,450円	＊

＊　部分純資産直入法を採用している。

問題 **21** 強制評価減、実価法 解答用紙あり
解答…P.74 **基本** 応用

次の資料にもとづき、貸借対照表（一部）と損益計算書（一部）を完成させなさい（当期：×2年4月1日～×3年3月31日）。なお、有価証券はすべて当期に取得したものである。

［資　料］

銘　柄	分　　類	市場価格	取得原価	時　　価	備考
G社株式	子会社株式	有	75,600円	77,000円	
H社株式	子会社株式	有	81,000円	39,000円	＊1
I社株式	その他有価証券	無	46,850円	－	＊2

＊1　時価が著しく下落しており、回復の見込みは不明である。

＊2　当社は、I社株式の10％を保有している。I社の経営状況が著しく悪化したため、実価法を適用する。なお、I社の資産合計は982,000円、負債合計は758,600円である。

次の資料にもとづき、貸借対照表（一部）と損益計算書（一部）を完成させなさい（当期：×2年4月1日〜×3年3月31日）。

[資料1]

決算整理前残高試算表
×3年3月31日 （単位：円）

有 価 証 券	?	有価証券利息	400
		その他有価証券評価差額金	800

[資料2]

銘　柄	分　　類	市場価格	取得原価	帳簿価額	時　価	備考
A社株式	売買目的有価証券	有	80,000円	84,800円	83,200円	＊1
B社株式	売買目的有価証券	有	52,800円	51,600円	48,000円	＊1
C社株式	その他有価証券	有	76,800円	79,200円	84,000円	＊2
D社株式	その他有価証券	有	79,200円	77,600円	74,800円	＊2
E社株式	子会社株式	有	86,400円	86,400円	88,000円	
F社株式	子会社株式	有	92,800円	92,800円	45,600円	＊3
G社株式	その他有価証券	無	96,000円	96,000円	－	＊4
H社社債	満期保有目的債券	有	38,400円	38,400円	38,700円	＊5

＊1　評価差額の処理は切放法によっている。

＊2　全部純資産直入法によっている。なお、当期首において評価差額金について振戻処理をしていない。

＊3　時価が著しく下落しており、回復の見込みは不明である。

＊4　当社はG社株式の10%を保有している。G社株式の経営状況は著しく悪化しており、その純資産額は464,000円である。

＊5　H社社債は、×2年4月1日に額面総額40,000円を額面100円につき96円で取得したもの（満期日：×5年3月31日、クーポン利子率：年1%、利払日：9月末と3月末）である。取得価額と額面金額との差額は金利の調整と認められるため、償却原価法（利息法）を適用する。なお、クーポン利息の処理は正しく行われているが、償却額の計上が未処理である。償却額計算上の実効利子率は年2.4%とし、計算上、端数が生じた場合は円未満を四捨五入すること。

　次の各取引について、仕訳しなさい。なお、売買目的有価証券は分記法で処理している。

(1) 保有する売買目的有価証券7,000円（帳簿価額）について、保有目的をその他有価証券に変更した。なお、振替時の時価は6,000円である。

(2) 保有する満期保有目的債券8,000円（償却原価）について、保有目的をその他有価証券に変更した。なお、振替時の時価は7,500円である。

(3) 保有する子会社株式9,000円（帳簿価額）について、保有目的を売買目的有価証券に変更した。なお、振替時の時価は9,500円である。

(4) 保有するその他有価証券6,000円（帳簿価額。全部純資産直入法を採用している）について、保有目的を売買目的有価証券に変更した。なお、前期末の時価は6,200円、振替時の時価は6,400円である。

(5) 保有するその他有価証券4,500円（帳簿価額。部分純資産直入法を採用している）について、保有目的を子会社株式に変更した。なお、前期末の時価は4,550円、振替時の時価は4,600円である。

(6) 保有するその他有価証券6,600円（帳簿価額。部分純資産直入法を採用している）について、保有目的を子会社株式に変更した。なお、前期末の時価は6,400円、振替時の時価は6,500円である。

第6章　有形固定資産

解答…P.78 基本 応用

問題 24　2級の復習

次の一連の取引について仕訳しなさい。

⑴　×1年6月1日　備品5,000円を500円の割戻しを受けて取得した。なお、代金は小切手を振り出して支払い、引取りにかかった運賃300円は現金で支払った。

⑵　×1年8月1日　建設中の建物が完成し、引渡しを受けた。なお、この建物について建設仮勘定8,000円が計上されており、契約価額との差額10,000円を小切手を振り出して支払った。

⑶　×2年3月31日　決算につき、減価償却を行う。なお、決算整理前残高試算表と減価償却方法は次のとおりであり、当期に取得した固定資産の減価償却費は月割りで計算する（⑴と⑵の取引は適正に処理している）。

決算整理前残高試算表

×2年3月31日　　（単位：円）

| 建 | 物 | 45,000 | 建物減価償却累計額 | 7,500 |
| 備 | 品 | 14,600 | 備品減価償却累計額 | 3,000 |

建物：定額法（残存価額は0円、耐用年数は30年）
備品：定率法（償却率0.25）

問題 25　有形固定資産の取得原価

解答…P.79 基本 応用

次の各取引について仕訳しなさい。

⑴　土地および建物を一括して20,000円で購入し、代金は小切手を振り出して支払った。なお、土地の時価は18,000円、建物の時価は6,000円である。

⑵　現物出資として土地（時価10,000円）の提供を受け、株式500株を@20円で発行した。なお、払込金額の全額を資本金として処理する。

⑶　自己所有の土地（簿価4,500円、時価4,000円）とA社所有の土地（簿価3,000円、時価4,000円）を交換した。

⑷　自己所有の土地（簿価5,000円、時価6,500円）とA社所有の土地（簿価5,500円、時価6,800円）を交換し、交換差金300円を現金で支払った。

⑸　自己所有の株式100株（簿価@120円、時価@150円、その他有価証券）とE社所有の土地（簿価14,000円）を交換した。

⑹　土地（時価20,000円）の贈与を受けた。

次の各取引について、仕訳しなさい。なお、円未満に端数が生じるときは円未満を四捨五入すること。

(1)　当期首において、備品12,000円（現金正価は11,700円）を割賦契約により購入した。なお、代金は毎月末に期限の到来する額面4,000円の約束手形3枚を振り出して支払った。利息相当額については前払利息で処理する。

(2)　(1)で割賦購入した備品について、第1回目の支払日が到来したので、手形代金4,000円を当座預金口座から支払った。なお、手形代金の支払時に前払利息から支払利息に振り替えるものとし、利息の計算方法は定額法による。

(3)　当期首において、備品80,000円（現金正価は76,160円）を割賦契約により購入した。なお、代金は毎月末に期限の到来する額面20,000円の約束手形4枚を振り出して支払った。利息相当額については前払利息で処理する。

(4)　(3)で割賦購入した備品について、第1回目の支払日が到来したので、手形代金20,000円を当座預金口座から支払った。なお、利息の計算方法は利息法（利率は月2％）による。

(5)　(3)で割賦購入した備品について、第2回目の支払日が到来したので、手形代金20,000円を当座預金口座から支払った。なお、利息の計算方法は利息法（利率は月2％）による。

次の各問に答えなさい。

問1　取得原価500,000円、耐用年数8年、残存価額0円の備品（1年目の期首に取得）を定額法によって減価償却した場合の、1年目と2年目の減価償却費を計算しなさい。

問2　問1の備品を定率法（償却率0.25）によって減価償却した場合の、1年目と2年目の減価償却費を計算しなさい。

問3　取得原価300,000円、耐用年数5年、残存価額10％、見積総走行距離20,000kmの車両（1年目の期首に取得）を生産高比例法によって減価償却した場合の、1年目と2年目の減価償却費を計算しなさい。なお、1年目の走行距離は6,000km、2年目の走行距離は5,500kmである。

問4　問3の車両を級数法によって減価償却した場合の、1年目と2年目の減価償却費を計算しなさい。

解答…P.81 基本 応用

次の資料にもとづき、減価償却費を計算しなさい。

［資　料］

　当期首に取得した備品（取得原価500,000円）について、200％定率法によって減価償却を行う。なお、耐用年数は5年、保証率は0.10800である。

解答…P.82 基本 応用

次の資料にもとづき、以下の各問に答えなさい。

［資　料］

　当社が保有する機械は次のとおりである。なお、残存価額はすべて取得原価の10％であり、定額法により減価償却を行う（記帳方法は間接法）。

	取得原価	耐用年数
A機械	400,000円	3年
B機械	800,000円	6年
C機械	1,600,000円	8年

問1　総合償却を行う場合の平均耐用年数を計算しなさい。
問2　総合償却を行う場合の、1年分の減価償却費を計算しなさい。
問3　総合償却を行っている場合において、A機械を2年目末に除却したときの仕訳をしなさい。なお、残存価額を貯蔵品として処理する。

次の資料にもとづき、決算整理後残高試算表（一部）を作成しなさい（当期：×7
年4月1日～×8年3月31日）。

［資料1］決算整理前残高試算表

決算整理前残高試算表
×8年3月31日 （単位：千円）

建	物	106,600	
車	両	28,800	

［資料2］決算整理事項等

当社は減価償却について前期まで直接法によって記帳してきたが、当期から間接
法に改めることにした。なお、前期までに償却過不足は生じていない。

(1) 建物は×1年4月1日に取得したもので、定額法（耐用年数30年、残存価額
は取得原価の10％）により減価償却している。

(2) 車両は×5年4月1日に取得したもので、定率法（償却率0.25）により減価償
却している。

次の資料にもとづき、損益計算書（一部）と貸借対照表（一部）を完成させなさい
（当期：×7年4月1日～×8年3月31日）。

［資料1］

決算整理前残高試算表
×8年3月31日 （単位：円）

備	品	432,000	備品減価償却累計額	162,000

［資料2］

備品は当期首から3年前に取得したものであり、残存価額0円、耐用年数8年の
定額法により減価償却を行ってきたが、機能的に著しく減価したため、当期首から
の残存耐用年数を3年に変更することとした。

次の各取引について仕訳しなさい。

(1) 香川商事㈱（年1回　3月末決算）は、×3年5月31日に備品（取得原価 400,000円、購入日×1年4月1日）を300,000円で売却し、代金のうち半分は現金 で受け取り、残りは翌月末日に受け取ることとした。なお、当該備品は定額法（残 存価額は取得原価の10％、耐用年数8年）により減価償却しており、間接法で記 帳している。当期分の減価償却費の計上もあわせて行うこと。

(2) ×4年の期首（4月1日）に200,000円で購入したコンピュータを当期末（×8 年3月31日）に除却し、処分するまで倉庫に保管することとした。なお、このコン ピュータの処分価値は30,000円と見積られた。当該資産は定額法（残存価額は取 得原価の10％、耐用年数5年）により償却され、間接法で記帳している。当期分 の減価償却費の計上もあわせて行うこと。

(3) ×5年6月30日、旧車両（取得原価600,000円、期首の減価償却累計額292,800 円、間接法で記帳）を下取りに出し、新車両800,000円を購入した。下取価格は 240,000円、時価は239,500円であり、下取価格と新車両の代金との差額は現金で支 払った（下取価格と時価の差額は新車両の値引として処理する）。なお、車両は定 率法（償却率年20％）で償却している。当期分の減価償却費の計上もあわせて行 うこと（決算日は年1回、3月31日である）。

有形固定資産の除却・廃棄 解答用紙あり 解答…P.86 基本 応用

次の資料にもとづき、損益計算書（一部）と貸借対照表（一部）を完成させなさい（当期：×7年4月1日～×8年3月31日）。

[資料1]

決算整理前残高試算表
×8年3月31日　　（単位：円）

備　　　　　品	810,000	備品減価償却累計額	81,000
備 品 除 却 損	75,000	貯 蔵 品 売 却 益	15,000

[資料2]

(1) ×7年10月31日に備品（取得原価675,000円、期首減価償却累計額540,000円）を除却した際に次の仕訳を行っている（見積売却価額60,000円）。なお、除却した備品はその後、75,000円で売却している。

（備品減価償却累計額）　　540,000　　（備　　　　　品）　　675,000
（貯　　蔵　　品）　　　　 60,000
（備 品 除 却 損）　　　　 75,000

(2) 備品は定額法（耐用年数10年、残存価額0円）により減価償却を行う。

有形固定資産の滅失 解答…P.87 基本 応用

次の各取引について仕訳しなさい（当期：×7年4月1日～×8年3月31日）。

(1) ×7年4月1日　火災により、建物（取得原価300,000円、期首減価償却累計額162,000円、直接法で記帳）が焼失した。なお、この建物には火災保険200,000円が付してあるため、保険会社に連絡をした。

(2) 保険会社より、上記(1)の火災について保険金100,000円を支払う旨の連絡を受けた。

(3) ×7年6月30日　火災により、建物（取得原価400,000円、期首減価償却累計額252,000円）が焼失した。なお、この建物には火災保険200,000円が付してあるため、保険会社に連絡をした。この建物は耐用年数20年、残存価額は取得原価の10％の定額法によって減価償却（間接法で記帳）しており、当期分の減価償却費は月割りで計上する。

(4) 保険会社より、上記(3)の火災について、保険金200,000円を支払う旨の連絡を受けた。

有形固定資産の減失 解答用紙あり 解答…P.88 基本 応用

次の資料にもとづき、損益計算書（一部）と貸借対照表（一部）を完成させなさい（当期：×7年4月1日～×8年3月31日）。

［資料１］決算整理前残高試算表

決算整理前残高試算表
×8年3月31日　　　（単位：円）

| 建　　　物 | 600,000 | 建物減価償却累計額 | 432,000 |
| | | 仮　受　金 | 120,000 |

［資料２］決算整理事項
(1) 建物600,000円のうち、取得原価240,000円の建物（期首減価償却累計額144,000円）が×7年10月15日に火災により焼失した。この建物には保険が付してあるため、ただちに保険会社に請求を行った結果、後日、保険金120,000円を受け取った。なお、この取引について当社は、保険金受取額を仮受金として処理しているだけである。
(2) 建物は定額法（耐用年数30年、残存価額は取得原価の10%）により減価償却している。

問題 36　国庫補助金 解答…P.89 基本 応用

次の一連の取引の仕訳をしなさい。
(1) ×1年4月1日　国庫補助金1,500,000円を現金で受け取った。
(2) ×1年7月1日　上記国庫補助金に自己資金を加えて備品4,000,000円を取得し、代金は小切手を振り出して支払った。なお、国庫補助金相当額は、直接減額方式による圧縮記帳を行う。
(3) ×2年3月31日　決算につき、上記備品（7月1日より使用）について、定額法（耐用年数5年、残存価額は取得原価の10%）により減価償却を行う（記帳方法は間接法）。

問題 37　国庫補助金 解答用紙あり 解答…P.89 基本 応用

次の資料にもとづき、損益計算書（一部）と貸借対照表（一部）を完成させなさい（当期：×7年4月1日～×8年3月31日）。

［資料１］決算整理前残高試算表

決算整理前残高試算表

×８年３月31日　　　　（単位：円）

建 物	720,000	建物減価償却累計額	243,000
		国庫補助金収入	60,000

［資料２］決算整理事項

(1) 建物のうち180,000円は、×７年９月１日に国庫補助金受入額に自己資金を加えて取得したものである。この建物は同日から事業の用に供しており、国庫補助金相当額は直接減額方式による圧縮記帳を行う。

(2) 建物について、すべて定額法（耐用年数20年、残存価額は取得原価の10％）により減価償却を行う。

問題 38 　資本的支出と収益的支出 解答用紙あり 解答…P.90 基本 応用

次の資料にもとづき、決算整理後残高試算表（一部）を完成させなさい（当期：×７年４月１日～×８年３月31日）。なお、計算の途中で端数が生じた場合は、円未満を四捨五入すること。

［資料１］期首試算表

期首試算表

×７年４月１日　　　　（単位：円）

建 物	2,190,000	建物減価償却累計額	722,700

［資料２］期中取引

建物はすべて同一の日に取得したもので、耐用年数30年、残存価額は取得原価の10％として、定額法により前期まで減価償却を行ってきた。当期首に改修工事を行った結果、耐用年数が５年延長したが、その際支出した144,000円（現金支出）を、支出後の耐用年数で按分し、そのうち耐用年数の延長分に対応する金額を資本的支出として処理する。

［資料３］決算整理事項

上記をふまえ、建物について定額法により減価償却を行う。なお、資本的支出についても残存価額は取得原価の10％として計算する。

第7章　資産除去債務

問題 **39**　資産除去債務　　　　　　　　　　解答…P.91　基本 応用

　次の資料にもとづき、下記の各問に答えなさい。なお、会計期間は4月1日から3月31日までである。

〔資　料〕
(1)　×1年4月1日に機械Aを取得し、同日より使用を開始した。機械Aの取得原価は40,000円、耐用年数は5年であり、当社には機械Aを使用後に除去する法的義務がある。機械Aの除去時の支出は2,000円と見積られている。
(2)　×6年3月31日に機械Aを除去した。機械Aの除去にかかる支出は2,100円であった。
(3)　当社は機械Aについて定額法（残存価額0円、耐用年数5年）で減価償却を行う（記帳方法は間接法）。なお、割引率は3％で計算し、計算上、円未満の端数が生じたときは四捨五入すること。

問1　×1年4月1日に計上される資産除去債務の金額を計算しなさい。
問2　×2年3月31日に計上される減価償却費と利息費用（時の経過による資産除去債務の増加額）および×2年3月31日における資産除去債務の金額を計算しなさい。
問3　×6年3月31日に計上される利息費用（時の経過による資産除去債務の増加額）および履行差額を計算しなさい。

次の資料にもとづき、下記の各問に答えなさい。なお、会計期間は4月1日から3月31日までであり、計算上、円未満の端数が生じたときは四捨五入すること。

［資　料］

(1)　×1年4月1日に機械を取得し、同日より使用を開始した。機械の取得原価は1,800,000円、耐用年数は5年であり、当社には機械の使用後に除去する法的義務がある。機械の除去時の支出は61,000円と見積られている。

(2)　当社は機械について定額法（残存価額0円、耐用年数5年）で減価償却を行う（記帳方法は間接法）。

(3)　×1年4月1日の割引率は5％であり、×2年3月31日の割引率は4％であった。

問1　×2年3月31日に除去時の支出見積額が63,600円に増加した場合の×2年3月31日における資産除去債務の金額を計算しなさい。

問2　×2年3月31日に除去時の支出見積額が57,600円に減少した場合の×2年3月31日における資産除去債務の金額を計算しなさい。

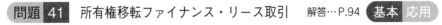

第8章 リース取引

問題 41 所有権移転ファイナンス・リース取引　　解答…P.94 **基本** **応用**

　当社（借手）は次の条件により、×1年4月1日にB社（貸手）と備品のリース契約を結んだ（当社の会計期間：×1年4月1日～×2年3月31日）。

　当社（借手）における(A)取引開始時（×1年4月1日）、(B)リース料支払時（×2年3月31日）、(C)決算時（×2年3月31日）の仕訳を示しなさい。

　なお、勘定科目は次の中からもっとも適当なものを選ぶこととし、計算上端数が生じる場合は、円未満を四捨五入すること。

現 金	リ ー ス 資 産	リ ー ス 債 務	支 払 リ ー ス 料
支 払 利 息	減 価 償 却 費	減価償却累計額	

［契約条件］
(1) 解約不能のリース期間：5年
(2) リース料：年額31,500円、総額157,500円、毎年3月31日に後払い（現金払い）
(3) この取引はファイナンス・リース取引である。
(4) リース期間終了後、所有権が当社（借手）に無償で移転する。
(5) B社（貸手）のリース資産の購入価額は140,000円である。
(6) 貸手の計算利子率は年4.058％である。
(7) 当該リース資産の経済的耐用年数は6年であり、当社は備品について定額法（残存価額は取得原価の10％）により減価償却している。

解答…P.95 **基本** 応用

問題 **42** 所有権移転ファイナンス・リース取引

　当社（借手）は次の条件により、×1年4月1日にB社（貸手）と備品のリース契約を結んだ（当社の会計期間：×1年4月1日～×2年3月31日）。

　当社（借手）における(A)取引開始時（×1年4月1日）、(B)リース料支払時（×2年3月31日）、(C)決算時（×2年3月31日）の仕訳を示しなさい。なお、計算上端数が生じる場合は、その都度円未満を四捨五入し、リース料総額の割引現在価値（**最終数値**）については、**千円未満を切り捨てる**こと。

　また、勘定科目は次の中からもっとも適当なものを選ぶこと。

現　　　　金　リース資産　リース債務　支払リース料
支　払　利　息　減価償却費　減価償却累計額

[契約条件]
(1)　解約不能のリース期間：5年
(2)　リース料：年額48,000円、総額240,000円、毎年3月31日に後払い（現金払い）
(3)　この取引はファイナンス・リース取引である。
(4)　リース期間終了後、所有権が当社（借手）に無償で移転する。
(5)　B社（貸手）のリース資産の購入価額は不明であるが、見積現金購入価額は210,000円である。
(6)　借手の追加借入利子率は年6.4％である。
(7)　当該リース資産の経済的耐用年数は6年であり、当社は備品について定額法（残存価額は取得原価の10％）により減価償却している。

問題 **43** 所有権移転外ファイナンス・リース取引 解答…P.96 **基本** 応用

　当社（借手）は次の条件により、×1年4月1日にB社（貸手）と備品のリース契約を結んだ。当社（借手）における(A)取引開始時（×1年4月1日）、(B)第1回リース料支払時（×2年3月31日）、(C)決算時（×2年3月31日）、(D)第2回リース料支払時（×3年3月31日）の仕訳を示しなさい。

　なお、計算上端数が生じる場合は、その都度円未満を四捨五入すること。また、勘定科目は次の中からもっとも適当なものを選ぶこと。

現　　　　金　リース資産　リース債務　支払リース料
支　払　利　息　減価償却費　減価償却累計額

[契約条件]
(1)　解約不能のリース期間：5年
(2)　リース料：年額50,000円、総額250,000円、毎年3月31日に後払い（現金払い）
(3)　この取引はファイナンス・リース取引である。

(4) リース期間終了後、所有権は当社（借手）に移転しない。

(5) リース資産の見積現金購入価額は224,000円である。

(6) 借手の追加借入利子率は年4％である。

(7) 当該リース資産の経済的耐用年数は6年であり、当社は備品について定額法（残存価額は取得原価の10％）により減価償却している。

問題 44 ファイナンス・リース取引 解答…P.98 基本 応用

当社（借手）は次の条件により、×1年4月1日にB社（貸手）と備品のリース契約を結んだ（当社の決算日：毎年3月31日）。当社（借手）における(A)×1年度の損益計算書の①支払利息と②減価償却費、(B)×1年度末の貸借対照表の①流動負債および②固定負債に計上されるリース債務の金額を計算しなさい。なお、計算上端数が生じる場合は、その都度円未満を四捨五入すること。

［契約条件］

(1) リース期間：5年（×1年4月1日～×6年3月31日）

(2) リース料：毎年3月に120,000円ずつ支払う。

(3) この取引は所有権移転外ファイナンス・リース取引である。

(4) 備品の見積現金購入価額は550,000円、借手の追加借入利子率は年3％である。
なお、利子率を年r％、期間をn年とする年金現価係数は次のとおりである（リース債務の計算にあたっては、この表を用いること）。

n r	1年	2年	3年	4年	5年	6年
3％	0.9709	1.9135	2.8286	3.7171	4.5797	5.4172

(5) 備品の経済的耐用年数は6年であり、当社は備品について定額法により減価償却している。

問題 45 オペレーティング・リース取引 解答…P.99 基本 応用

当社（借手）は次の条件により、×1年11月1日にB社（貸手）と備品のリース契約を結んだ（決算日：3月31日）。

当社（借手）における(A)取引開始時（×1年11月1日）、(B)×1年度の決算時（×2年3月31日）、(C)翌期首（×2年4月1日）、(D)第1回リース料支払時（×2年10月31日）の仕訳を示しなさい。

［契約条件］

(1) リース料：毎年10月末日に120,000円ずつ支払う（現金後払い）。

(2) この取引はオペレーティング・リース取引である。

　次のセール・アンド・リースバック取引に関する資料にもとづき、下記の問いに答えなさい。なお、計算上端数が生じる場合は、円未満を四捨五入すること。

　また、仕訳の勘定科目は次の中からもっとも適当なものを選ぶこと。

| 現 | 金 | 備 | 品 | リ ー ス 資 産 | リ ー ス 債 務 |

| 長 期 前 受 収 益 | 支 払 利 息 | 減 価 償 却 費 | 減 価 償 却 累 計 額 |

[売却物件の内容]
(1)　取得日：×1年4月1日　　取得原価：160,000円
(2)　減価償却方法：定額法　　記帳方法：間接法
(3)　残存価額：取得原価の10%
(4)　取得時の経済的耐用年数：6年

[セール・アンド・リースバック取引の内容]
(1)　契約日：×2年4月1日
(2)　売却価額：152,000円（代金は現金で受け取る）
(3)　解約不能のリース期間：×2年4月1日から5年間
(4)　リースバック以降の経済的耐用年数：5年
(5)　年間リース料：35,109円（毎年3月末日に現金後払い）
(6)　貸手の計算利子率：年5%（借手においても明らかである）
(7)　当該取引はファイナンス・リース取引に該当する。

問1　当該取引が所有権移転ファイナンス・リース取引であるとした場合の、当社（借手）における(A)取引開始時（×2年4月1日）、(B)リース料支払時（×3年3月31日）、(C)決算時（×3年3月31日）の仕訳を示しなさい。なお、残存価額の見積りに変更はない。

問2　当該取引が所有権移転外ファイナンス・リース取引であるとした場合の、当社（借手）における(A)取引開始時（×2年4月1日）、(B)リース料支払時（×3年3月31日）、(C)決算時（×3年3月31日）の仕訳を示しなさい。

　　ただし、リース資産の取得原価は売却価額とすること。

次の文章の空欄を埋めなさい。

1．ファイナンス・リース取引とは、リース契約に基づくリース期間の中途において当該契約を解除することができないリース取引又はこれに準ずるリース取引で、借手が、当該契約に基づき使用する物件（リース物件）からもたらされる経済的利益を実質的に（　①　）することができ、かつ、当該リース物件の使用に伴って生じるコストを実質的に（　②　）することとなるリース取引をいう。

2．（　③　）取引とは、ファイナンス・リース取引以外のリース取引をいう。

3．ファイナンス・リース取引については、通常の（　④　）取引に係る方法に準じて会計処理を行う。一方、オペレーティング・リース取引については、通常の（　⑤　）取引に係る方法に準じて会計処理を行う。

4．所有権移転外ファイナンス・リース取引に係るリース物件の減価償却費相当額は、（　⑥　）を耐用年数とし、残存価額を（　⑦　）として算定する。

5．リース取引の分類にあたって、次の(1)または(2)のいずれかに該当する場合には、ファイナンス・リース取引と判定される。

(1)（　⑧　）基準

解約不能のリース期間中のリース料総額の現在価値が、当該リース物件を借手が現金で購入するものと仮定した場合の合理的見積金額（見積現金購入価額）のおおむね（　⑨　）パーセント以上であること

(2)（　⑩　）基準

解約不能のリース期間が、当該リース物件の経済的耐用年数のおおむね（　⑪　）パーセント以上であること

第9章　固定資産の減損会計

問題 48　減損会計　　　　　　　　　　　　解答…P.101　基本 応用

　当期末に保有する次の機械Ａおよび機械Ｂについて減損の兆候が認められた。機械Ａおよび機械Ｂについて、減損損失を認識するかどうかを判定し、減損損失を認識する場合には、その金額を求めなさい。

	機械Ａ	機械Ｂ
取　得　原　価	450,000円	600,000円
減価償却累計額	202,500円	270,000円
割引前将来キャッシュ・フロー	225,000円	345,000円
正　味　売　却　価　額	195,000円	322,500円
使　用　価　値	180,000円	300,000円

問題 49　減損会計　　　　　　　　　　　　解答…P.102　基本 応用

　次の資料にもとづき、減損損失を計上するための仕訳を示しなさい（記帳方法は直接法）。なお、計算上端数が生じる場合は、その都度円未満を四捨五入すること。

［資　料］
(1)　当社の保有する機械Ａ（帳簿価額440,000円）について、減損の兆候がある。
(2)　当期末時点の機械Ａの時価は320,000円、処分費用は16,000円と見積られる。
(3)　機械Ａの耐用年数は当期末から３年間であり、耐用年数終了後は残存価額（80,000円）で処分されることが見込まれる。
(4)　機械Ａの使用により、今後３年間にわたり毎年90,000円のキャッシュ・フローが得られると見積っている。
(5)　将来キャッシュ・フローの現在価値は割引率３％を用いて計算する。

次の資料にもとづき、減損損失を計上するための仕訳を示しなさい（記帳方法は直接法）。

［資　料］
(1) 当社の保有する有形固定資産の状況は次のとおりである。これらの資産は一体となってキャッシュ・フローを生み出しているため、個別にキャッシュ・フロー等を把握することはできない。

	土　地	建　物	備　品	合　計
帳　簿　価　額	400,000円	250,000円	100,000円	750,000円
減　損　の　兆　候	－	－	－	あり
割引前将来キャッシュ・フロー	－	－	－	590,000円
回　収　可　能　価　額	－	－	－	525,000円

(2) 当期末に認識された減損損失は、帳簿価額にもとづいて各資産に配分する。

次の資料にもとづき、減損損失を計上するための仕訳を示しなさい。なお、「共用資産を含むより大きな単位でグルーピングする方法（原則）」によること。また、共用資産を加えることで増加した減損損失の金額は共用資産に配分すること。

［資　料］

	建　物	機　械	備　品	共用資産	合計 (より大きな単位)
帳　簿　価　額	100,000円	70,000円	50,000円	120,000円	340,000円
減　損　の　兆　候	なし	あり	あり	あり	あり
割引前将来キャッシュ・フロー	不明	75,000円	45,000円	不明	250,000円
回　収　可　能　価　額	不明	73,000円	40,000円	不明	310,000円

次の資料にもとづき、以下の各問に答えなさい。

［資　料］

各資産グループおよび共用資産の状況は以下のとおりである。

	資産グループA	資産グループB	共用資産
帳　簿　価　額	9,000円	1,000円	400円
減　損　の　兆　候	なし	あり	あり
割引前将来キャッシュ・フロー	不明	950円	不明
回　収　可　能　価　額	不明	900円	390円

問1　「共用資産を含むより大きな単位で減損損失を認識する方法」による場合の減損損失を計上するための仕訳をしなさい。なお、回収可能価額が判明しているものについては、各資産グループおよび共用資産の帳簿価額が回収可能価額を下回らないようにすること。共用資産を含むより大きな単位（帳簿価額10,400円、割引前将来キャッシュ・フロー10,150円、回収可能価額9,100円）においても減損の兆候は存在している。

問2　「共用資産の帳簿価額を各資産または資産グループに配分する方法」の場合の減損損失を計上するための仕訳をしなさい。なお、帳簿価額以外の資料については、共用資産配分後のものとし、共用資産の帳簿価額の配分比率は、資産グループAが50％、資産グループBが50％とすること。また、ある資産グループに減損損失が生じた場合は、共用資産配分前の帳簿価額と共用資産の配分額にもとづいて資産グループと共用資産に配分すること。

次の文章の空欄に当てはまる語句を以下の語群から選択しなさい。

1. 減損の兆候がある資産又は資産グループについての減損損失を（ ① ）するか
   どうかの判定は、資産又は資産グループから得られる（ ② ）将来キャッシュ・
   フローの総額と（ ③ ）を比較することによって行い、資産又は資産グループか
   ら得られる（ ② ）将来キャッシュ・フローの総額が（ ③ ）を（ ④ ）場
   合には、減損損失を（ ① ）する。

2. 減損損失を（ ① ）すべきであると判定された資産又は資産グループについて
   は（ ③ ）を（ ⑤ ）まで減額し、当該減少額を（ ⑥ ）として当期の損失
   とする。

3. （ ⑤ ）とは、資産又は資産グループの（ ⑦ ）と使用価値のうち、いずれ
   か（ ⑧ ）金額をいう。

   語群：
   　認識、測定、高い、低い、上回る、下回る、割引前、割引後、帳簿価額、
   　取得原価、減損損失、減価償却費、回収可能価額、正味売却価額

第10章　無形固定資産と繰延資産

問題 54　無形固定資産の償却
解答…P.106　基本 応用

次の各取引の仕訳をしなさい（決算日：3月31日）。

(1) 当期の7月1日に取得した特許権160,000円について、償却期間8年で月割償却する。

(2) 鉱業権500,000円について、生産高比例法で償却する。なお、見積総採掘量は10,000トンで、当期の採掘量は2,000トンであった。

問題 55　無形固定資産の償却　[解答用紙あり]
解答…P.107　基本 応用

次の資料にもとづき、損益計算書（一部）と貸借対照表（一部）を完成させなさい（当期：×7年4月1日～×8年3月31日）。

［資料1］決算整理前残高試算表

決算整理前残高試算表
×8年3月31日　　　（単位：円）

| の　れ　ん | 237,000 | |
| 商　標　権 | 137,800 | |

［資料2］決算整理事項

のれんは×2年4月1日に計上したもので、償却期間20年で毎期均等額を償却している。また、商標権は×6年2月1日に計上したもので、償却期間10年で月割償却している。

次の資料にもとづき、損益計算書（一部）と貸借対照表（一部）を完成させなさい（当期：×7年4月1日～×8年3月31日）。

なお、当社は、繰延資産として処理できるものは繰延資産として処理し、最長償却期間で月割償却している。

［資料1］決算整理前残高試算表

決算整理前残高試算表
×8年3月31日　　　　（単位：円）

開　発　費	240,000
株 式 交 付 費	78,000
社 債 発 行 費	72,000

［資料2］決算整理事項
(1) 開発費は×6年4月1日に支出したものである。
(2) 株式交付費は×6年6月1日に支出したものである。
(3) 社債発行費は×7年9月1日に社債（満期日：×17年8月31日）を発行した際に支出したものである。社債発行費については定額法により月割償却する。

次の規定の空欄を埋めなさい。

企業会計原則注解15　将来の期間に影響する特定の費用について

「将来の期間に影響する特定の費用」とは、すでに（　①　）が完了し又は（　②　）が確定し、これに対応する（　③　）を受けたにもかかわらず、その（　④　）が将来にわたって発現するものと期待される費用をいう。

これらの費用は、その効果が及ぶ数期間に合理的に配分するため、経過的に貸借対照表上（　⑤　）として計上することができる。

第11章　研究開発費とソフトウェア

問題 58　研究開発費とソフトウェア

解答…P.109　基本 応用

当社は×1年度にソフトウェア制作費180,000円を無形固定資産として計上した。このソフトウェアの見込有効期間は3年である。

次の資料にもとづき、見込販売数量を基準とした場合の×1年度から×3年度におけるソフトウェアの償却に関する仕訳を示しなさい。

なお、計算上端数が生じた場合は、円未満を四捨五入すること。

［資 料］
(1) 販売開始時における見込販売数量と見込販売収益

	見込販売数量	見込販売単価	見込販売収益
×1年度	100個	1,020円	102,000円
×2年度	150個	900円	135,000円
×3年度	110個	600円	66,000円
合　計	360個	－	303,000円

(2) ×1年度から×3年度まで、販売開始時の見込みどおりに販売された。

問題 59　研究開発費とソフトウェア　　解答…P.110　基本 応用

当社は×1年度にソフトウェア制作費180,000円を無形固定資産として計上した。このソフトウェアの見込有効期間は3年である。

次の資料にもとづき、見込販売数量を基準とした場合の×1年度から×3年度におけるソフトウェアの償却に関する仕訳を示しなさい。

なお、計算上端数が生じた場合は、円未満を四捨五入すること。

［資　料］

(1) ×1年度期首における3年間（×1年度から×3年度まで）の見込販売数量は360個であり、×1年度の実績販売数量は100個であった。

(2) ×2年度の実績販売数量は140個であった。なお、×2年度期末において見込販売数量の残り（×3年度分）を80個に変更した。販売開始時の見積りは合理的なものであった。

(3) ×3年度は×2年度期末の見込みどおりに販売された。

問題 60　研究開発費とソフトウェア　　解答…P.111　基本 応用

次の一連の取引の仕訳をしなさい。

(1) 当期首において、システム運用のためのソフトウェア500,000円を購入し、代金は現金で支払った。このソフトウェアを運用することにより、費用削減が確実に見込まれるため、このソフトウェアを資産計上することとした。

(2) 期中において、研究開発目的でソフトウェア300,000円を購入し、代金は現金で支払った。

(3) 決算につき、上記(1)のソフトウェアを定額法によって償却することとした。なお、このソフトウェアの利用可能期間は5年である。

第12章　引当金

解答…P.111

問題 61 修繕引当金 解答用紙あり

次の資料にもとづき、損益計算書（一部）を完成させなさい（当期：×7年4月1日〜×8年3月31日）。なお、前期末において引当金の見積誤りは一切ないものとする。

［資料1］決算整理前残高試算表

決算整理前残高試算表
×8年3月31日　　　（単位：円）

| 販　売　費 | 32,000 | 修繕引当金 | 20,000 |
| 一般管理費 | 48,000 | | |

［資料2］決算整理事項

前期に行う予定であった修繕を当期に行ったとき、次の仕訳をしている。
（一般管理費）　　25,000　　（現金預金）　　25,000
この修繕については、修繕引当金20,000円が設定されている。なお、当期末において修繕引当金30,000円を設定する。

問題 62 賞与引当金 解答…P.112

次の一連の取引の仕訳をしなさい（決算日：3月31日）。

(1) 当期の12月10日に賞与480,000円を現金で支払った。なお、賞与引当金360,000円が設定されている。

(2) 決算につき、賞与引当金を設定する。当期の12月1日から次期の11月30日までの賞与（見積額540,000円）は、次期の12月10日に支払われる予定である。

次の規定の空欄を埋めなさい。

企業会計原則注解18 引当金について

（ ① ）の特定の費用又は損失であって、その発生が（ ② ）の事象に起因し、発生の可能性が（ ③ ）、かつ、その金額を（ ④ ）に見積ることができる場合には、当期の負担に属する金額を（ ⑤ ）の費用又は損失として引当金に繰入れ、当該引当金の残高を貸借対照表の（ ⑥ ）の部又は資産の部に記載するものとする。

発生の可能性の（ ⑦ ）偶発事象に係る費用又は損失については、引当金を計上することはできない。

第13章　退職給付引当金

解答…P.113 **基本** **応用**

問題 **64**　退職給付引当金

　従業員甲は入社から当期末まで26年勤務し、当期末から4年後（入社から30年後）に退職予定である。次の資料にもとづき、従業員甲の(A)期首退職給付債務、(B)期末退職給付債務、(C)当期の勤務費用、(D)当期の利息費用を計算しなさい。

［資　料］
(1)　従業員甲の退職予定時の退職給付見込額は600,000円である。
(2)　退職給付債務の計算上、割引率は5％とする。
(3)　計算上端数が生じる場合は、円未満を四捨五入すること。

問題 **65**　退職給付引当金

解答…P.114 **基本** **応用**

　次の資料にもとづき、(A)期首退職給付引当金、(B)利息費用、(C)期待運用収益、(D)当期の退職給付費用、(E)期末退職給付引当金を計算しなさい。

［資　料］
(1)　期首退職給付債務　280,000円
(2)　期首年金資産（時価）　114,000円
(3)　割引率は5％、長期期待運用収益率は4％とする。
(4)　当期勤務費用　28,000円

問題 **66**　退職給付引当金 解答用紙あり

解答…P.115 **基本** **応用**

　次の資料にもとづき、決算整理後残高試算表（一部）を完成させなさい（当期：×7年4月1日〜×8年3月31日）。

［資料1］期首残高試算表

期首残高試算表
×7年4月1日　　　　（単位：円）

	退職給付引当金　　　　　?

［資料２］ その他の資料

(1) 期首退職給付債務　450,000円

(2) 期首年金資産（時価）　180,000円

(3) 割引率は３％、長期期待運用収益率は２％とする。

(4) 当期勤務費用　45,000円

(5) 当期年金掛金拠出額　18,000円

(6) 退職給付支給額　36,000円

　　（退職一時金27,000円、年金からの支給額9,000円）

問題 67　退職給付引当金　　　　解答…P.116　基本 応用

　次の資料にもとづき、(A)当期の退職給付費用、(B)期末退職給付引当金を計算しなさい（当期：×７年４月１日〜×８年３月31日）。

［資料１］ 期首残高試算表

期首残高試算表
×７年４月１日　　　　　（単位：円）

	退職給付引当金	？

［資料２］ その他の資料

(1) 期首退職給付債務　450,000円

(2) 期首年金資産（時価）　180,000円

(3) 割引率は３％、長期期待運用収益率は２％とする。

(4) 当期勤務費用　45,000円

(5) 当期年金掛金拠出額　18,000円

(6) 退職給付支給額　36,000円

　　（退職一時金27,000円、年金からの支給額9,000円）

(7) 当期末退職給付債務　486,000円

　　（当期末に新たに見積りなおした額）

(8) 当期末年金資産（時価）　185,400円

(9) 数理計算上の差異は発生年度から定額法（平均残存勤務期間10年）で処理する。

次の文章の空欄を埋めなさい。

1. 退職給付債務とは、退職給付のうち、認識時点までに（　①　）していると認められる部分を（　②　）ものをいう。

2. （　③　）とは、特定の退職給付制度のために、その制度について企業と従業員との契約（退職金規程等）等にもとづき積み立てられた、一定の要件を満たす特定の資産をいう。

3. （　④　）とは、一期間の労働の対価として発生したと認められる退職給付をいう。

4. 利息費用とは、割引計算により算定された期首時点における（　⑤　）について、期末までの時の経過により発生する計算上の利息をいう。

5. （　⑥　）とは、年金資産の期待運用収益と実際の運用成果との差異、退職給付債務の数理計算に用いた見積数値と実績との差異及び見積数値の変更等により発生した差異をいう。なお、このうち当期純利益を構成する項目として費用処理されていないものを（　⑦　）という。

第14章　社　債

問題 69　社債

解答…P.119 基本 応用

　次の資料にもとづき、社債の金利調整差額について償却原価法（定額法）で処理した場合の、決算整理後の(A)社債利息と(B)社債の金額を計算しなさい（当期：×1年4月1日～×2年3月31日）。

［資　料］
- (1)　発　行　日：×1年4月1日
- (2)　満　期　日：×6年3月31日
- (3)　額　面　金　額：500,000円
- (4)　払　込　金　額：額面100円につき98円
- (5)　利　払　日：毎年9月末日と3月末日
- (6)　クーポン利子率：年8％
- (7)　実効利子率：年8.5％

問題 70　社債

解答…P.120 基本 応用

　次の資料にもとづき、社債の金利調整差額について償却原価法（利息法）で処理した場合の、決算整理後の(A)社債利息と(B)社債の金額を計算しなさい（当期：×1年4月1日～×2年3月31日）。なお、計算上端数が生じる場合は、円未満を四捨五入すること。

［資　料］
- (1)　発　行　日：×1年4月1日
- (2)　満　期　日：×6年3月31日
- (3)　額　面　金　額：500,000円
- (4)　払　込　金　額：額面100円につき98円
- (5)　利　払　日：毎年9月末日と3月末日
- (6)　クーポン利子率：年8％
- (7)　実効利子率：年8.5％

問題 71 社債

当社（決算日3月31日）が次の条件により発行した社債について、下記(A)〜(F)の日付の仕訳を示しなさい。なお、決済はすべて当座預金口座を通じて行っているものとする。

［条　件］
(1) 発 行 日：×1年9月1日
(2) 額 面 総 額：1,000,000円
(3) 払 込 金 額：額面100円につき94.24円
(4) 年 利 率：3％（利払日は2月末日と8月末日）
(5) 償 還 期 間：6年
(6) 社債発行費：8,640円（繰延資産として処理し、社債の償還期間にわたり定額法によって月割償却する）
(7) 社債の額面金額と払込金額との差額は償却原価法（定額法）により月割償却する。

(A) ×1年9月1日（発行日）
(B) ×2年2月28日（利払日）
(C) ×2年3月31日（決算日）
(D) ×2年4月1日（期首）
(E) ×2年8月31日（利払日）
(F) ×7年8月31日（利払日、満期日）（社債発行費の償却も行う）

問題 72 社債の買入償還

次の取引について仕訳しなさい。

栃木商事株式会社（年1回3月末決算）は、×3年7月31日に額面総額600,000円の社債を額面100円につき99円で買入償還し、小切手を振り出して支払った。なお、この社債は×1年4月1日に額面100円につき98円で発行したものである。当該社債の償還期間は5年であり、額面金額と払込金額との差額（金利調整差額）は償還期間にわたって定額法により月割償却している（社債発行費については無視すること）。

次の資料にもとづき、損益計算書（一部）と貸借対照表（一部）を完成させなさい（当期：×7年4月1日～×8年3月31日）。

［資料1］決算整理前残高試算表

決算整理前残高試算表

×8年3月31日　　　（単位：円）

自 己 社 債	195,000	社　　　　　債	581,095
社 債 利 息	20,000		

［資料2］決算整理事項等

(1) 社債581,095円は、×5年4月1日に額面総額600,000円の社債を額面100円につき95円、償還期間5年、クーポン利子率4%（利払日は9月末日と3月末日）で発行したものである。

(2) 自己社債195,000円は、×7年9月30日に額面総額200,000円の社債を額面100円につき97.5円（裸相場）で買入償還した際に、買入金額で処理したものである。

(3) 社債の額面金額と払込金額との差額は、償却原価法（利息法）によって処理している。なお、実効利子率は年5.147%であり、過年度の処理は適正に行われている。

(4) 当期においてクーポン利息の処理は適正に行われているが、償却原価法の処理は行われていない。

(5) 計算上端数が生じる場合は、円未満を四捨五入すること。

問題 74　社債の抽選償還

解答…P.124 基本 応用

　次の資料にもとづき、下記(A)〜(C)の日付の仕訳を示しなさい（ただし、決算日における一年以内償還社債への振替仕訳は不要である）。なお、社債の額面金額と払込金額との差額は、社債額面による社債資金の利用割合に応じて償却する。また、決済は当座預金口座を通じて行い、利息の支払いは無視すること。

［資　料］

　当社（決算年1回、3月末日）は、×1年4月1日に額面総額500,000円を額面100円につき94円、毎年3月末日に100,000円ずつ抽選償還という条件で発行した。

(A)　×1年4月1日（発行日）
(B)　×2年3月31日（第1回目の償還日および決算日）
(C)　×3年3月31日（第2回目の償還日および決算日）

問題 75　社債の抽選償還 解答用紙あり

解答…P.125 基本 応用

　次の資料にもとづき、損益計算書（一部）と貸借対照表（一部）を完成させなさい（当期：×7年4月1日〜×8年3月31日）。

［資料1］決算整理前残高試算表

決算整理前残高試算表
×8年3月31日　　　（単位：円）

| 自 己 社 債 | 180,000 | 社　　　　　　債 | 866,250 |
| 社 債 利 息 | 18,000 | | |

［資料2］決算整理事項等
(1)　社債は、×6年4月1日に額面総額900,000円を額面100円につき95円、1年据置後、×8年3月31日から毎年3月末に180,000円ずつ抽選償還、クーポン利子率2%（利払日は3月末日）で発行したものである。
(2)　自己社債180,000円は、×8年3月31日に抽選償還した社債を処理したものである。
(3)　社債の額面金額と払込金額との差額は、社債額面による社債資金の利用割合に応じて償却しているが、当期の償却は未処理である。
(4)　過年度の処理および当期のクーポン利息の処理は適正に行われている。
(5)　計算上端数が生じる場合は、円未満を四捨五入すること。

第15章　純資産（資本）①

問題 76 新株発行の処理　　　　　解答…P.127　**基本** 応用

次の各取引について仕訳しなさい。

(1) 取締役会決議により、株式500株（払込金額は1株あたり1,000円）を募集したところ、600株について申込みがあった。なお、払い込まれた申込証拠金は別段預金として処理する。

(2) 上記の新株について割当てを行い、割当てにもれた申込証拠金は返還した。

(3) 払込期日に、申込証拠金を資本金および資本準備金に振り替えるとともに、別段預金を当座預金に振り替えた。なお、会社法規定の最低額を資本金とする。

問題 77 剰余金の配当・処分　　　　　解答…P.127　**基本** 応用

次の一連の取引について仕訳しなさい。

(1) ×3年3月31日　第2期決算において、当期純利益500,000円を計上した。なお、決算整理前残高試算表の繰越利益剰余金は420,000円である。

(2) ×3年6月20日　株主総会において、繰越利益剰余金を以下のとおり配当・処分することが決議された。なお、財源は繰越利益剰余金であり、株主総会時の資本金は3,000,000円、資本準備金は350,000円、利益準備金は280,000円である。

　　　株 主 配 当 金：300,000円
　　　利益準備金積立額：会社法の規定額
　　　別途積立金の積立て：130,000円

(3) ×3年6月25日　株主配当金を、小切手を振り出して支払った。

問題 78 剰余金の配当・処分　　　　　解答…P.128　**基本** 応用

次の一連の取引について仕訳しなさい。

(1) ×3年6月20日　株主総会において以下の決議がされた。なお、株主総会時の資本金は3,000,000円、資本準備金は352,000円、利益準備金は380,000円である。

　　　株 主 配 当 金：300,000円（うち100,000円はその他資本剰余金を財源とし、
　　　　　　　　　　　　残額は繰越利益剰余金を財源とする）
　　　利益準備金積立額：会社法の規定額
　　　資本準備金積立額：会社法の規定額

(2) ×3年6月25日　株主配当金を小切手を振り出して支払った。

問題 79 株主資本の計数変動

解答…P.128 基本 応用

次の各取引について仕訳しなさい。

(1) 株主総会の決議により、資本金1,000,000円をその他資本剰余金に振り替えた。

(2) 株主総会の決議により、資本準備金500,000円をその他資本剰余金に振り替えた。

(3) 株主総会の決議により、利益準備金300,000円を繰越利益剰余金に振り替えた。

(4) 繰越利益剰余金△250,000円をてん補するため、株主総会の決議により、資本準備金150,000円と利益準備金100,000円を減少させた。

問題 80 自己株式の取得と処分

解答…P.129 基本 応用

次の一連の取引について仕訳しなさい。なお、当期首におけるその他資本剰余金は30,000円である。

(1) 取締役会の決議により、自社の発行済株式のうち500株を1株あたり1,000円で取得し、代金は小切手を振り出して支払った。

(2) (1)の自己株式のうち200株を1株あたり1,100円で処分し、代金は当座預金口座に振り込まれた。

(3) (1)の自己株式のうち150株を1株あたり880円で処分し、代金は当座預金口座に振り込まれた。

(4) 決算を迎えた。必要な仕訳がある場合は仕訳をすること。

問題 81 自己株式の処分

解答…P.129 基本 応用

次の取引について、(A)自己株式の帳簿価額が@185円の場合と、(B)自己株式の帳簿価額が@220円の場合の仕訳を示しなさい。なお、払込金額は@200円（当座預金口座に入金）であり、資本金等の増加額は全額、資本金として処理する。

［取　引］

株式2,000株を募集により発行し、そのうち1,500株は新株を発行し、500株は自己株式を処分した。

問題 82 自己株式の消却

解答…P.130 基本 応用

次の取引について仕訳しなさい。

［取　引］

　取締役会決議にもとづき、自己株式（帳簿価額80,000円）を消却した。なお、消却手続はすべて完了している。

問題 83 自己株式の消却 解答用紙あり

解答…P.131 基本 応用

次の資料にもとづき、貸借対照表（純資産の部）を完成させなさい。

［資料1］決算整理前残高試算表（一部）

決算整理前残高試算表

×3年3月31日　　　　（単位：円）

自 己 株 式	400,000	資　　本　　金	7,200,000
		資 本 準 備 金	900,000
		その他資本剰余金	138,000
		利 益 準 備 金	600,000
		繰越利益剰余金	168,000

［資料2］未処理事項等

(1) 取締役会で株式の消却を行うことが決議され、自己株式（帳簿価額120,000円）の消却手続が完了しているが、この処理が未処理である。

(2) 自己株式（帳簿価額180,000円）を144,000円で処分し、当座預金口座に振込みがあったが、この処理が未処理である。

(3) 決算において、当期純利益900,000円を計上した。

次の資料にもとづき、×3年6月20日の株主総会における分配可能額を計算しな
さい。

[資料1] 貸借対照表

貸借対照表
×3年3月31日　　　（単位：千円）

資 産	27,480	負 債	6,000
		資 本 金	12,000
		資 本 準 備 金	1,200
		その他資本剰余金	3,240
		利 益 準 備 金	900
		任 意 積 立 金	2,700
		繰越利益剰余金	2,400
		自 己 株 式	△1,440
		その他有価証券評価差額金	480
	27,480		27,480

[資料2] 期中取引

×3年4月20日に、自己株式300千円を取得した。

次の資料にもとづき、×3年9月30日における分配可能額を計算しなさい。

［資料1］貸借対照表

貸借対照表
×3年3月31日　　（単位：千円）

資　　　産	26,600	負　　　　　債	6,000
		資　　本　　金	12,000
		資 本 準 備 金	1,200
		その他資本剰余金	3,240
		利 益 準 備 金	900
		任 意 積 立 金	2,700
		繰越利益剰余金	2,400
		自 己 株 式	△1,440
		その他有価証券評価差額金	△400
	26,600		26,600

［資料2］期中取引

① ×3年4月20日に自己株式300千円を取得した。

② ×3年6月20日の株主総会決議により、繰越利益剰余金を財源とする配当180千円が実施され、利益準備金18千円を積み立てた。

③ ×3年6月20日の株主総会決議により、資本準備金120千円をその他資本剰余金に振り替えた。

④ ×3年8月25日に、自己株式（帳簿価額180千円）を420千円で処分した。

次の資料にもとづき、以下の各問に答えなさい。

［資　料］

貸借対照表
×3年3月31日　　（単位：千円）

資　　産	77,920	負　　　　債	48,000
		資　本　金	16,000
		資本準備金	1,600
		その他資本剰余金	4,320
		利益準備金	1,200
		任意積立金	2,800
		繰越利益剰余金	4,000
	77,920		77,920

問1　資産の部において、のれんが8,000千円、繰延資産が6,000千円計上されている場合の、×3年6月20日の株主総会における分配可能額を計算しなさい。

問2　資産の部において、のれんが16,000千円、繰延資産が15,000千円計上されている場合の、×3年6月20日の株主総会における分配可能額を計算しなさい。

問3　資産の部において、のれんが40,000千円、繰延資産が8,000千円計上されている場合の、×3年6月20日の株主総会における分配可能額を計算しなさい。

問4　資産の部において、のれんが50,000千円、繰延資産が4,000千円計上されている場合の、×3年6月20日の株主総会における分配可能額を計算しなさい。

第16章　純資産（資本）②

問題 **87**　新株予約権（発行者側の処理）　解答…P.137　基本　応用

　次の一連の取引について、A社の仕訳をしなさい。

(1)　A社は次の条件で新株予約権を発行した。なお、新株予約権の払込金額は、全額当座預金口座に振り込まれた。

　（条　件）

　①新株予約権の発行価額：新株予約権1個につき1,000円

　②新株予約権の発行総数：800個

　③新株予約権の目的となる株式の種類および数：

　　　　　　　　　　普通株式8,000株（新株予約権1個につき10株）

　④権利行使時の払込金額：新株予約権1個につき20,000円

　⑤資　本　金　計　上　額：会社法規定の最低額

(2)　(1)の新株予約権のうち400個が権利行使され、払込金額が当座預金口座に払い込まれたため、新株を発行した。

(3)　(1)の新株予約権のうち300個が権利行使され、払込金額が当座預金口座に払い込まれたため、所有する自己株式（帳簿価額：1株あたり2,020円）を移転した。

(4)　(1)の新株予約権のうち100個については、権利未行使のまま権利行使期間が満了した。

次の一連の取引についてB社（取得者側）の仕訳をしなさい。

(1)　B社はA社が次の条件で発行した新株予約権のすべてを取得し、代金は当座預金口座から支払った。なお、B社が所有するA社株式はすべてその他有価証券で処理する。

　（条　件）
　①新株予約権の発行価額：新株予約権1個につき1,000円
　②新株予約権の発行総数：800個
　③新株予約権の目的となる株式の種類および数：
　　　　　　　普通株式8,000株（新株予約権1個につき10株）
　④権利行使時の払込金額：新株予約権1個につき20,000円

(2)　(1)の新株予約権のうち700個について権利行使をし、払込金額は当座預金口座から支払った。

(3)　(1)の新株予約権のうち100個については、権利未行使のまま権利行使期間が満了した。

次の資料にもとづき、下記(A)～(E)の仕訳を示しなさい（決算日：3月31日）。

［資　料］

(1)　当社は従業員40人に対し、次の条件のストック・オプションを付与することを決定し、×1年7月1日に付与した。

　（条　件）
　①ストック・オプションの数：従業員1人あたり10個（合計400個）
　②権利行使により与えられる株式の数：合計400株
　③行　使　価　格：1株あたり2,500円
　④ストック・オプション付与時における公正な評価単価：200円
　⑤権 利 確 定 日：×3年6月30日
　⑥権利行使期間：×3年7月1日～×5年6月30日

(2)　ストック・オプション付与時における退職による失効見込みは4人（40個）である。

(3)　×3年3月31日に退職による失効見込みを3人（30個）に修正した。

(4)　権利確定日（×3年6月30日）までの実際の退職者（失効数）は2人（20個）であった。

(5)　ストック・オプションを付与した従業員のうち、30人から権利行使があり、

払込金額は当座預金口座に預け入れた。なお、権利行使時において当社はすべて新株を交付しており、資本金計上額は会社法規定の最低額としている。

(6) ストック・オプションが付与された従業員のうち、8人は権利行使しないまま権利行使期間が満了した。

(A) ×1年度（×1年4月1日～×2年3月31日）の株式報酬費用を計上する仕訳
(B) ×2年度（×2年4月1日～×3年3月31日）の株式報酬費用を計上する仕訳
(C) ×3年度（×3年4月1日～×4年3月31日）の株式報酬費用を計上する仕訳
(D) ストック・オプションの権利が行使されたときの仕訳
(E) 権利行使期間が満了したときの仕訳

問題 90 新株予約権付社債（区分法）　解答…P.139 基本 応用

次の一連の取引について区分法により、A社の仕訳をしなさい。

(1) A社は次の条件で新株予約権付社債を発行した。なお、払込金額は全額、当座預金口座に振り込まれた。

（条　件）
①社債額面総額：4,000,000円（40,000口）
②払 込 金 額：社債の払込金額は額面100円につき100円
　　　　　　　新株予約権の払込金額は1個につき10円
③付 与 割 合：社債1口につき1個の新株予約権（新株予約権1個につき2株）を付与
④行 使 価 額：1株につき50円
⑤資本金計上額：会社法規定の最低額
⑥代 用 払 込：可

(2) (1)の新株予約権のうち25,000個が行使され、払込金額が当座預金口座に払い込まれたため、新株を発行した。

(3) (1)の新株予約権のうち15,000個が行使され、社債による代用払込を受けたため、所有する自己株式（帳簿価額：1株あたり45円）を移転した。

次の一連の取引について、区分法によりA社の仕訳をしなさい。なお、代金の決済はすべて当座預金口座を通じて行い、社債については償却原価法（定額法）により処理する。

(1) ×1年4月1日　A社は次の条件で新株予約権付社債を発行した。

（条　件）

①社債額面総額：4,000,000円（40,000口）

②払 込 金 額：額面100円につき100円

　　　　　　　　（社債の対価は94円、新株予約権の対価は6円）

③付 与 割 合：社債1口につき1個の新株予約権（新株予約権1個につき2株）を付与

④発 行 日：×1年4月1日

⑤償 還 期 限：×6年3月31日

⑥行 使 価 額：1株につき50円

⑦資本金計上額：会社法規定の最低額

⑧代 用 払 込：可

(2) ×2年3月31日　決算日を迎えたため、社債の金利調整差額を償却する。

(3) ×3年3月31日　決算日を迎えたため、社債の金利調整差額を償却する。

(4) ×3年6月30日　上記新株予約権のうち70%が行使され、社債による代用払込を受けたため、新株を交付した。

次の一連の取引について、一括法によりA社の仕訳をしなさい。

(1)　×1年4月1日　A社は次の条件で転換社債型新株予約権付社債を発行し、払込金額は当座預金口座に預け入れた。

（条　件）

①社債額面総額：4,000,000円（40,000口）

②払 込 金 額：額面100円につき100円

　　　　　　　　（社債の対価は94円、新株予約権の対価は6円）

③付 与 割 合：社債1口につき1個の新株予約権（新株予約権1個につき2株）

　　　　　　　　を付与

④発　行　日：×1年4月1日

⑤償 還 期 限：×6年3月31日

⑥資本金計上額：会社法規定の最低額

(2)　×2年4月1日　上記新株予約権付社債のうち60％について権利行使（社債による代用払込）があったので、新株を交付した。

問題編

解答・解説

貸 借 対 照 表
×3年3月31日

I 流 動 資 産
　　　現 金 預 金　　　　　　（　　52,300 ）
　　　受 取 手 形　（　　72,460)
　　　売 掛 金　（　　47,540)
　　　貸 倒 引 当 金　（　　2,400)（　117,600 ）
II 固 定 資 産
　　　〔長 期 性 預 金〕　　　　（　　30,000 ）

勘 定 科 目	金 額
雑 損	200円

＊　勘定科目欄には「雑損」または「雑益」と記入すること。

解説 ………………………………………………………………………●

　定期預金のうち、決算日（×3年3月31日）の翌日から起算して1年を超えて満期が到来するものは、固定資産に表示します。なお、先日付小切手は**受取手形**で処理します。

(1)　**定期預金の振替え**
　　　（長 期 性 預 金）　　30,000　（現 金 預 金）　　30,000

(2)　**未記帳事項等の処理**
　　　（受 取 手 形）　　1,000　（現　　　　　　金）　　1,000
　　　　　　　　　　　　　　　　　　　　現金預金

　　　（現　　　　　金）　　1,200　（受 取 配 当 金）　　1,200
　　　　現金預金

　　　（現　　　　　金）　　2,300　（有 価 証 券 利 息）　　2,300
　　　　現金預金

(3)　**現金過不足の処理**
　　　①帳 簿 残 高：5,000円－1,000円＋1,200円＋2,300円＝7,500円
　　　②実 際 有 高：1,800円＋3,000円－1,000円＋1,200円＋2,300円＝7,300円
　　　③現金過不足：7,300円－7,500円＝△200円（雑損）
　　　（雑　　　　　損）　　200　（現　　　　　金）　　200
　　　　　　　　　　　　　　　　　　　現金預金

(4)　**貸倒引当金の設定**
　　　（71,460円＋1,000円＋47,540円）×2％＝2,400円

貸 借 対 照 表

×3年3月31日　　　　　（単位：円）

I　流　動　資　産		I　流　動　負　債	
現　金　預　金（	77,000）	支　払　手　形（	7,000）
受　取　手　形（	35,000）	買　　掛　　金（	36,000）
売　　掛　　金（	41,000）	未　　払　　金（	4,400）

解説 ・・・●

修正仕訳を示すと次のとおりです。

(1)　時間外預入…仕訳なし

(2)　連絡未達

（支　払　手　形）	10,000	（当　座　預　金）	10,000
		現金預金	

(3)　未渡小切手

（当　座　預　金）	12,000	（買　　　掛　　　金）	12,000
現金預金			

(4)　未取立小切手…仕訳なし

(5)　未渡小切手

（当　座　預　金）	3,000	（未　　　払　　　金）	3,000
現金預金			

貸倒見積高 ____1,200__ 円

解説 ・・●

(1) **貸倒実績率**

①× 1 年度：$\dfrac{640\,円}{40{,}000\,円} = 0.016$

②× 2 年度：$\dfrac{1{,}392\,円}{48{,}000\,円} = 0.029$

③× 3 年度：$\dfrac{840\,円}{56{,}000\,円} = 0.015$

④平均貸倒実績率：$\dfrac{0.016 + 0.029 + 0.015}{3\,年} = 0.02$

(2) **貸倒見積高**
60,000 円 × 0.02 = 1,200 円

解答 4

	借　方　科　目	金　　額	貸　方　科　目	金　　額
(1)	貸 倒 引 当 金 繰 越 利 益 剰 余 金	200 50	売　　　掛　　　金	250
(2)	貸 倒 引 当 金	100	貸 倒 引 当 金 戻 入	100*
(3)	貸 倒 引 当 金 貸 倒 損 失	200 50	売　　　掛　　　金	250
(4)	貸 倒 引 当 金 貸 倒 損 失	100 50	貸　　　付　　　金	150
(5)	現　　　　　　　金	350	償 却 債 権 取 立 益	350

* 　20,000 円 × 3 % = 600 円
　　600 円 − 700 円 = △100 円（戻入）

解答 5

貸倒見積高 ____16,000__ 円*
　* （60,000 円 − 20,000 円）× 40 % = 16,000 円

貸倒見積高　　　　2,774円

解説

(1) 将来の受取利息（1年分）

50,000円 × 2% = 1,000円

(2) 将来キャッシュ・フローの割引現在価値

① 1年後：$\dfrac{1,000円}{1 + 0.04} ≒ 962円$

② 2年後：$\dfrac{1,000円}{(1 + 0.04)^2} ≒ 925円$

③ 3年後：$\dfrac{50,000円 + 1,000円}{(1 + 0.04)^3} ≒ 45,339円$

④ 割引現在価値：962円 + 925円 + 45,339円 = 47,226円

(3) 貸倒見積高

50,000円 − 47,226円 = 2,774円

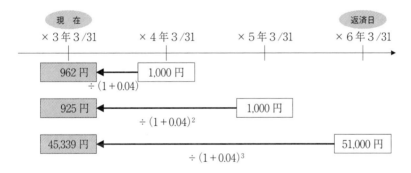

解答 7

借 方 科 目	金 額	貸 方 科 目	金 額
破 産 更 生 債 権 等	70,000	貸 付 金	70,000
貸 倒 引 当 金 繰 入	30,000*	貸 倒 引 当 金	30,000

* 70,000円 − 40,000円 = 30,000円

貸 借 対 照 表

×3年3月31日

Ⅰ 流 動 資 産

　　受 取 手 形　　（　　25,500）

　　売 　掛 　金　　（　　42,500）

　　短 期 貸 付 金　（　　17,000）

　　貸 倒 引 当 金　（　　　4,500）（　　80,500）

Ⅱ 固 定 資 産

　　　　　⋮

　3．投資その他の資産

　　長 期 貸 付 金　（　　　7,000）

　　貸 倒 引 当 金　（　　　　140）（　　6,860）

損 益 計 算 書

自×2年4月1日　至×3年3月31日　　（単位：円）

　　　　⋮　　　　　　　　　　　　　　　　　⋮

Ⅲ　販売費及び一般管理費

　1．貸倒引当金繰入　　　　　　　　　　（　　　4,160）

　　　　⋮　　　　　　　　　　　　　　　　　⋮

Ⅴ　営 業 外 費 用

　1．貸倒引当金繰入　　　　　　　　　　（　　　　480）

　　　　⋮　　　　　　　　　　　　　　　　　⋮

解説 ･･･

(1)　債権の分類

　①受 取 手 形（一 般 債 権）：25,500円 − 10,000円 = 15,500円

　　　　　　　　（貸倒懸念債権）：10,000円

　②売 掛 金（一 般 債 権）：42,500円

　③短期貸付金（一 般 債 権）：17,000円

　④長期貸付金（一 般 債 権）：　7,000円

(2) 貸倒引当金の設定
  ① 一般債権
    受 取 手 形：15,500円× 2 ％ = 310円…流動資産に表示
    売 　 掛 　 金：42,500円× 2 ％ = 850円…流動資産に表示
    短期貸付金：17,000円× 2 ％ = 340円…流動資産に表示
    長期貸付金： 7,000円× 2 ％ = 140円…固定資産に表示
  ② 貸倒懸念債権
    受 取 手 形：（10,000円 − 4,000円） × 50％ = 3,000円…流動資産に表示
  ③ 流動資産に表示される貸倒引当金
    310円 + 850円 + 340円 + 3,000円 = 4,500円
  ④ 固定資産に表示される貸倒引当金
    140円
(3) 貸倒引当金繰入
  ① 販売費及び一般管理費に表示される貸倒引当金繰入
    売上債権（受取手形と売掛金）にかかる貸倒引当金繰入は販売費及び一般管理費に表示
    します。
    310円 + 850円 + 3,000円 = 4,160円
  ② 営業外費用に表示される貸倒引当金繰入
    貸付金にかかる貸倒引当金繰入は営業外費用に表示します。
    340円 + 140円 = 480円

	借 方 科 目	金 額	貸 方 科 目	金 額
(1)	売 掛 金 手 形 売 却 損 当 座 預 金	2,000 100 3,900*	売 上	6,000
(2)	未 着 品	6,000	支 払 手 形 買 掛 金	4,000 2,000
(3)	仕 入	6,000	未 着 品	6,000

* 4,000円 − 100円 = 3,900円

解説

(1) ①自己受為替手形の振出しの仕訳

　　（受 取 手 形）　4,000　（売　　　　　上）　6,000
　　（売 掛 金）　2,000

　　②手形の割引きの仕訳

　　（手 形 売 却 損）　100　（受 取 手 形）　4,000
　　（当 座 預 金）　3,900

　　上記①と②をあわせた仕訳が解答の仕訳です。

(2) 荷為替を引き受けたので**支払手形（負債）の増加**として処理します。なお、まだ商品が届いていないので、**未着品（資産）**として処理します。

(3) 商品が届いたので、**未着品（資産）**から**仕入（費用）**に振り替えます。

	借 方 科 目	金 額	貸 方 科 目	金 額
(1)	買 掛 金 保 証 債 務 費 用	20,000 400*1	受 取 手 形 保 証 債 務	20,000 400
(2)	不 渡 手 形 保 証 債 務	20,300*2 400	当 座 預 金 保 証 債 務 取 崩 益	20,300 400
(3)	保 証 債 務	100	保 証 債 務 取 崩 益	100

*1　20,000円 × 2 % = 400円

*2　20,000円 + 200円 + 100円 = 20,300円

	借 方 科 目	金 額	貸 方 科 目	金 額
	手 形 売 却 損	200	受 取 手 形	30,000
(1)	当 座 預 金	29,800		
	保 証 債 務 費 用	600*	保 証 債 務	600
(2)	保 証 債 務	600	保証債務取崩益	600

＊ 30,000円 × 2 % = 600円

(A) 奈良商事㈱

	借 方 科 目	金 額	貸 方 科 目	金 額
(1)	買 掛 金	30,000	電 子 記 録 債 務	30,000
(2)	電 子 記 録 債 務	30,000	当 座 預 金	30,000

(B) 大阪商事㈱

	借 方 科 目	金 額	貸 方 科 目	金 額
(1)	電 子 記 録 債 権	30,000	売 掛 金	30,000
(2)	当 座 預 金	30,000	電 子 記 録 債 権	30,000

	借 方 科 目	金 額	貸 方 科 目	金 額
(1)	買 掛 金	20,000	電 子 記 録 債 権	20,000
(2)	当 座 預 金	49,800	電 子 記 録 債 権	50,000
	電子記録債権売却損	200		

	借 方 科 目	金 額	貸 方 科 目	金 額
(1)	売買目的有価証券	80,400*1	未 払 金	80,400
(2)	売買目的有価証券	90,400*2	未 払 金	90,400
(3)	現 金	600	受 取 配 当 金	600
(4)	未 収 入 金 支 払 手 数 料 有 価 証 券 売 却 損	148,350*3 400 700*5	売買目的有価証券	149,450*4

* 1 　@400円 × 200株 + 400円 = 80,400円

* 2 　@450円 × 200株 + 400円 = 90,400円

* 3 　@425円 × 350株 − 400円 = 148,350円

* 4 　平均単価：$\dfrac{80,400円 + 90,400円}{200株 + 200株}$ = @427円

　　　　@427円 × 350株 = 149,450円

* 5 　貸借差額

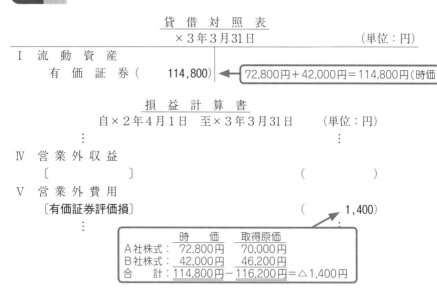

貸 借 対 照 表

×3年3月31日　　　　　　　（単位：円）

I 流 動 資 産

有 価 証 券 （ 114,800） ◀── 72,800円 + 42,000円 = 114,800円（時価）

損 益 計 算 書

自×2年4月1日　至×3年3月31日　　（単位：円）

⋮　　　　　　　　　　　　　　　⋮

IV 営 業 外 収 益

〔 　　　　　　 〕　　　　　　　　（ 　　　　　 ）

V 営 業 外 費 用

〔有価証券評価損〕　　　　　　　　（ 1,400）

⋮

	時　価	取得原価
A社株式	72,800円	70,000円
B社株式	42,000円	46,200円
合　計	114,800円 −	116,200円 = △1,400円

(A) 切放法

	借　方　科　目	金　　額	貸　方　科　目	金　　額
(1)	売買目的有価証券	40,400*1	未　　払　　金	40,400
(2)	売買目的有価証券	800	有価証券評価損益	800*2
(3)	仕　訳　な　し			
(4)	未　収　入　金	31,100*3	売買目的有価証券 有価証券売却益	30,900*4 200

(B) 洗替法

	借　方　科　目	金　　額	貸　方　科　目	金　　額
(1)	売買目的有価証券	40,400*1	未　　払　　金	40,400
(2)	売買目的有価証券	800	有価証券評価損益	800*2
(3)	有価証券評価損益	800	売買目的有価証券	800
(4)	未　収　入　金	31,100*3	売買目的有価証券 有価証券売却益	30,300*5 800

＊1　@100円×400株＋400円＝40,400円

＊2　@103円×400株－40,400円＝800円

＊3　@105円×300株－400円＝31,100円

＊4　$(40,400円 + 800円) \times \dfrac{300株}{400株} = 30,900円$

＊5　$40,400円 \times \dfrac{300株}{400株} = 30,300円$

貸 借 対 照 表
×3年3月31日 　　　　　　　　　　　(単位：円)

Ⅰ　流 動 資 産
　　　未 収 収 益 (　　　　400)
Ⅱ　固 定 資 産
　3．投資その他の資産
　　　投 資 有 価 証 券 (　　　38,980) ← 38,800円＋180円

損 益 計 算 書
自×2年4月1日　至×3年3月31日　　　(単位：円)
　　　　　　　⋮　　　　　　　　　　　　　　　　⋮
Ⅳ　営 業 外 収 益
　　〔有価証券利息〕　　 800円＋400円＋180円 ⟶ 1,380)
Ⅴ　営 業 外 費 用
　　〔　　　　　　〕　　　　　　　　　　　(　　　　　　)
　　　　　　　⋮　　　　　　　　　　　　　　　　⋮

解説

(1)　有価証券利息の未収

$$40,000円 \times 4\% \times \frac{3か月（×3年1/1～3/31）}{12か月} = 400円$$

　（未 収 収 益）　　　400　　（有 価 証 券 利 息）　　　400

(2)　金利調整差額の償却

　金利調整差額：40,000円 − 38,800円 ＝ 1,200円

　当期償却額：$1,200円 \div 5年 \times \dfrac{9か月（×2年7/1～×3年3/31）}{12か月} = 180円$

　（満期保有目的債券）　　　180　　（有 価 証 券 利 息）　　　180
　　　投資有価証券

貸 借 対 照 表

×3年3月31日　　　　　　（単位：円）

┆

Ⅱ　固　定　資　産
　3．投資その他の資産
　　投 資 有 価 証 券（　　　49,169）

損 益 計 算 書

自×2年4月1日　至×3年3月31日　　（単位：円）

┆　　　　　　　　　　　　　　　　　　　┆

Ⅳ　営 業 外 収 益
　〔有 価 証 券 利 息〕　4,000円＋83円＋86円 ─→ 4,169）
Ⅴ　営 業 外 費 用
　〔　　　　　　〕　　　　　　　　（　　　　　　）

┆　　　　　　　　　　　　　　　　　　　┆

解説

(1)　×2年9月30日（利払日）

クーポン利息：$50,000円 × 8\% × \dfrac{6か月}{12か月} = 2,000円$

利息配分額：$49,000円 × 8.5\% × \dfrac{6か月}{12か月} ≒ 2,083円$

償　却　額：2,083円 － 2,000円 ＝ 83円
（満期保有目的債券）　　　83　（有 価 証 券 利 息）　　　83
　投資有価証券

帳　簿　価　額：49,000円 ＋ 83円 ＝ 49,083円

(2)　×3年3月31日（利払日）

クーポン利息：$50,000円 × 8\% × \dfrac{6か月}{12か月} = 2,000円$

利息配分額：$49,083円 × 8.5\% × \dfrac{6か月}{12か月} ≒ 2,086円$

償　却　額：2,086円 － 2,000円 ＝ 86円
（満期保有目的債券）　　　86　（有 価 証 券 利 息）　　　86
　投資有価証券

帳　簿　価　額：49,083円 ＋ 86円 ＝ 49,169円　← B/S投資有価証券

(A) 全部純資産直入法

	借 方 科 目	金 額	貸 方 科 目	金 額
(1)	その他有価証券	40,000	当 座 預 金	40,000
(2)	その他有価証券	50,000	当 座 預 金	50,000
(3)	その他有価証券 その他有価証券評価差額金	2,000 3,000*²	その他有価証券評価差額金 その他有価証券	2,000*¹ 3,000
(4)	その他有価証券評価差額金 その他有価証券	2,000 3,000	その他有価証券 その他有価証券評価差額金	2,000 3,000
(5)	その他有価証券評価差額金 その他有価証券	1,500*³ 1,000	その他有価証券 その他有価証券評価差額金	1,500 1,000*⁴

(B) 部分純資産直入法

	借 方 科 目	金 額	貸 方 科 目	金 額
(1)	その他有価証券	40,000	当 座 預 金	40,000
(2)	その他有価証券	50,000	当 座 預 金	50,000
(3)	その他有価証券 投資有価証券評価損	2,000 3,000*²	その他有価証券評価差額金 その他有価証券	2,000*¹ 3,000
(4)	その他有価証券評価差額金 その他有価証券	2,000 3,000	その他有価証券 投資有価証券評価損	2,000 3,000
(5)	投資有価証券評価損 その他有価証券	1,500*³ 1,000	その他有価証券 その他有価証券評価差額金	1,500 1,000*⁴

* 1　A社株式：42,000円 − 40,000円 = 2,000円 （評価益）
* 2　B社株式：47,000円 − 50,000円 = △3,000円 （評価損）
* 3　A社株式：38,500円 − 40,000円 = △1,500円 （評価損）
* 4　B社株式：51,000円 − 50,000円 = 1,000円 （評価益）

貸 借 対 照 表
×3年3月31日　　　　　　（単位：円）

⋮　　　　　　　　　　　　⋮

Ⅱ　固 定 資 産　　　　　｜　Ⅱ　評価・換算差額等

　3．投資その他の資産　　　　その他有価証券評価差額金（　　　5,600）

　　投 資 有 価 証 券（　　138,250）

72,800円＋65,450円

損 益 計 算 書
自×2年4月1日　至×3年3月31日　　　（単位：円）

⋮　　　　　　　　　　　　⋮

Ⅳ　営 業 外 収 益

　〔　　　　　〕　　　　　　　　（　　　　　　）

Ⅴ　営 業 外 費 用

　〔投資有価証券評価損〕　　　　　（　　　3,570）

解説 ●●

(1)　E社株式

　（その他有価証券）　　　5,600　　（その他有価証券評価差額金）　　5,600*

　　　投資有価証券

　　＊　72,800円－67,200円＝5,600円（評価益）

(2)　F社株式

　（投資有価証券評価損）　　3,570*　（その他有価証券）　　　3,570

　　　　　　　　　　　　　　　　　　　　投資有価証券

　　＊　65,450円－69,020円＝△3,570円（評価損）

貸 借 対 照 表
×3年3月31日　　　　　　　　　　（単位：円）

⋮

Ⅱ　固　定　資　産　　┌ I 社株式実質価額 ┐

　3．投資その他の資産

　　　投 資 有 価 証 券（　　22,340）

　　　子 会 社 株 式（　　114,600）　　75,600円＋39,000円
　　　　　　　　　　　　　　　　　　　　G社株式　　　H社株式
　　　　　　　　　　　　　　　　　　　（取得原価）　　（時価）

損 益 計 算 書
自×2年4月1日　至×3年3月31日　　　（単位：円）

⋮　　　　　　　　　　　　　　　　　　　⋮

Ⅶ　特　別　損　失

　　〔投資有価証券評価損〕　　　　　　（　　24,510）

　　〔子会社株式評価損〕　　　　　　　（　　42,000）

⋮　　　　　　　　　　　　　　　　　　　⋮

解説 ●

(1)　G社株式（子会社株式、強制評価減なし）

　　　仕訳なし

(2)　H社株式（子会社株式、強制評価減あり）

　　（子会社株式評価損）　　42,000*　（子 会 社 株 式）　　42,000

　　＊　39,000円 － 81,000円 ＝△42,000円

(3)　I社株式（その他有価証券、実価法）

　　（投資有価証券評価損）　　24,510　（その他有価証券）　　24,510*
　　　　　　　　　　　　　　　　　　　　　　投資有価証券

　　＊　①純 資 産：982,000円 － 758,600円 ＝ 223,400円

　　　　②実質価額：223,400円 × 10％ ＝ 22,340円

　　　　③22,340円 － 46,850円 ＝△24,510円（評価損）

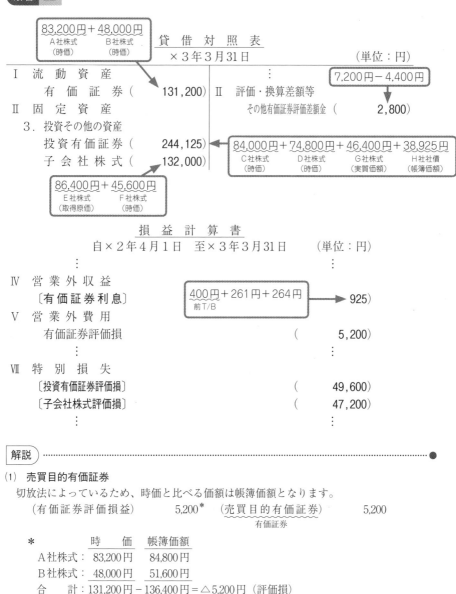

貸借対照表
×３年３月31日　　　　　　　　　（単位：円）

83,200円＋48,000円
Ａ社株式　　Ｂ社株式
（時価）　　（時価）

Ⅰ　流　動　資　産
　　　有　価　証　券（　　131,200）

Ⅱ　固　定　資　産
　　3．投資その他の資産
　　　投資有価証券（　　244,125）
　　　子会社株式（　　132,000）

：
Ⅱ　評価・換算差額等
　　その他有価証券評価差額金（　　2,800）

7,200円－4,400円

84,000円＋74,800円＋46,400円＋38,925円
Ｃ社株式　Ｄ社株式　Ｇ社株式　Ｈ社社債
（時価）　（時価）　（実質価額）（帳簿価額）

86,400円＋45,600円
Ｅ社株式　　Ｆ社株式
（取得原価）　（時価）

損　益　計　算　書
自×２年４月１日　至×３年３月31日　　　（単位：円）
：　　　　　　　　　　　　　：

Ⅳ　営　業　外　収　益
　　〔有　価　証　券　利　息〕

400円＋261円＋264円
前T/B

925）

Ⅴ　営　業　外　費　用
　　　有価証券評価損　　　　　　　　（　　5,200）
：　　　　　　　　　　　　　：

Ⅶ　特　別　損　失
　　〔投資有価証券評価損〕　　　　　　（　　49,600）
　　〔子会社株式評価損〕　　　　　　　（　　47,200）
：　　　　　　　　　　　　　：

解説 ....●

(1) 売買目的有価証券
切放法によっているため、時価と比べる価額は帳簿価額となります。
（有価証券評価損益）　　　5,200*　（売買目的有価証券）　　　5,200
　　　　　　　　　　　　　　　　　　　有価証券

*　　　　時　　価　　帳簿価額
Ａ社株式：　83,200円　　84,800円
Ｂ社株式：　48,000円　　51,600円
合　　計：131,200円－136,400円＝△5,200円（評価損）

(2) その他有価証券

その他有価証券は洗替法によって処理します。したがって、時価と比べる価額は取得原価となります。

① 再振替仕訳

（その他有価証券評価差額金）　　800*1　（その他有価証券）　　800

＊1　決算整理前残高試算表より

② C社株式

（その他有価証券）　　7,200　（その他有価証券評価差額金）　7,200*2
　　投資有価証券

＊2　84,000円－76,800円＝7,200円（評価益）

③ D社株式

（その他有価証券評価差額金）　4,400*3　（その他有価証券）　　4,400
　　　　　　　　　　　　　　　　　　　　　　投資有価証券

＊3　74,800円－79,200円＝△4,400円（評価損）

④ G社株式（実価法）

（投資有価証券評価損）　49,600*4　（その他有価証券）　　49,600
　　　　　　　　　　　　　　　　　　　　　投資有価証券

＊4　①実質価額：464,000円×10％＝46,400円

②46,400円－96,000円＝△49,600円（評価損）

(3) 子会社株式

① E社株式（強制評価減なし）

仕訳なし

② F社株式（強制評価減あり）

（子会社株式評価損）　47,200*　（子会社株式）　47,200

＊　45,600円－92,800円＝△47,200円

(4) 満期保有目的債券（H社社債）

① ×2年9月30日（利払日）

クーポン利息：$40,000円 \times 1\% \times \dfrac{6 か月}{12 か月} = 200円$

利息配分額：$38,400円 \times 2.4\% \times \dfrac{6 か月}{12 か月} \fallingdotseq 461円$

償却額：461円－200円＝261円

（満期保有目的債券）　261　（有価証券利息）　261
　　投資有価証券

帳簿価額：38,400円＋261円＝38,661円

② ×3年3月31日（利払日）

クーポン利息：$40,000円 \times 1\% \times \dfrac{6か月}{12か月} = 200円$

利息配分額：$38,661円 \times 2.4\% \times \dfrac{6か月}{12か月} ≒ 464円$

償　却　額：$464円 - 200円 = 264円$

（満期保有目的債券）　　　264　（有 価 証 券 利 息）　　　264
　　投資有価証券

帳 簿 価 額：$38,661円 + 264円 = 38,925円$

解答 23

	借 方 科 目	金　　額	貸 方 科 目	金　　額
(1)	その他有価証券 有価証券評価損益	6,000 1,000	売買目的有価証券	7,000
(2)	その他有価証券	8,000	満期保有目的債券	8,000
(3)	売買目的有価証券	9,000	子 会 社 株 式	9,000
(4)	売買目的有価証券	6,400	その他有価証券 投資有価証券評価損益	6,000 400
(5)	子 会 社 株 式	4,500	その他有価証券	4,500
(6)	子 会 社 株 式 投資有価証券評価損益	6,400 200	その他有価証券	6,600

	借 方 科 目	金 額	貸 方 科 目	金 額
(1)	備　　　　　品	4,800	当 座 預 金 現　　　　　金	4,500*1 300
(2)	建　　　　　物	18,000	建 設 仮 勘 定 当 座 預 金	8,000 10,000
(3)	減 価 償 却 費	4,000	建物減価償却累計額 備品減価償却累計額	1,300*2 2,700*3

＊1　5,000円 − 500円 = 4,500円

＊2　①既存分：(45,000円 − 18,000円) ÷ 30年 = 900円

　　　②新規分：$18,000円 ÷ 30年 \times \dfrac{8か月}{12か月} = 400円$

　　　③① + ② = 1,300円

＊3　①既存分：(14,600円 − 4,800円 − 3,000円) × 0.25 = 1,700円

　　　②新規分：$4,800円 \times 0.25 \times \dfrac{10か月}{12か月} = 1,000円$

　　　③① + ② = 2,700円

	借 方 科 目	金 額	貸 方 科 目	金 額
(1)	土　　　　　地 建　　　　　物	15,000*1 5,000*2	当　座　預　金	20,000
(2)	土　　　　　地	10,000	資　　本　　金	10,000*3
(3)	土　　　　　地	4,500	土　　　　　地	4,500
(4)	土　　　　　地	5,300	土　　　　　地 現　　　　　金	5,000 300
(5)	土　　　　　地	15,000*4	その他有価証券 投資有価証券売却益	12,000*5 3,000*6
(6)	土　　　　　地	20,000	固定資産受贈益	20,000

*1　$20,000 円 \times \dfrac{18,000 円}{18,000 円 + 6,000 円} = 15,000 円$

*2　$20,000 円 \times \dfrac{6,000 円}{18,000 円 + 6,000 円} = 5,000 円$

*3　@20円 × 500株 = 10,000円

*4　@150円 × 100株 = 15,000円

*5　@120円 × 100株 = 12,000円

*6　貸借差額

	借 方 科 目	金 額	貸 方 科 目	金 額
(1)	備 品 前 払 利 息	11,700 300*1	営 業 外 支 払 手 形	12,000
(2)	営 業 外 支 払 手 形 支 払 利 息	4,000 100*2	当 座 預 金 前 払 利 息	4,000 100
(3)	備 品 前 払 利 息	76,160 3,840*3	営 業 外 支 払 手 形	80,000
(4)	営 業 外 支 払 手 形 支 払 利 息	20,000 1,523*4	当 座 預 金 前 払 利 息	20,000 1,523
(5)	営 業 外 支 払 手 形 支 払 利 息	20,000 1,154*5	当 座 預 金 前 払 利 息	20,000 1,154

* 1　12,000円 − 11,700円 = 300円
* 2　300円 ÷ 3枚 = 100円
* 3　80,000円 − 76,160円 = 3,840円
* 4　76,160円 × 2％ ≒ 1,523円
* 5　下記、解説参照

解説

(5)　利息法による場合の支払利息等の計算は次のとおりです。

支払日	(1)月初元本 未返済額	(2)支払額	(3)利息分 (支払利息) (1)× 2%	(4)元本返済分 (2)−(3)	(5)月末元本 未返済額 (1)−(4)
第1回目	76,160 円	20,000 円	1,523 円	18,477 円	57,683 円
第2回目	57,683 円	20,000 円	1,154 円	18,846 円	38,837 円
第3回目	38,837 円	20,000 円	777 円	19,223 円	19,614 円
第4回目	19,614 円	20,000 円	386 円*	19,614 円	0 円
合　計	—	80,000 円	3,840 円	76,160 円	—

*　20,000円 − 19,614円 = 386円

問1	1年目：	62,500円	2年目：	62,500円
問2	1年目：	125,000円	2年目：	93,750円
問3	1年目：	81,000円	2年目：	74,250円
問4	1年目：	90,000円	2年目：	72,000円

解説 ....●

問1 **定額法**

1年目、2年目：500,000円 ÷ 8年 = 62,500円

問2 **定率法**

1年目：500,000円 × 0.25 = 125,000円

2年目：(500,000円 − 125,000円) × 0.25 = 93,750円

問3 **生産高比例法**

1年目：$300,000円 \times 0.9 \times \dfrac{6,000km}{20,000km} = 81,000円$

2年目：$300,000円 \times 0.9 \times \dfrac{5,500km}{20,000km} = 74,250円$

問4 **級数法**

1年目：$300,000円 \times 0.9 \times \dfrac{5}{5 + 4 + 3 + 2 + 1} = 90,000円$

2年目：$300,000円 \times 0.9 \times \dfrac{4}{5 + 4 + 3 + 2 + 1} = 72,000円$

解答 28

減価償却費 　　　　　　200,000円*

＊ ①償　却　率：1 ÷ 5年 × 2 = 0.4

②減価償却費：500,000円 × 0.4 = 200,000円

問1　　　　6年　　　問2　　　　420,000円

問3

借　方　科　目	金　　　額	貸　方　科　目	金　　　額
機械減価償却累計額	360,000	機　　　　　械	400,000
貯　　蔵　　品	40,000		

解説 ……………………………………………………………………●

問1　平均耐用年数

	要償却額	1年分の減価償却費
A機械	400,000円 × 0.9 ＝　360,000円	360,000円 ÷ 3年 ＝ 120,000円
B機械	800,000円 × 0.9 ＝　720,000円	720,000円 ÷ 6年 ＝ 120,000円
C機械	1,600,000円 × 0.9 ＝ 1,440,000円	1,440,000円 ÷ 8年 ＝ 180,000円
合　計	2,520,000円	420,000円

平均耐用年数：$\dfrac{2,520,000円}{420,000円} = 6年$

問2　総合償却による減価償却費の計算

減価償却費：$\dfrac{2,520,000円}{6年} = 420,000円$

問3　A機械の除却

　総合償却は個々の固定資産の未償却残高を把握しないので、一部の資産を除却したときは、（要償却額をすべて償却したものとして）残存価額を貯蔵品勘定に振り替えます。

減価償却累計額：400,000円 × 0.9 ＝ 360,000円
貯　　蔵　　品：400,000円 × 0.1 ＝　40,000円

決算整理後残高試算表

×8年3月31日　　　　　　　（単位：千円）

建　　　　　物（　130,000）	建物減価償却累計額（	27,300）
車　　　　　両（　51,200）	車両減価償却累計額（	29,600）
減　価　償　却　費（　11,100）		

解説 ....●

　前期まで直接法によって処理しているので、前T/Bの金額は未償却残高（帳簿価額）を表します。したがって、取得原価をX千円として期首減価償却累計額を計算し、取得原価（X千円）と期首減価償却累計額との差額が未償却残高（前T/Bの金額）となる計算式を組み立ててから、取得原価を計算します。

(1)　建物

　①　取得原価

　　ⓐ取得原価：X

　　ⓑ期首減価償却累計額：$0.9 X \times \dfrac{6年（×1年4/1～×7年3/31）}{30年} = 0.18 X$

　　ⓒ $X - 0.18 X = 106,600$

　　ⓓ $X = 130,000$（千円）

　②　当期の減価償却費

　　130,000千円 × 0.9 ÷ 30年 = 3,900千円

　　（減　価　償　却　費）　　　3,900　　（建物減価償却累計額）　　　3,900

　③　当期末の減価償却累計額

　　3,900千円 × 7年 = 27,300千円

(2)　車両

　①　取得原価

　　ⓐ取得原価：X

　　ⓑ1年目（×5年4/1～×6年3/31）の減価償却費：$X \times 0.25 = 0.25 X$

　　　2年目（×6年4/1～×7年3/31）の減価償却費：$(X - 0.25 X) \times 0.25 = 0.1875 X$

　　　期首減価償却累計額：$0.25 X + 0.1875 X = 0.4375 X$

　　ⓒ $X - 0.4375 X = 28,800$

　　ⓓ $X = 51,200$（千円）

　②　当期の減価償却費

　　28,800千円 × 0.25 = 7,200千円

　　（減　価　償　却　費）　　　7,200　　（車両減価償却累計額）　　　7,200

　③　当期末の減価償却累計額

　　（<u>51,200千円 − 28,800千円</u>）＋ 7,200千円 = 29,600千円
　　　　　前期末までの減価償却累計額

損 益 計 算 書
自×7年4月1日 至×8年3月31日 （単位：円）
⋮ ⋮
Ⅲ 販売費及び一般管理費
　減 価 償 却 費 （ 90,000)*
⋮ ⋮

* ①残 存 価 額：0円
　②減価償却費：（432,000円 − 0円 − 162,000円）÷ 3年 = 90,000円

貸 借 対 照 表
×8年3月31日
⋮

Ⅱ 固 定 資 産
　1．有形固定資産

162,000円 + 90,000円

　　備　　　品 （ 432,000)
　　減価償却累計額 （ 252,000)（ 180,000 ）

	借 方 科 目	金 額	貸 方 科 目	金 額
(1)	現　　　　　　　金	150,000	備　　　　　　品	400,000
	未　収　入　金	150,000		
	備品減価償却累計額	90,000		
	減　価　償　却　費	7,500		
	固 定 資 産 売 却 損	2,500		
(2)	備品減価償却累計額	108,000	備　　　　　　品	200,000
	減　価　償　却　費	36,000		
	貯　　　蔵　　　品	30,000		
	固 定 資 産 除 却 損	26,000		
(3)	車　　　　　　両	799,500	車　　　　　　両	600,000
	車両減価償却累計額	292,800	現　　　　　　金	560,000
	減　価　償　却　費	15,360		
	固 定 資 産 売 却 損	52,340		

解説

(1) 備品の売却

①1年分の減価償却費：400,000円 × 0.9 ÷ 8年 = 45,000円

②期首の減価償却累計額：45,000円 × 2年 = 90,000円

③当期分の減価償却費：$45,000円 × \dfrac{2か月（×3年4/1～5/31）}{12か月} = 7,500円$

(2) 備品の除却

①1年分の減価償却費：200,000円 × 0.9 ÷ 5年 = 36,000円

②期首の減価償却累計額：36,000円 × 3年 = 108,000円

③当期分の減価償却費（1年分）：36,000円

(3) 車両の買換え

① 旧車両の売却の仕訳

（車両減価償却累計額）	292,800	（車　　　　両）	600,000
（減　価　償　却　費）	15,360*1		
（現　　　　　金）	239,500*2		
（固 定 資 産 売 却 損）	52,340		

＊1　$（600,000円 － 292,800円）× 20\% × \dfrac{3か月（×5年4/1～6/30）}{12か月} = 15,360円$

＊2　時価

85

② 新車両の購入の仕訳

　　下取価格と時価との差額は値引として処理します。

　　（車　　　　　両）　　799,500^{＊3}　（現　　　　　金）　　799,500
　　＊3　800,000円－（240,000円－239,500円）＝799,500円

　上記の①と②の仕訳をあわせた仕訳が解答の仕訳です。

解答　33

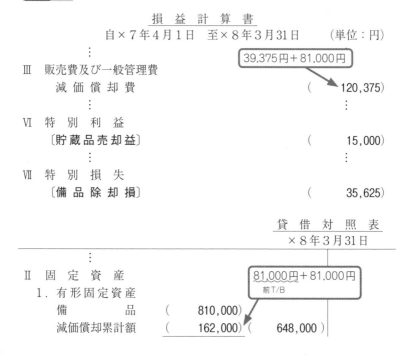

　　　　　　　　　損　益　計　算　書
　　　　　　自×7年4月1日　至×8年3月31日　　　（単位：円）
　　　　　⋮
　　　　　　　　　　　　　　　　　　39,375円＋81,000円
Ⅲ　販売費及び一般管理費
　　減 価 償 却 費　　　　　　　　　　　　（　　120,375）
　　　　　⋮　　　　　　　　　　　　　　　　　　⋮
Ⅵ　特　別　利　益
　　〔貯 蔵 品 売 却 益〕　　　　　　　　　（　　　15,000）
　　　　　⋮　　　　　　　　　　　　　　　　　　⋮
Ⅶ　特　別　損　失
　　〔備 品 除 却 損〕　　　　　　　　　　（　　　35,625）

　　　　　　　　　　　　　　　　　　貸　借　対　照　表
　　　　　　　　　　　　　　　　　　　　×8年3月31日
　　　　　⋮
Ⅱ　固　定　資　産　　　　　　　　　81,000円＋81,000円
　1．有形固定資産　　　　　　　　　　前T/B
　　備　　　　　品　（　　810,000）
　　減価償却累計額　（　　162,000）（　　648,000）

86

(1) 備品の除却（正しい仕訳）

　期中に備品を除却しているにもかかわらず、当期分の減価償却費を計上していないので、正しい仕訳をします（この問題は修正仕訳をしなくても解答の金額を求めることができるので、修正仕訳は省略します）。

（備品減価償却累計額）	540,000	（備 品）	675,000
（減 価 償 却 費）	39,375*1		
（貯 蔵 品）	60,000		
（備 品 除 却 損）	35,625*2		

＊1　$675,000 円 \div 10 年 \times \dfrac{7 か月}{12 か月} = 39,375 円$

＊2　貸借差額

(2) 残っている備品の減価償却費の計上

（減 価 償 却 費）	81,000*	（備品減価償却累計額）	81,000

＊　$810,000 円 \div 10 年 = 81,000 円$

解答 34

	借　方　科　目	金　　額	貸　方　科　目	金　　額
(1)	火 災 未 決 算	138,000	建　　　　物	138,000*1
(2)	未 収 入 金 火 災 損 失	100,000 38,000	火 災 未 決 算	138,000
(3)	建物減価償却累計額 減 価 償 却 費 火 災 未 決 算	252,000 4,500*2 143,500	建　　　　物	400,000
(4)	未 収 入 金	200,000	火 災 未 決 算 保 険 差 益	143,500 56,500

＊1　$300,000 円 - 162,000 円 = 138,000 円$

＊2　$400,000 円 \times 0.9 \div 20 年 \times \dfrac{3 か月}{12 か月} = 4,500 円$

損 益 計 算 書
自×7年4月1日　至×8年3月31日　　（単位：円）

Ⅲ　販売費及び一般管理費
　　減 価 償 却 費　　　　　　4,200円＋10,800円 ──▶ 15,000）

Ⅵ　特 別 利 益
　　〔保 険 差 益〕　　　　　　　　　　　　　（　　　28,200）

Ⅶ　特 別 損 失
　　〔　　　　　　　〕　　　　　　　　　　　（　　　　　　）

600,000円－240,000円
前T/B

貸 借 対 照 表
×8年3月31日

432,000円－144,000円＋10,800円
前T/B

Ⅱ　固 定 資 産
　1．有形固定資産
　　　建　　　　　物　（　　460,000）

※建物（360,000）

　　　減価償却累計額　（　298,800）（　61,200 ）

解説

(1)　建物の滅失（正しい仕訳）
　　（建物減価償却累計額）　144,000　（建　　　　物）　240,000
　　（減 価 償 却 費）　　4,200*1　（保 険 差 益）　28,200*2
　　（現 金 な ど）　　120,000

　　＊1　240,000円×0.9÷30年× $\dfrac{7\text{か月（×7年4/1～10/15）}}{12\text{か月}}$ ＝4,200円

　　＊2　貸借差額

(2)　修正仕訳
　　（建物減価償却累計額）　144,000　（建　　　　物）　240,000
　　（減 価 償 却 費）　　4,200　（保 険 差 益）　28,200
　　（仮 　受 　金）　120,000

(3)　残っている建物の減価償却費の計上
　　（減 価 償 却 費）　10,800*　（建物減価償却累計額）　10,800
　　＊　（600,000円－240,000円）×0.9÷30年＝10,800円

	借 方 科 目	金 額	貸 方 科 目	金 額
(1)	現　　　　　金	1,500,000	国 庫 補 助 金 収 入	1,500,000
(2)	備　　　　　品	4,000,000	当 座 預 金	4,000,000
	固 定 資 産 圧 縮 損	1,500,000	備　　　　　品	1,500,000
(3)	減 価 償 却 費	337,500*	備品減価償却累計額	337,500

＊ $(4,000,000 円 - 1,500,000 円) \times 0.9 \div 5 年 \times \dfrac{9 か月}{12 か月} = 337,500 円$

損 益 計 算 書

自×7年4月1日　至×8年3月31日　　（単位：円）

⋮　　　　　　　　　　　　　　　⋮

Ⅲ　販売費及び一般管理費

　　減 価 償 却 費　　　　　　　　　（　　　27,450）

⋮　　　　　　　　　　　　　　　⋮

Ⅵ　特 別 利 益

　　〔国庫補助金収入〕　　　　　　　（　　　60,000）

⋮　　　　　　　　　　　　　　　⋮

Ⅶ　特 別 損 失

　　〔固定資産圧縮損〕　　　　　　　（　　　60,000）

⋮　　　　　　　　　　　　　　　⋮

貸 借 対 照 表

×8年3月31日

⋮

Ⅱ　固 定 資 産

　1．有形固定資産

　　建　　　　物　　（　　660,000）

　　減価償却累計額　（　　270,450）（　　389,550）

(1) 有形固定資産の取得時の処理

直接減額方式による圧縮記帳を行うので、国庫補助金相当額（国庫補助金収入）の分だけ固定資産の取得原価を減額します。なお、本問は２つめの仕訳が未処理となっています。

| （建 物） | 180,000 | （当座預金など） | 180,000 | ←処理済 |
| （固定資産圧縮損） | 60,000 | （建 物） | 60,000 | ←未処理 |

(2) 減価償却費の計上

| （減 価 償 却 費） | 27,450* | （建物減価償却累計額） | 27,450 |

* 当期取得分：$(180,000 円 - 60,000 円) \times 0.9 \div 20 年 \times \dfrac{7 か月}{12 か月} = 3,150 円$

既 存 分：$(720,000 円 - 180,000 円) \times 0.9 \div 20 年 = 24,300 円$

合 計：$3,150 円 + 24,300 円 = 27,450 円$

解答 38

722,700円＋53,138円
前T/B

決算整理後残高試算表
×８年３月31日 （単位：円）

建 物	（ 2,220,000）	建物減価償却累計額	（ 775,838）
修 繕 費	（ 114,000）		
減 価 償 却 費	（ 53,138）		

2,190,000円＋30,000円
前T/B　　資本的支出

(1) 経過年数の計算

期首試算表の金額より、建物の取得日から前期末までの経過年数を計算します。

$2,190,000 円 \times 0.9 \times \dfrac{X 年}{30 年} = 722,700 円$

X（年）＝ 11年

(2) 期中取引の処理

現金支出額のうち、耐用年数延長分に対応する金額を**建物（資産）**、それ以外の金額を**修繕費（費用）**として処理します。

建 物（資本的支出）：$144,000 円 \times \dfrac{5 年}{24 年} = 30,000 円$

修繕費（収益的支出）：$144,000 円 - 30,000 円 = 114,000 円$

| （建 物） | 30,000 | （現 金） | 144,000 |
| （修 繕 費） | 114,000 | | |

（3）減価償却費の計上（決算整理）

（減 価 償 却 費） 53,138* （建物減価償却累計額） 53,138

＊ 資本的支出：30,000円 × 0.9 ÷ 24年 = 1,125円
既 存 分：（2,190,000円 − 2,190,000円 × 0.1 − 722,700円）÷ 24年 ≒ 52,013円
合 計：1,125円 + 52,013円 = 53,138円

解答 39

問1 資産除去債務 ＿＿＿1,725円＿＿＿

問2 減価償却費 ＿＿＿8,345円＿＿＿ 利 息 費 用 ＿＿＿52円＿＿＿
　　 資産除去債務 ＿＿＿1,777円＿＿＿

問3 利 息 費 用 ＿＿＿58円＿＿＿ 履 行 差 額 ＿＿＿100円＿＿＿

解説

（1）×1年4月1日の仕訳

資産除去債務：$\dfrac{2,000円}{(1 + 0.03)^5}$ ≒ 1,725円 … 問1

（機 械） 41,725 （現 金 預 金） 40,000
（資 産 除 去 債 務） 1,725

（2）×2年3月31日の仕訳

① 減価償却費の計上
減価償却費：41,725円 ÷ 5年 = 8,345円 … 問2

（減 価 償 却 費） 8,345 （機械減価償却累計額） 8,345

② 時の経過による資産除去債務の増加額（利息費用）
利息費用：1,725円 × 3% ≒ 52円 … 問2

（利 息 費 用） 52 （資 産 除 去 債 務） 52

資産除去債務：1,725円 + 52円 = 1,777円 … 問2

(3) ×3年3月31日の仕訳
  ① 減価償却費の計上
    減価償却費：41,725円÷5年＝8,345円
    （減 価 償 却 費）　　　8,345　（機械減価償却累計額）　　　8,345
  ② 時の経過による資産除去債務の増加額（利息費用）
    利息費用：1,777円×3％≒53円
    （利 息 費 用）　　　53　（資 産 除 去 債 務）　　　53
    資産除去債務：1,777円＋53円＝1,830円
(4) ×4年3月31日の仕訳
  ① 減価償却費の計上
    減価償却費：41,725円÷5年＝8,345円
    （減 価 償 却 費）　　　8,345　（機械減価償却累計額）　　　8,345
  ② 時の経過による資産除去債務の増加額（利息費用）
    利息費用：1,830円×3％≒55円
    （利 息 費 用）　　　55　（資 産 除 去 債 務）　　　55
    資産除去債務：1,830円＋55円＝1,885円
(5) ×5年3月31日の仕訳
  ① 減価償却費の計上
    減価償却費：41,725円÷5年＝8,345円
    （減 価 償 却 費）　　　8,345　（機械減価償却累計額）　　　8,345
  ② 時の経過による資産除去債務の増加額（利息費用）
    利息費用：1,885円×3％≒57円
    （利 息 費 用）　　　57　（資 産 除 去 債 務）　　　57
    資産除去債務：1,885円＋57円＝1,942円
(6) ×6年3月31日の仕訳
  ① 減価償却費の計上
    減価償却費：41,725円÷5年＝8,345円
    （減 価 償 却 費）　　　8,345　（機械減価償却累計額）　　　8,345
  ② 時の経過による資産除去債務の増加（利息費用）
    利息費用：1,942円×3％≒58円 … 問3
    （利 息 費 用）　　　58　（資 産 除 去 債 務）　　　58
    資産除去債務：1,942円＋58円＝2,000円
  ③ 資産の除去
    減価償却累計額（帳簿価額）：
        8,345円＋8,345円＋8,345円＋8,345円＋8,345円＝41,725円
    （機械減価償却累計額）　41,725　（機　　　　　　械）　41,725
  ④ 資産除去債務の履行
    （資 産 除 去 債 務）　2,000　（現 金 預 金）　2,100
    （履 行 差 額）　100 … 問3

問1　資産除去債務　　　　52,407 円
問2　資産除去債務　　　　47,388 円

解説 ●

問1　×2年3月31日（除去時の支出見積額が増加した場合）

(1)　×1年4月1日の仕訳

資産除去債務：$\dfrac{61,000\text{円}}{(1+0.05)^5} \fallingdotseq 47,795\text{円}$

（機　　　　　械）	1,847,795	（現　金　預　金）	1,800,000
		（資 産 除 去 債 務）	47,795

(2)　×2年3月31日の仕訳

①　減価償却費の計上

減価償却費：1,847,795円 ÷ 5年 = 369,559円

（減　価　償　却　費）	369,559	（機械減価償却累計額）	369,559

②　時の経過による資産除去債務の増加額（利息費用）

利息費用：47,795円 × 5％ ≒ 2,390円

（利　　息　　費　　用）	2,390	（資 産 除 去 債 務）	2,390

③　将来キャッシュ・フローの見積額増加による資産除去債務の調整

見積額が増加した×2年3月31日における割引率4％を用います。

資産除去債務：$\dfrac{63,600\text{円} - 61,000\text{円}}{(1+0.04)^4} \fallingdotseq 2,222\text{円}$

（機　　　　　械）	2,222	（資 産 除 去 債 務）	2,222

資産除去債務：47,795円 + 2,390円 + 2,222円 = 52,407円 … **問1**

問2　×2年3月31日（除去時の支出見積額が減少した場合）

(1)　×1年4月1日の仕訳

資産除去債務：$\dfrac{61,000\text{円}}{(1+0.05)^5} \fallingdotseq 47,795\text{円}$

（機　　　　　械）	1,847,795	（現　金　預　金）	1,800,000
		（資 産 除 去 債 務）	47,795

(2)　×2年3月31日の仕訳

①　減価償却費の計上

減価償却費：1,847,795円 ÷ 5年 = 369,559円

（減　価　償　却　費）	369,559	（機械減価償却累計額）	369,559

②　時の経過による資産除去債務の増加額（利息費用）

利息費用：47,795円 × 5％ ≒ 2,390円

（利　　息　　費　　用）	2,390	（資 産 除 去 債 務）	2,390

③　将来キャッシュ・フローの見積額減少による資産除去債務の調整

資産除去債務を計上した×1年4月1日における割引率5％を用います。

資産除去債務：$\dfrac{61{,}000\,\text{円} - 57{,}600\,\text{円}}{(1 + 0.05)^4} ≒ 2{,}797\,\text{円}$

（資産除去債務）　　　2,797　　（機　　　　械）　　　2,797

資産除去債務：47,795円 + 2,390円 − 2,797円 = 47,388円 … **問2**

解答 41

	借　方　科　目	金　　　額	貸　方　科　目	金　　　額
(A)	リ　ー　ス　資　産	140,000[*1]	リ　ー　ス　債　務	140,000
(B)	支　払　利　息	5,681[*2]	現　　　　　金	31,500
	リ　ー　ス　債　務	25,819[*3]		
(C)	減　価　償　却　費	21,000[*4]	減　価　償　却　累　計　額	21,000

* 1　貸手の購入価額

* 2　利息分：140,000円 × 4.058% ≒ 5,681円

* 3　元本分：31,500円 − 5,681円 = 25,819円

* 4　140,000円 × 0.9 ÷ 6年 = 21,000円

解説

　所有権移転ファイナンス・リース取引の場合で、貸手の購入価額が明らかなときは、貸手の購入価額を取得原価として計上します。また、所有権移転ファイナンス・リース取引の場合は、経済的耐用年数を用いて減価償却費を計算します。なお、残存価額はほかの固定資産と同様の残存価額を用います。

	借方科目	金額	貸方科目	金額
(A)	リ ー ス 資 産	200,000*1	リ ー ス 債 務	200,000
(B)	支 払 利 息 リ ー ス 債 務	12,800*2 35,200*3	現　　　　　金	48,000
(C)	減 価 償 却 費	30,000*4	減価償却累計額	30,000

＊1　①見積現金購入価額：210,000円
　　　②リース料総額の割引現在価値：200,000円（下図参照）
　　　③① ＞ ② → 200,000円
＊2　利息分：200,000円×6.4％＝12,800円
＊3　元本分：48,000円－12,800円＝35,200円
＊4　200,000円×0.9÷6年＝30,000円

解説 ••

　所有権移転ファイナンス・リース取引の場合で、貸手の購入価額が不明なときは、見積現金購入価額とリース料総額の割引現在価値とを比べて、いずれか低い方を取得原価として計上します。

リース料総額の割引現在価値

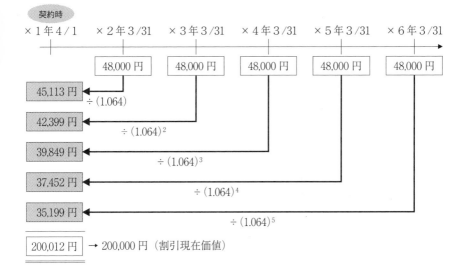

	借　方　科　目	金　　額	貸　方　科　目	金　　額
(A)	リ　ー　ス　資　産	222,591^{*1}	リ　ー　ス　債　務	222,591
(B)	支　払　利　息 リ　ー　ス　債　務	8,904^{*2} 41,096^{*3}	現　　　　　金	50,000
(C)	減　価　償　却　費	44,518^{*4}	減価償却累計額	44,518
(D)	支　払　利　息 リ　ー　ス　債　務	7,260^{*5} 42,740^{*6}	現　　　　　金	50,000

＊1 ①見積現金購入価額：224,000円
　　②リース料総額の割引現在価値：222,591円（次ページの図参照）
　　③① ＞ ② → 222,591円
＊2 利息分：222,591円× 4 ％≒8,904円
＊3 元本分：50,000円－8,904円＝41,096円
＊4 222,591円÷ 5 年≒44,518円
＊5 利息分：(222,591円－41,096円）× 4 ％≒7,260円
＊6 元本分：50,000円－7,260円≒42,740円

解説

　所有権移転外ファイナンス・リース取引の場合は、耐用年数をリース期間、残存価額を0円として減価償却費を計算します。

リース料総額の割引現在価値

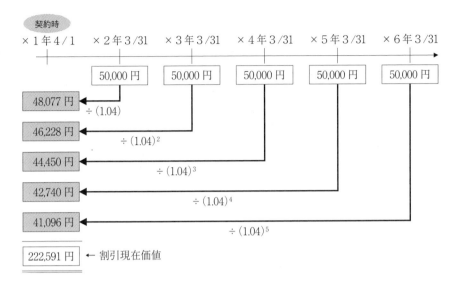

| | 222,591 円 | ← 割引現在価値 |

(A) ×1年度の損益計算書の金額

　①支 払 利 息 　　　　16,488円 　　②減価償却費 　　　　　109,913円

(B) ×1年度末の貸借対照表の金額

　①リース債務（流動負債）　　　　106,620円

　②リース債務（固定負債）　　　　339,432円

解説 ……………………………………………………………………………………●

(1) 取引開始時（×1年4月1日）

　①見積現金購入価額：550,000円

　②リース料総額の割引現在価値：120,000円×4.5797（年3％、5年）＝549,564円

　③①＞② → 549,564円（取得原価、リース債務）

　　（リ ー ス 資 産）　　549,564　　（リ ー ス 債 務）　　549,564

(2) 第1回目のリース料支払時（×2年3月31日）

　年金現価係数表が与えられている場合、×2年3月31日の返済後のリース債務残高を計算して、差額で減少するリース債務（元本）を計算します。また、支払リース料と減少するリース債務（元本）の差額で支払利息を計算します。

　①×1年4月1日のリース債務残高：120,000円×4.5797（年3％、5年）＝549,564円

　②×2年3月31日のリース債務残高：120,000円×3.7171（年3％、4年）＝446,052円

　③減少するリース債務：549,564円−446,052円＝103,512円

　④支払利息：120,000円−103,512円＝16,488円

　　（リ ー ス 債 務）　　103,512　　（現 　 金 　 な 　 ど）　　120,000

　　（支 　 払 　 利 　 息）　　16,488

(3) 決算時（×2年3月31日）

　所有権移転外ファイナンス・リース取引の場合は、耐用年数をリース期間、残存価額を0円として減価償却費を計算します。

　減価償却費：549,564円÷5年≒109,913円

　　（減 　 価 　 償 　 却 　 費）　　109,913　　（減 価 償 却 累 計 額）　　109,913

(4) 流動負債および固定負債に計上されるリース債務

　貸借対照表日の翌日から起算して1年以内に返済期限が到来するリース債務（元本）は流動負債に、1年を超えて返済期限が到来するリース債務（元本）は固定負債に表示します。

　①×2年3月31日のリース債務残高：120,000円×3.7171（年3％、4年）＝446,052円

　②×3年3月31日のリース債務残高：120,000円×2.8286（年3％、3年）＝339,432円

　　　　　　　　　　　　　　　　　　　　　　　　　　　　　　　　　　　　固定負債

　③1年以内に減少するリース債務：446,052円−339,432円＝106,620円

　　　　　　　　　　　　　　　　　　　　　　　　　　　　　　　　　　流動負債

	借 方 科 目	金 額	貸 方 科 目	金 額
(A)	仕 訳 な し			
(B)	支 払 リ ー ス 料	50,000*	未 払 費 用	50,000
(C)	未 払 費 用	50,000	支 払 リ ー ス 料	50,000
(D)	支 払 リ ー ス 料	120,000	現 金	120,000

$$* \quad 120{,}000 円 \times \frac{5 か月 （\times 1 年 11/ 1 \sim \times 2 年 3 /31）}{12 か月} = 50{,}000 円$$

問 1

	借 方 科 目	金 額	貸 方 科 目	金 額
(A)	減 価 償 却 累 計 額 現　　　　　　金 リ ー ス 資 産	24,000 152,000 152,000	備　　　　　　品 長 期 前 受 収 益 リ ー ス 債 務	160,000 16,000 152,000
(B)	支 払 利 息 リ ー ス 債 務	7,600 27,509	現　　　　　　金	35,109
(C)	減 価 償 却 費 長 期 前 受 収 益	27,200 3,200	減 価 償 却 累 計 額 減 価 償 却 費	27,200 3,200

問 2

	借 方 科 目	金 額	貸 方 科 目	金 額
(A)	減 価 償 却 累 計 額 現　　　　　　金 リ ー ス 資 産	24,000 152,000 152,000	備　　　　　　品 長 期 前 受 収 益 リ ー ス 債 務	160,000 16,000 152,000
(B)	支 払 利 息 リ ー ス 債 務	7,600 27,509	現　　　　　　金	35,109
(C)	減 価 償 却 費 長 期 前 受 収 益	30,400 3,200	減 価 償 却 累 計 額 減 価 償 却 費	30,400 3,200

問1 所有権移転ファイナンス・リース取引の場合

(A) 取引開始時（×2年4月1日）

① 備品の売却の処理

（減 価 償 却 累 計 額）	24,000*	（備 品）	160,000
（現 金）	152,000	（長 期 前 受 収 益）	16,000

* 160,000円×0.9÷6年＝24,000円

② 所有権移転ファイナンス・リース取引の処理

所有権移転ファイナンス・リース取引の場合で、貸手の購入価額が明らかなときは、貸手の購入価額を取得原価として計上します。

（リ ー ス 資 産）	152,000	（リ ー ス 債 務）	152,000

(B) リース料支払時（×3年3月31日）

利息分：152,000円×5％＝7,600円（支払利息）

元本分：35,109円－7,600円＝27,509円（減少するリース債務）

(C) 決算時（×3年3月31日）

① 減価償却費の計上

所有権移転ファイナンス・リース取引の場合は、リースバック以降の経済的耐用年数を用いて減価償却費を計算します。なお、残存価額は当初の残存価額を用います。

（減 価 償 却 費）	27,200*1	（減 価 償 却 累 計 額）	27,200

*1 （152,000円－160,000円×0.1）÷5年＝27,200円
　　　　　　　　　　　残存価額

② 長期前受収益の処理

備品の売却時に計上した長期前受収益（16,000円）をリースバック以降の経済的耐用年数（5年）で割って当期分の配分額を計算します。

（長 期 前 受 収 益）	3,200*2	（減 価 償 却 費）	3,200

*2 16,000円÷5年＝3,200円

問2 所有権移転外ファイナンス・リース取引の場合

(A) 取引開始時（×2年4月1日）

「リース資産の取得原価は売却価額とすること」と指示があるため、問1と同じ処理になります。

(B) リース料支払時（×3年3月31日）

問1と同じ処理になります。

(C) 決算時（×3年3月31日）

① 減価償却費の計上

所有権移転外ファイナンス・リース取引の場合は、耐用年数をリース期間、残存価額を0円として減価償却費を計算します。

（減 価 償 却 費）	30,400*1	（減 価 償 却 累 計 額）	30,400

*1 152,000円÷5年＝30,400円

② 長期前受収益の処理

備品の売却時に計上した長期前受収益（16,000円）をリース期間（5年）で割って当期分の配分額を計算します。

（長期前受収益）　3,200*² （減価償却費）　　3,200

＊2　16,000円÷5年＝3,200円

解答 47

①	享受	②	負担	③	オペレーティング・リース
④	売買	⑤	賃貸借	⑥	リース期間
⑦	ゼロ	⑧	現在価値	⑨	90
⑩	経済的耐用年数	⑪	75		

解答 48

機械Aの減損損失	52,500円
機械Bの減損損失	0円

解説 .... ●

(1) 機械Aの減損損失

① 減損損失の認識

ⓐ帳簿価額：450,000円 − 202,500円 ＝ 247,500円

ⓑ割引前将来キャッシュ・フロー（CF）：225,000円

ⓒ247,500円 ＞ 225,000円 → 減損損失を認識する

② 減損損失の測定

ⓐ回収可能価額：195,000円 ＞ 180,000円 → 195,000円
　　　　　　　　　正味売却価額　　使用価値

ⓑ減 損 損 失：247,500円 − 195,000円 ＝ 52,500円
　　　　　　　　帳簿価額　　回収可能価額

(2) 機械B

① 減損損失の認識

ⓐ帳簿価額：600,000円 − 270,000円 ＝ 330,000円

ⓑ割引前将来キャッシュ・フロー（CF）：345,000円

ⓒ330,000円 ＜ 345,000円 → 減損損失を認識しない

② 減損損失の測定

減損損失を認識しないため、減損損失は計上されません。

借 方 科 目	金　額	貸 方 科 目	金　額
減　損　損　失	112,213	機　　　　　械	112,213

解説 ……………………………………………………………………………………

(1)　減損損失の認識
　①帳簿価額：440,000円
　②割引前将来キャッシュ・フロー（CF）：90,000円×3年+80,000円 = 350,000円
　③440,000円 > 350,000円 → 減損損失を認識する
(2)　減損損失の測定
　①正味売却価額：320,000円 - 16,000円 = 304,000円
　②使　用　価　値：327,787円（下図参照） ← 割引後将来キャッシュ・フロー
　③回収可能価額：304,000円 < 327,787円 → 327,787円
　　　　　　　　　　正味売却価額　　　使用価値
　減　損　損　失：440,000円 - 327,787円 = 112,213円
　　　　　　　　　　帳簿価額　　回収可能価額

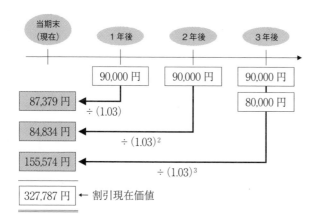

借　方　科　目	金　　額	貸　方　科　目	金　　額
減　損　損　失	225,000	土　　　　地 建　　　　物 備　　　　品	120,000 75,000 30,000

解説 ···●

(1) 減損損失の認識

750,000円 ＞ 590,000円 → 減損損失を認識する
　帳簿価額　　割引前将来CF

(2) 減損損失の測定

750,000円 － 525,000円 ＝ 225,000円
　帳簿価額　　回収可能価額

(3) 減損損失の配分

土地：
建物：
備品：
$\dfrac{225,000円}{750,000円} \times$
$\begin{cases} 400,000円 = 120,000円 \\ 250,000円 = 75,000円 \\ 100,000円 = 30,000円 \end{cases}$

借　方　科　目	金　　額	貸　方　科　目	金　　額
減　損　損　失	30,000	備　　　　　品 共　用　資　産	10,000 20,000

解説

(1) 共用資産を含まない場合

① 建物

減損の兆候なし→減損損失を認識しない

② 機械

70,000円　<　75,000円 → 減損損失を認識しない

帳簿価額　　割引前将来CF

③ 備品

50,000円　>　45,000円 → 減損損失を認識する

帳簿価額　　割引前将来CF

(2) 備品の減損損失の測定

50,000円 − 40,000円 = 10,000円

帳簿価額　回収可能価額

(3) 共用資産を含む場合（共用資産を含むより大きな単位）

① 減損損失の認識

340,000円　>　250,000円 → 減損損失を認識する

帳簿価額　　割引前将来CF

② 減損損失の測定

340,000円 − 310,000円 = 30,000円

帳簿価額　回収可能価額

③ 共用資産の減損損失

30,000円 − 10,000円 = 20,000円

備品の減損損失

	借　方　科　目	金　　額	貸　方　科　目	金　　額
問1	減　損　損　失	1,300	資　産　グ　ル　ー　プ　A 資　産　グ　ル　ー　プ　B 共　用　資　産	1,190 100 10
問2	減　損　損　失	300	資　産　グ　ル　ー　プ　B 共　用　資　産	250 50

解説

問1　共用資産を含むより大きな単位で減損損失を認識する方法

(1)　共用資産を含まない場合

　①　資産グループA

　　　減損の兆候なし → 減損損失を認識しない

　②　資産グループB

　　　1,000円　＞　950円 → 減損損失を認識する
　　　帳簿価額　　割引前将来CF

(2)　資産グループBの減損損失の測定

　　　1,000円 － 900円 ＝ 100円
　　　帳簿価額　回収可能価額

(3)　共用資産を含む場合（共用資産を含むより大きな単位）

　①　減損損失の認識

　　　10,400円　＞　10,150円 → 減損損失を認識する
　　　帳簿価額　　割引前将来CF

　②　減損損失の測定

　　　10,400円 － 9,100円 ＝ 1,300円
　　　帳簿価額　回収可能価額

　③　共用資産を加えることによる減損損失増加額

　　　1,300円 － 100円 ＝ 1,200円
　　　　　　　資産グループB
　　　　　　　の減損損失

　④　共用資産への配分

　　　1,200円　＞　400円 － 390円 ＝ 10円 → 10円を共用資産へ配分
　　減損損失増加額　　帳簿価額　回収可能価額

　⑤　資産グループAの減損損失

　　　1,200円 － 10円 ＝ 1,190円（減損損失増加額を共用資産へ配分しきれなかった額）

　　　資産グループBへの配分 → 回収可能価額を下回るため、配分できない

　　　資産グループAへの配分 → 1,190円

問2 共用資産の帳簿価額を各資産または資産グループに配分する方法
(1) 共用資産の帳簿価額の配分
　　　資産グループA：400円×50％＝200円
　　　資産グループB：400円×50％＝200円
(2) (1)を含んだ資産グループごとの減損損失の認識、測定
　① 資産グループA
　　　減損の兆候なし → 減損損失を認識しない
　② 資産グループB
　　　配分後の帳簿価額：1,000円＋200円＝1,200円
　　　減損損失の認識：$\underset{\text{帳簿価額}}{1,200円}$ ＞ $\underset{\text{割引前将来CF}}{950円}$ → 減損損失を認識する

　　　減損損失の測定：$\underset{\text{帳簿価額}}{1,200円}$ － $\underset{\text{回収可能価額}}{900円}$ ＝ 300円

　③ 減損損失の配分

　　　共用資産：$300円 \times \dfrac{200円}{1,000円＋200円} = 50円$

　　　資産グループB：$300円 \times \dfrac{1,000円}{1,000円＋200円} = 250円$

解答 53

①	認識	②	割引前	③	帳簿価額
④	下回る	⑤	回収可能価額	⑥	減損損失
⑦	正味売却価額	⑧	高い		

解答 54

	借 方 科 目	金 額	貸 方 科 目	金 額
(1)	特 許 権 償 却	15,000*1	特 許 権	15,000
(2)	鉱 業 権 償 却	100,000*2	鉱 業 権	100,000

＊1　$160,000円 \div 8年 \times \dfrac{9か月}{12か月} = 15,000円$

＊2　$500,000円 \times \dfrac{2,000トン}{10,000トン} = 100,000円$

損 益 計 算 書
自×7年4月1日　至×8年3月31日　　（単位：円）
　　⋮　　　　　　　　　　　　　　　　　⋮
Ⅲ　販売費及び一般管理費
　　のれん償却額　　　　　　　　　（　　　15,800）
　　商 標 権 償 却　　　　　　　　（　　　15,600）
　　⋮　　　　　　　　　　　　　　　　　⋮

貸 借 対 照 表
×8年3月31日　　　　　（単位：円）
　　⋮
Ⅱ　固 定 資 産
　　⋮
　2.　無形固定資産
　　の　　れ　　ん（　　221,200）
　　商　　標　　権（　　122,200）

解説

(1)　**のれんの償却**
　　×2年4月1日から×7年3月31日（前期末）までの5年分は償却済みです。
　　（の れ ん 償 却 額）　　15,800*　（の　　　れ　　　ん）　　　15,800
　　＊　237,000円÷（20年－5年）＝15,800円
(2)　**商標権の償却**
　　×6年2月1日から×7年3月31日（前期末）の14か月分は償却済みです。
　　（商 標 権 償 却）　　15,600*　（商　　標　　権）　　　15,600
　　＊　137,800円×$\dfrac{12か月}{10年×12か月－14か月}$＝15,600円

損 益 計 算 書
自×7年4月1日　至×8年3月31日　　（単位：円）

⋮　　　　　　　　　　　　　　　　　　　⋮

Ⅲ　販売費及び一般管理費
　　開 発 費 償 却　　　　　　　　　　（　　60,000）

⋮　　　　　　　　　　　　　　　　　　　⋮

Ⅴ　営 業 外 費 用
　　株式交付費償却　　　　　　　　　　（　　36,000）
　　社債発行費償却　　　　　　　　　　（　　 4,200）

⋮　　　　　　　　　　　　　　　　　　　⋮

貸 借 対 照 表
×8年3月31日　　　　　　　（単位：円）

⋮

Ⅲ　繰 延 資 産
　　開 　発 　費（　　180,000）
　　株 式 交 付 費（　　 42,000）
　　社 債 発 行 費（　　 67,800）

解説

(1)　開発費の償却

　開発費は支出後5年以内に償却します。なお、×6年4月1日から×7年3月31日（前期末）までの1年分は償却済みです。

　　（開 発 費 償 却）　　60,000*　　（開 　　発 　　費）　　60,000

　　*　240,000円÷（5年－1年）＝60,000円

(2)　株式交付費の償却

　株式交付費は支出後3年以内に償却します。なお、×6年6月1日から×7年3月31日（前期末）までの10か月分は償却済みです。

　　（株 式 交 付 費 償 却）　　36,000*　　（株 式 交 付 費）　　36,000

　　*　$78,000円 \times \dfrac{12か月}{3年 \times 12か月 - 10か月} = 36,000円$

(3)　社債発行費の償却

　社債発行費は社債の償還期間内に償却します。

　　（社 債 発 行 費 償 却）　　4,200*　　（社 債 発 行 費）　　4,200

　　*　$72,000円 \div 10年 \times \dfrac{7か月}{12か月} = 4,200円$

①	代価の支払	②	支払義務	③	役務の提供
④	効果	⑤	繰延資産		

解答 58

	借 方 科 目	金 額	貸 方 科 目	金 額
×1年度	ソフトウェア償却	60,000	ソフトウェア	60,000
×2年度	ソフトウェア償却	69,231	ソフトウェア	69,231
×3年度	ソフトウェア償却	50,769	ソフトウェア	50,769

解説

(1) ×1年度

① $180,000 円 \times \dfrac{100 個}{360 個} = 50,000 円$

② $180,000 円 \div 3 年 = 60,000 円$

  ※50,000円 ＜ 60,000円 → 60,000円

③次期以降の見込販売収益との比較

  ⓐソフトウェアの期末未償却残高：

   180,000円 − 60,000円 = 120,000円

  ⓑ次期以降の見込販売収益：303,000円 − 102,000円 = 201,000円

  ⓒ判定：ⓐ120,000円 ＜ ⓑ201,000円なので超過額なし

④当期償却額：60,000円

(2) ×2年度

① $(180,000 円 − 60,000 円) \times \dfrac{150 個}{360 個 − 100 個} ≒ 69,231 円$

② $(180,000 円 − 60,000 円) \div 2 年 = 60,000 円$

  ※69,231円 ＞ 60,000円 → 69,231円

③次期以降の見込販売収益との比較

  ⓐソフトウェアの期末未償却残高：

   180,000円 − 60,000円 − 69,231円 = 50,769円

  ⓑ次期以降の見込販売収益：66,000円

  ⓒ判定：ⓐ50,769円＜ⓑ66,000円なので超過額なし

④当期償却額：69,231円

(3) ×3年度

  180,000円 − 60,000円 − 69,231円 = 50,769円

	借 方 科 目	金 額	貸 方 科 目	金 額
×1年度	ソフトウェア償却	60,000	ソフトウェア	60,000
×2年度	ソフトウェア償却	64,615	ソフトウェア	64,615
×3年度	ソフトウェア償却	55,385	ソフトウェア	55,385

解説

(1) ×1年度

①$180,000 円 \times \dfrac{100 個}{360 個} = 50,000 円$

②$180,000 円 \div 3 年 = 60,000 円$

※$50,000 円 < 60,000 円 \rightarrow 60,000 円$

(2) ×2年度

会計上の見積りの変更が×2年度期末に行われているため、×2年度は変更前の見積りを用いて計算します。

①$(180,000 円 - 60,000 円) \times \dfrac{140 個}{360 個 - 100 個} \fallingdotseq 64,615 円$

②$(180,000 円 - 60,000 円) \div 2 年 = 60,000 円$

※$64,615 円 > 60,000 円 \rightarrow 64,615 円$

(3) ×3年度

$180,000 円 - 60,000 円 - 64,615 円 = 55,385 円$

	借　方　科　目	金　　額	貸　方　科　目	金　　額
(1)	ソ フ ト ウ ェ ア	500,000	現　　　　　金	500,000
(2)	研 究 開 発 費	300,000	現　　　　　金	300,000
(3)	ソフトウェア償却	100,000*	ソ フ ト ウ ェ ア	100,000

＊　500,000円÷5年＝100,000円

解答 61

損　益　計　算　書
自×7年4月1日　至×8年3月31日　　（単位：円）
⋮

Ⅲ　販売費及び一般管理費
　1．販　売　費　　　　　　　　　（　　　32,000）
　2．一 般 管 理 費　　　　　　　（　　　28,000）
　3．修繕引当金繰入　　　　　　　（　　　30,000）
⋮

解説 ....●

(1)　修繕引当金の設定
　①　誤った仕訳の修正
　　誤った仕訳の逆仕訳：（現 金 預 金）　25,000　（一 般 管 理 費）　25,000
　　正 し い 仕 訳：（修 繕 引 当 金）　20,000　（現 金 預 金）　25,000
　　　　　　　　　　　（一 般 管 理 費）　 5,000
　　訂 正 仕 訳：（修 繕 引 当 金）　20,000　（一 般 管 理 費）　20,000
　②　当期設定分
　　（修繕引当金繰入）　　30,000　（修 繕 引 当 金）　　30,000
(2)　P/L の金額
　一 般 管 理 費：48,000円－20,000円＝28,000円
　　　　　　　　　 前T/B　　修繕引当金

	借 方 科 目	金 額	貸 方 科 目	金 額
(1)	賞 与 引 当 金 賞 　 　 　 与	360,000 120,000	現 　 　 　 　 金	480,000
(2)	賞 与 引 当 金 繰 入	180,000*	賞 与 引 当 金	180,000

$*$　$540,000 円 \times \dfrac{4 か月}{12 か月} = 180,000 円$

①	将来	②	当期以前	③	高く	④	合理的
⑤	当期	⑥	負債	⑦	低い		

(A)	期首退職給付債務	391,763円	(C)	当期の勤務費用	16,454円
(B)	期末退職給付債務	427,805円	(D)	当期の利息費用	19,588円

解説 ●

(A) 期首退職給付債務

当期末まで26年勤務しているということは、当期首まで25年勤務していることになります。したがって、退職予定時の退職給付見込額600,000円（30年分）のうち、25年分を当期首から退職予定時までの5年で割り引きます。

①$600,000円 \times \dfrac{25年}{30年} = 500,000円$

②$\dfrac{500,000円}{(1 + 0.05)^5} \fallingdotseq 391,763円$

(B) 期末退職給付債務

当期末まで26年勤務しているので、退職予定時の退職給付見込額600,000円（30年分）のうち、26年分を当期末から退職予定時までの4年で割り引きます。

①$600,000円 \times \dfrac{26年}{30年} = 520,000円$

②$\dfrac{520,000円}{(1 + 0.05)^4} \fallingdotseq 427,805円$

(C) 当期の勤務費用

1年分の退職給付見込額を当期末から退職予定時までの4年で割り引きます。

①$600,000円 \div 30年 = 20,000円$

②$\dfrac{20,000円}{(1 + 0.05)^4} \fallingdotseq 16,454円$

(D) 当期の利息費用

期首退職給付債務に割引率を掛けて、当期の利息費用を計算します。

$391,763円 \times 5\% \fallingdotseq 19,588円$

(A) 期首退職給付引当金　166,000円　　(D) 当期の退職給付費用　37,440円
(B) 利　息　費　用　14,000円　　(E) 期末退職給付引当金　203,440円
(C) 期待運用収益　4,560円

解説

(A) **期首退職給付引当金**

280,000円 − 114,000円 = 166,000円

(B) **利息費用**

280,000円 × 5 % = 14,000円

(C) **期待運用収益**

114,000円 × 4 % = 4,560円

(D) **当期の退職給付費用**

$\underset{\text{勤務費用}}{28,000\text{円}} + \underset{\text{利息費用}}{14,000\text{円}} - \underset{\text{期待運用収益}}{4,560\text{円}} = 37,440\text{円}$

(E) **期末退職給付引当金**

$\underset{\substack{\text{期首}\\\text{退職給付引当金}}}{166,000\text{円}} + \underset{\text{退職給付費用}}{37,440\text{円}} = 203,440\text{円}$

年 金 資 産

| 期首
114,000円 | 期末年金資産
118,560円 |
| 期待運用収益
4,560円 | |

退職給付債務

	期首 280,000円
期末退職給付債務 322,000円	勤務費用 28,000円
	利息費用 14,000円

退職給付費用

| 勤務費用
28,000円 | 期待運用収益
4,560円 |
| 利息費用
14,000円 | P/L退職給付費用
37,440円 |

退職給付引当金

| 期末年金資産
118,560円 | 期末
退職給付債務
322,000円 |
| B/S 退職給付引当金
203,440円 | |

決算整理後残高試算表

×8年3月31日　　　　　（単位：円）

退 職 給 付 費 用 （　　　　54,900）｜退 職 給 付 引 当 金 （　　　　279,900）

解説

(1)　**期首退職給付引当金**

450,000円 − 180,000円 = 270,000円

(2)　**勤務費用**

（退 職 給 付 費 用）　　45,000　　（退 職 給 付 引 当 金）　　45,000
　　　　勤務費用　　　　　　　　　　　　退職給付債務

(3)　**利息費用**

450,000円 × 3 % = 13,500円

（退 職 給 付 費 用）　　13,500　　（退 職 給 付 引 当 金）　　13,500
　　　　利息費用　　　　　　　　　　　　退職給付債務

(4)　**期待運用収益**

180,000円 × 2 % = 3,600円

（退 職 給 付 引 当 金）　　3,600　　（退 職 給 付 費 用）　　3,600
　　　　年金資産　　　　　　　　　　　　期待運用収益

(5)　**当期の退職給付費用**

45,000円 + 13,500円 − 3,600円 = 54,900円
　勤務費用　　利息費用　　期待運用収益

(6)　**年金掛金の拠出**

（退 職 給 付 引 当 金）　　18,000　　（現　　金　　な　　ど）　　18,000
　　　　年金資産

(7)　**退職給付の支払い**

（退 職 給 付 引 当 金）　　27,000　　（現　　金　　な　　ど）　　27,000
　　　　退職給付債務

（退 職 給 付 引 当 金）　　9,000　　（退 職 給 付 引 当 金）　　9,000
　　　　退職給付債務　　　　　　　　　　年金資産

(8)　**期末退職給付引当金**

270,000円 + 54,900円 − 18,000円 − 27,000円 = 279,900円
　期首　　　退職給付費用　　掛金拠出　　退職一時金
退職給付引当金

年 金 資 産

期首 180,000円	退職年金 9,000円
期待運用収益 3,600円	期末年金資産 192,600円
掛金拠出 18,000円	

退職給付債務

退職一時金 27,000円	期首 450,000円
退職年金 9,000円	
期末退職給付債務 472,500円	勤務費用 45,000円
	利息費用 13,500円

退職給付費用

| 勤務費用
45,000円 | 期待運用収益
3,600円 |
| 利息費用
13,500円 | P/L退職給付費用
54,900円 |

退職給付引当金

| 期末年金資産
192,600円 | 期末
退職給付債務
472,500円 |
| B/S 退職給付引当金
279,900円 | |

解答 67

(A) 当期の退職給付費用 　　**56,970**円
(B) 期末退職給付引当金 　　**281,970**円

解説

(1) **期首退職給付引当金**
　　450,000円 − 180,000円 = 270,000円
(2) **勤務費用**
　　（退 職 給 付 費 用）　　45,000　　（退 職 給 付 引 当 金）　　45,000
　　　　　勤務費用　　　　　　　　　　　　　　退職給付債務
(3) **利息費用**
　　450,000円 × 3 % = 13,500円
　　（退 職 給 付 費 用）　　13,500　　（退 職 給 付 引 当 金）　　13,500
　　　　　利息費用　　　　　　　　　　　　　　退職給付債務
(4) **期待運用収益**
　　180,000円 × 2 % = 3,600円
　　（退 職 給 付 引 当 金）　　3,600　　（退 職 給 付 費 用）　　3,600
　　　　　年金資産　　　　　　　　　　　　　　期待運用収益

(5) 年金掛金の拠出

| （退 職 給 付 引 当 金） | 18,000 | （現　金　な　ど） | 18,000 |

年金資産

(6) 退職給付の支払い

| （退 職 給 付 引 当 金） | 27,000 | （現　金　な　ど） | 27,000 |

退職給付債務

| （退 職 給 付 引 当 金） | 9,000 | （退 職 給 付 引 当 金） | 9,000 |

退職給付債務　　　　　　　　　　　　　　　年金資産

(7) 数理計算上の差異

① 年金資産

見　積　額：$\underset{\text{期首年金資産}}{180,000円} + \underset{\text{期待運用収益}}{3,600円} + \underset{\text{掛金拠出}}{18,000円} - \underset{\text{退職年金}}{9,000円} = 192,600円$

数理計算上の差異：$\underset{\text{期末年金資産}}{185,400円} - \underset{\text{見積額}}{192,600円} = \triangle 7,200円 ^{*1}$

＊1　見積額よりも実際の年金資産が少ないので不利差異（借方差異）。

| （未認識数理計算上の差異） | 7,200 | （年　金　資　産） | 7,200 |

② 退職給付債務

見　積　額：$\underset{\text{期首退職給付債務}}{450,000円} + \underset{\text{勤務費用}}{45,000円} + \underset{\text{利息費用}}{13,500円} - \underset{\text{退職一時金}}{27,000円} - \underset{\text{退職年金}}{9,000円} = 472,500円$

数理計算上の差異：$\underset{\text{見積額}}{472,500円} - \underset{\text{期末退職給付債務}}{486,000円} = \triangle 13,500円 ^{*2}$

＊2　実際の退職給付債務（負債）が見積額よりも多いので不利差異（借方差異）。

| （未認識数理計算上の差異） | 13,500 | （退 職 給 付 債 務） | 13,500 |

③ 数理計算上の差異

7,200円 + 13,500円 = 20,700円（不利差異）

④ 当期償却分

20,700円 ÷ 10年 = 2,070円

| （退 職 給 付 費 用） | 2,070 | （退 職 給 付 引 当 金） | 2,070 |

未認識数理計算上の差異

(8) 当期の退職給付費用

$\underset{\text{勤務費用}}{45,000円} + \underset{\text{利息費用}}{13,500円} - \underset{\text{期待運用収益}}{3,600円} + \underset{\substack{\text{数理計算上の差異}\\\text{（当期償却分）}}}{2,070円} = 56,970円$

(9) 期末退職給付引当金

$\underset{\substack{\text{期首}\\\text{退職給付引当金}}}{270,000円} + \underset{\text{退職給付費用}}{56,970円} - \underset{\text{掛金拠出}}{18,000円} - \underset{\text{退職一時金}}{27,000円} = 281,970円$

年 金 資 産

期首 180,000円	退職年金 9,000円
	数理計算上の差異 7,200円
期待運用収益 3,600円	期末年金資産 185,400円 （実際額）
掛金拠出 18,000円	

退 職 給 付 債 務

退職一時金 27,000円	期首 450,000円
退職年金 9,000円	
期末退職給付債務 486,000円 （実際額）	勤務費用 45,000円
	利息費用 13,500円
	数理計算上の差異 13,500円

退 職 給 付 費 用

勤務費用 45,000円	期待運用収益 3,600円
利息費用 13,500円	P/L退職給付費用 56,970円
償却分 2,070円	

退 職 給 付 引 当 金

期末年金資産 185,400円	期末 退職給付債務 486,000円
ⓐ未認識数理計算上の差異残高 18,630円	
B/S 退職給付引当金 281,970円	

未認識数理計算上の差異

数理計算上の差異 20,700円	償却分 2,070円
	ⓐ期末未償却残高 18,630円

①	発生	②	割り引いた	③	年金資産
④	勤務費用	⑤	退職給付債務	⑥	数理計算上の差異
⑦	未認識数理計算上の差異				

解答 69

(A) 社債利息 **42,000**円 ← 20,000円 + 20,000円 + 2,000円 = 42,000円

(B) 社　　債 **492,000**円 ← 490,000円 + 2,000円 = 492,000円

解説 ....●

(1) 社債の発行日の処理（×1年4月1日）

（当 座 預 金 な ど） 490,000 （社　　　　　債） 490,000*

　* $500,000円 \times \dfrac{98円}{100円} = 490,000円$

(2) 利払日の処理

① ×1年9月30日

（社 債 利 息） 20,000*1 （当 座 預 金 な ど） 20,000

　*1 $500,000円 \times 8\% \times \dfrac{6か月}{12か月} = 20,000円$

② ×2年3月31日

（社 債 利 息） 20,000*2 （当 座 預 金 な ど） 20,000

　*2 $500,000円 \times 8\% \times \dfrac{6か月}{12か月} = 20,000円$

(3) 決算日の処理（×2年3月31日）

（社 債 利 息） 2,000 （社　　　　　債） 2,000*

　* $(500,000円 - 490,000円) \div 5年 = 2,000円$

(A) 社債利息　　　 **41,685円** ← 20,000円 + 825円 + 20,000円 + 860円 = 41,685円

(B) 社　　債　　　 **491,685円** ← 490,000円 + 825円 + 860円 = 491,685円

解説 ●

(1) **社債の発行日の処理（×1年4月1日）**

（当 座 預 金 な ど）　　 490,000　　 （社　　　　　　債）　　 490,000*

$\ast$　 $500,000円 \times \dfrac{98円}{100円} = 490,000円$

(2) **利払日の処理**

① ×1年9月30日

クーポン利息：（社 債 利 息）　 20,000*1　（当座預金など）　 20,000

金利調整差額の償却：（社 債 利 息）　 825*2　（社　　　　債）　 825

　*1　クーポン利息：$500,000円 \times 8\% \times \dfrac{6か月}{12か月} = 20,000円$

　*2　利息配分額：$490,000円 \times 8.5\% \times \dfrac{6か月}{12か月} = 20,825円$

　　 償　却　額：20,825円 − 20,000円 = 825円

② ×2年3月31日

クーポン利息：（社 債 利 息）　 20,000*3　（当座預金など）　 20,000

金利調整差額の償却：（社 債 利 息）　 860*4　（社　　　　債）　 860

　*3　クーポン利息：$500,000円 \times 8\% \times \dfrac{6か月}{12か月} = 20,000円$

　*4　利息配分額：$(490,000円 + 825円) \times 8.5\% \times \dfrac{6か月}{12か月} ≒ 20,860円$

　　 償　却　額：20,860円 − 20,000円 = 860円

	借 方 科 目	金 額	貸 方 科 目	金 額
(A)	当 座 預 金	942,400	社　　　　　債	942,400*1
	社 債 発 行 費	8,640	当 座 預 金	8,640
(B)	社 債 利 息	15,000*2	当 座 預 金	15,000
(C)	社 債 発 行 費 償 却	840*3	社 債 発 行 費	840
	社 債 利 息	2,500*4	未 払 費 用	2,500
	社 債 利 息	5,600	社　　　　　債	5,600*5
(D)	未 払 費 用	2,500	社 債 利 息	2,500
(E)	社 債 利 息	15,000*2	当 座 預 金	15,000
(F)	社 債 利 息	15,000*2	当 座 預 金	15,000
	社 債 利 息	4,000	社　　　　　債	4,000*6
	社　　　　　債	1,000,000	当 座 預 金	1,000,000
	社 債 発 行 費 償 却	600*7	社 債 発 行 費	600

*1　$1,000,000 円 \times \dfrac{94.24 円}{100 円} = 942,400 円$

*2　$1,000,000 円 \times 3\% \times \dfrac{6 か月}{12 か月} = 15,000 円$

*3　$8,640 円 \div 6 年 \times \dfrac{7 か月}{12 か月} = 840 円$

*4　$1,000,000 円 \times 3\% \times \dfrac{1 か月}{12 か月} = 2,500 円$

*5　$(1,000,000 円 - 942,400 円) \div 6 年 \times \dfrac{7 か月}{12 か月} = 5,600 円$

*6　$(1,000,000 円 - 942,400 円) \div 6 年 \times \dfrac{5 か月（\times 7 年 4 / 1 \sim 8 /31）}{12 か月} = 4,000 円$

*7　$8,640 円 \div 6 年 \times \dfrac{5 か月}{12 か月} = 600 円$

借　方　科　目	金　　額	貸　方　科　目	金　　額
社　債　利　息	800	社　　　　債	800*1
社　　　　債	593,600*2	当　座　預　金	594,000*3
社　債　償　還　損	400*4		

＊1　①払込金額：$600,000円 \times \dfrac{98円}{100円} = 588,000円$

②金利調整差額：$600,000円 - 588,000円 = 12,000円$

③前期末における社債の帳簿価額：$588,000円 + 12,000円 \times \dfrac{2年}{5年} = 592,800円$

④当期分の金利調整差額の償却：$12,000円 \div 5年 \times \dfrac{4か月}{12か月} = 800円$

＊2　買入償還時の社債の帳簿価額：$592,800円 + 800円 = 593,600円$

＊3　買入金額：$600,000円 \times \dfrac{99円}{100円} = 594,000円$

＊4　貸借差額

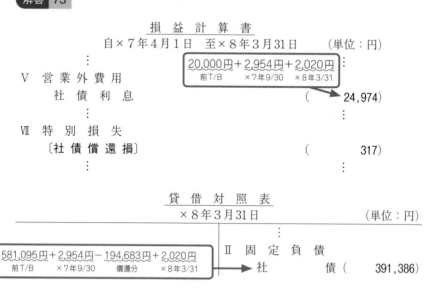

損　益　計　算　書
自×7年4月1日　至×8年3月31日　　（単位：円）
⋮

V　営　業　外　費　用

　　社　債　利　息　　　　　　　　　　　（　　24,974）

⋮

VII　特　別　損　失

　　〔社　債　償　還　損〕　　　　　　　（　　　317）

⋮

20,000円＋2,954円＋2,020円
前T/B　　×7年9/30　　×8年3/31

貸　借　対　照　表
×8年3月31日　　（単位：円）
⋮

II　固　定　負　債

　　社　　　　債（　391,386）

581,095円＋2,954円－194,683円＋2,020円
前T/B　　×7年9/30　　償還分　　×8年3/31

クーポン利息の処理は正しく行われているので、利払日において、金利調整差額の償却のみ行います。

(1) 社債の発行時の処理

（当 座 預 金 な ど）　　570,000　　（社　　　　　債）　　570,000*

$\quad$ ＊　払込金額（全体）：$600,000 円 \times \dfrac{95 円}{100 円} = 570,000 円$

(2) ×7年9月30日（利払日）の処理

（社　債　利　息）　　2,954　　（社　　　　　債）　　2,954*

$\quad$ ＊　クーポン利息：$600,000 円 \times 4 \% \times \dfrac{6 か月}{12 か月} = 12,000 円$

$\quad$ 利 息 配 分 額：$581,095 円 \times 5.147 \% \times \dfrac{6 か月}{12 か月} ≒ 14,954 円$

金利調整差額の償却：$14,954 円 - 12,000 円 = 2,954 円$

社債の帳簿価額：$581,095 円 + 2,954 円 = 584,049 円$

(3) ×7年9月30日（社債償還時）の処理

① 期中に実際に行った処理

（自 己 社 債）　　195,000　　（当 座 預 金 な ど）　　195,000

② 正しい処理

（社　　　　　債）　　194,683^{*1}　　（当 座 預 金 な ど）　　195,000^{*2}
（社 債 償 還 損）　　317

$\quad$ ＊1　社債の帳簿価額のうち償還分：$584,049 円 \times \dfrac{200,000 円}{600,000 円} = 194,683 円$

$\quad$ ＊2　買入金額：$200,000 円 \times \dfrac{97.5 円}{100 円} = 195,000 円$

なお、修正仕訳を示すと次のとおりです。

（社　　　　　債）　　194,683　　（自 己 社 債）　　195,000
（社 債 償 還 損）　　317

(4) ×8年3月31日（利払日）の処理

未償還社債の金利調整差額の償却を行います。

（社　債　利　息）　　2,020　　（社　　　　　債）　　2,020*

$\quad$ ＊　クーポン利息：$(600,000 円 - 200,000 円) \times 4 \% \times \dfrac{6 か月}{12 か月} = 8,000 円$

$\quad$ 利 息 配 分 額：$(584,049 円 - 194,683 円) \times 5.147 \% \times \dfrac{6 か月}{12 か月} ≒ 10,020 円$

金利調整差額の償却：$10,020 円 - 8,000 円 = 2,020 円$

	借 方 科 目	金 額	貸 方 科 目	金 額	
(A)	当 座 預 金	470,000	社 債	470,000*1	
(B)	社 債 利 息	2,000	社 債	2,000*2	抽選償還の処理
	社 債	100,000	当 座 預 金	100,000	
	社 債 利 息	8,000	社 債	8,000*3	未償還社債の処理
(C)	社 債 利 息	2,000	社 債	2,000*4	抽選償還の処理
	社 債	100,000	当 座 預 金	100,000	
	社 債 利 息	6,000	社 債	6,000*5	未償還社債の処理

＊1　$500,000 円 \times \dfrac{94 円}{100 円} = 470,000 円$

＊2　①金利調整差額（全体）：$500,000 円 - 470,000 円 = 30,000 円$

②償還社債の金利調整差額の償却：$30,000 円 \times \dfrac{100,000 円}{1,500,000 円} = 2,000 円$

＊3　未償還社債の金利調整差額の償却：$30,000 円 \times \dfrac{100,000 円 \times 4}{1,500,000 円} = 8,000 円$

＊4　償還社債の金利調整差額の償却：$30,000 円 \times \dfrac{100,000 円}{1,500,000 円} = 2,000 円$

＊5　未償還社債の金利調整差額の償却：$30,000 円 \times \dfrac{100,000 円 \times 3}{1,500,000 円} = 6,000 円$

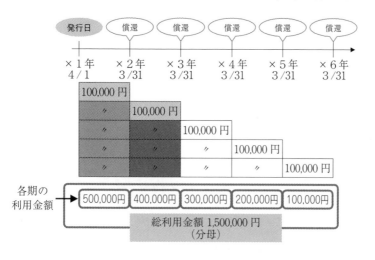

損 益 計 算 書
自×7年4月1日 至×8年3月31日 （単位：円）
⋮   ⋮
V 営 業 外 費 用
社 債 利 息 （ 29,250）
⋮   ⋮

18,000円＋2,250円＋9,000円
前T/B　　　金利調整差額の償却

貸 借 対 照 表
×8年3月31日 （単位：円）

I 流 動 負 債
［一年以内償還社債］ （ 177,750）
⋮

前T/B： 866,250円
金利調整差額の償却（当期償還分）： ＋2,250円
抽選償還社債： △180,000円
金利調整差額の償却（当期未償還分）： ＋9,000円
一年以内償還社債： △177,750円
519,750円

II 固 定 負 債
社 債 （ 519,750）

解説

据置期間がある場合の抽選償還の問題です。クーポン利息の処理は正しく行われているので、利払日において、金利調整差額の償却のみ行います。

(1) 社債の発行時の処理

（当 座 預 金 な ど） 855,000 （社 債） 855,000*

* 払込金額（全体）：900,000円×$\frac{95円}{100円}$＝855,000円

(2) ×8年3月31日（抽選償還時）の処理

① 期中に実際に行った処理

（自 己 社 債） 180,000 （当 座 預 金 な ど） 180,000

② 正しい処理

（社 債 利 息） 2,250 （社 債） 2,250*
（社 債） 180,000 （当 座 預 金 な ど） 180,000

* 金利調整差額（全体）：900,000円－855,000円＝45,000円

金利調整差額の償却：45,000円×$\frac{180,000円}{3,600,000円}$＝2,250円

なお、修正仕訳を示すと次のとおりです。

（社 債 利 息） 2,250 （社 債） 2,250
（社 債） 180,000 （自 己 社 債） 180,000

125

(3) ×8年3月31日（決算時）の処理

① 未償還社債の帳簿価額の調整

（社　債　利　息）　　9,000　　（社　　　　　　債）　　9,000*

＊　45,000円×$\dfrac{180,000円×4}{3,600,000円}$＝9,000円

② 一年以内償還社債への振替え

ⓐ×9年3月31日に償還される社債の額面金額：180,000円

ⓑⓐのうち次期に償却される金利調整差額：45,000円×$\dfrac{180,000円}{3,600,000円}$＝2,250円

ⓒ×9年3月31日に償還される社債の帳簿価額：180,000円−2,250円＝177,750円

（社　　　　　　債）　177,750　　（一年以内償還社債）　177,750

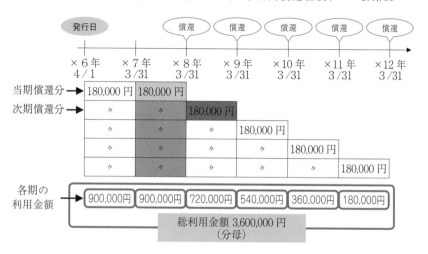

	借 方 科 目	金 額	貸 方 科 目	金 額
(1)	別 段 預 金	600,000	新株式申込証拠金	600,000*1
(2)	新株式申込証拠金	100,000*2	別 段 預 金	100,000
(3)	新株式申込証拠金	500,000*3	資 本 金	250,000*4
			資 本 準 備 金	250,000*4
	当 座 預 金	500,000	別 段 預 金	500,000

＊1 @1,000円×600株＝600,000円

＊2 @1,000円×（600株－500株）＝100,000円

＊3 @1,000円×500株＝500,000円

＊4 @1,000円×500株×$\frac{1}{2}$＝250,000円

	借 方 科 目	金 額	貸 方 科 目	金 額
(1)	損 益	500,000	繰越利益剰余金	500,000
(2)	繰越利益剰余金	460,000	未 払 配 当 金	300,000
			利 益 準 備 金	30,000*
			別 途 積 立 金	130,000
(3)	未 払 配 当 金	300,000	当 座 預 金	300,000

＊ ①3,000,000円×$\frac{1}{4}$－（350,000円＋280,000円）＝120,000円

②300,000円×$\frac{1}{10}$＝30,000円

③①＞② → ②30,000円

	借 方 科 目	金 額	貸 方 科 目	金 額
(1)	その他資本剰余金	106,000*¹	未 払 配 当 金	300,000
	繰 越 利 益 剰 余 金	212,000*²	資 本 準 備 金	6,000
			利 益 準 備 金	12,000
(2)	未 払 配 当 金	300,000	当 座 預 金	300,000

＊1　100,000円 + 6,000円 = 106,000円

＊2　200,000円 + 12,000円 = 212,000円

解説

(1) 積立限度額

① $3{,}000{,}000円 \times \dfrac{1}{4} - (352{,}000円 + 380{,}000円) = 18{,}000円$

② $300{,}000円 \times \dfrac{1}{10} = 30{,}000円$

③ ① ＜ ② → ① 18,000円

(2) 準備金の積立額

① 資本準備金：$18{,}000円 \times \dfrac{100{,}000円}{300{,}000円} = 6{,}000円$

② 利益準備金：$18{,}000円 \times \dfrac{200{,}000円}{300{,}000円} = 12{,}000円$

	借 方 科 目	金 額	貸 方 科 目	金 額
(1)	資 本 金	1,000,000	その他資本剰余金	1,000,000
(2)	資 本 準 備 金	500,000	その他資本剰余金	500,000
(3)	利 益 準 備 金	300,000	繰 越 利 益 剰 余 金	300,000
(4)	資 本 準 備 金	150,000	繰 越 利 益 剰 余 金	250,000
	利 益 準 備 金	100,000		

	借 方 科 目	金 額	貸 方 科 目	金 額
(1)	自 己 株 式	500,000*1	当 座 預 金	500,000
(2)	当 座 預 金	220,000*2	自 己 株 式 その他資本剰余金	200,000*3 20,000*4
(3)	当 座 預 金 その他資本剰余金	132,000*5 18,000*7	自 己 株 式	150,000*6
(4)	仕 訳 な し			

* 1　@1,000円×500株=500,000円
* 2　@1,100円×200株=220,000円
* 3　@1,000円×200株=200,000円
* 4　貸借差額
* 5　@880円×150株=132,000円
* 6　@1,000円×150株=150,000円
* 7　貸借差額

解説

　期末においてその他資本剰余金がマイナス（借方残）になる場合、マイナスの分だけ繰越利益剰余金を減額しますが、この問題では、期末におけるその他資本剰余金残高は32,000円（30,000円+20,000円-18,000円）なので、繰越利益剰余金を減額する処理は不要です。

解答 81

	借 方 科 目	金 額	貸 方 科 目	金 額
(A)	当 座 預 金	400,000	資 本 金 自 己 株 式 その他資本剰余金	300,000 92,500 7,500
(B)	当 座 預 金	400,000	資 本 金 自 己 株 式	290,000 110,000

解説

　(B)のように自己株式処分差損が生じる（その他資本剰余金が借方に生じる）場合には、自己株式処分差損を増加する資本金等から減額します。

(A) 自己株式の帳簿価額が@185円の場合
　① 新株の発行
　　（当 座 預 金）　　　300,000　　（資　　本　　金）　　300,000*1
　　＊1　@200円×1,500株＝300,000円
　② 自己株式の処分
　　（当 座 預 金）　　　100,000*2（自 己 株 式）　　　92,500*3
　　　　　　　　　　　　　　　　　（その他資本剰余金）　　　7,500*4
　　　　　　　　　　　　　　　　　　　　自己株式処分差益

　　＊2　@200円×500株＝100,000円
　　＊3　@185円×500株＝　92,500円
　　＊4　貸借差額
　③ 解答の仕訳（①＋②）
　　（当 座 預 金）　　　400,000　　（資　　本　　金）　　300,000
　　　　　　　　　　　　　　　　　（自 己 株 式）　　　　92,500
　　　　　　　　　　　　　　　　　（その他資本剰余金）　　7,500

(B) 自己株式の帳簿価額が@220円の場合
　① 新株の発行
　　（当 座 預 金）　　　300,000　　（資　　本　　金）　　300,000*1
　　＊1　@200円×1,500株＝300,000円
　② 自己株式の処分
　　（当 座 預 金）　　　100,000*2（自 己 株 式）　　110,000*3
　　（その他資本剰余金）　　10,000*4
　　　　　自己株式処分差損
　　＊2　@200円×500株＝100,000円
　　＊3　@220円×500株＝110,000円
　　＊4　貸借差額
　③ 解答の仕訳（①＋②）
　　（当 座 預 金）　　　400,000　　（資　　本　　金）　　290,000*5
　　　　　　　　　　　　　　　　　（自 己 株 式）　　　110,000
　　＊5　300,000円－10,000円＝290,000円

解答 82

借　方　科　目	金　　額	貸　方　科　目	金　　額
その他資本剰余金	80,000	自 己 株 式	80,000

貸 借 対 照 表
×3年3月31日　　　　　　　　　　　　（単位：円）

⋮

純 資 産 の 部

I　株　主　資　本

1.資　　本　　金　　　　　　　　　（　7,200,000　）

2.〔資 本 剰 余 金〕

　(1)〔資 本 準 備 金〕　　　　　　　（　　900,000　）

3.〔利 益 剰 余 金〕

　(1)〔利 益 準 備 金〕（　　　600,000)

　(2)〔その他利益剰余金〕

　　〔繰越利益剰余金〕（　1,050,000)（　1,650,000　）

4.〔自　己　株　式〕　　　　　　　　（　△100,000　）

　　　株 主 資 本 合 計　　　　　　（　9,650,000　）

　　　純 資 産 合 計　　　　　　　（　9,650,000　）

解説 ....●

(1)　未処理事項等の処理

①　自己株式の消却

（その他資本剰余金）　120,000　（自　己　株　式）　120,000

②　自己株式の処分

（当 座 預 金）　144,000　（自　己　株　式）　180,000

（その他資本剰余金）　36,000

③　損益の振替え

（損　　　　　益）　900,000　（繰越利益剰余金）　900,000

(2)　その他資本剰余金の振替え

決算時のその他資本剰余金がマイナス（借方残）となるので、その分の繰越利益剰余金を減額します。

その他資本剰余金：138,000円－120,000円－36,000円＝△18,000円

（繰 越 利 益 剰 余 金）　18,000　（その他資本剰余金）　18,000

繰越利益剰余金：168,000円＋900,000円－18,000円＝1,050,000円

分配可能額 ____6,600____千円

解説 ··· ●

(1) 期中取引の処理

（自 己 株 式）　　300　　（当 座 預 金 な ど）　　300

(2) 分配可能額の計算

① 前期末の剰余金＝分配時の剰余金

$\underset{\substack{その他資本\\剰余金}}{3,240千円}$ ＋ $\underset{任意積立金}{2,700千円}$ ＋ $\underset{繰越利益剰余金}{2,400千円}$ ＝ 8,340千円

② 分配可能額

8,340千円 － $\underset{自己株式の帳簿価額}{(1,440千円＋300千円)}$ ＝ 6,600千円

分配可能額 ____6,122____千円

解説 ··· ●

(1) 期中取引の処理

① 自己株式の取得

（自 己 株 式）　　300　　（当 座 預 金 な ど）　　300

② 配当等

（繰 越 利 益 剰 余 金）　　198　　（未 払 配 当 金）　　180
　　　　　　　　　　　　　　　　　（利 益 準 備 金）　　 18

③ 資本準備金の振替え

（資 本 準 備 金）　　120　　（その他資本剰余金）　　120

④ 自己株式の処分

（当 座 預 金 な ど）　　420　　（自 己 株 式）　　180
　　　　　　　　　　　　　　　　（その他資本剰余金）　　240

(2) 分配可能額の計算

① 前期末の剰余金

$\underset{\substack{その他資本\\剰余金}}{3,240千円}$ ＋ $\underset{任意積立金}{2,700千円}$ ＋ $\underset{繰越利益剰余金}{2,400千円}$ ＝ 8,340千円

② 分配時の剰余金

8,340千円 － $\underset{\substack{(1)②繰越\\利益剰余金}}{198千円}$ ＋ $\underset{\substack{(1)③その他\\資本剰余金}}{120千円}$ ＋ $\underset{\substack{(1)④その他\\資本剰余金}}{240千円}$ ＝ 8,502千円

③ 分配可能額

$$8,502千円 - \underbrace{(1,440千円 + 300千円 - 180千円)}_{自己株式の帳簿価額} - \underbrace{420千円}_{\substack{自己株式の\\処分対価}} - \underbrace{400千円}_{\substack{その他有価証券\\評価差額金}} = 6,122千円$$

分配時の剰余金 8,502千円

分配時の自己株式の帳簿価額 1,440千円 + 300千円 - 180千円 = 1,560千円
前期末から分配時までの自己株式の処分対価 420千円
剰余金から控除するのれん等調整額 0千円
その他有価証券評価差額金(マイナスの場合) 400千円
分配可能額 6,122千円

問1	分配可能額	11,120千円
問2	分配可能額	6,920千円
問3	分配可能額	1,920千円
問4	分配可能額	2,800千円

解説 ·· ●

(1) 分配時の剰余金と資本等金額

① 分配時の剰余金

$\underset{\substack{\text{その他資本}\\\text{剰余金}}}{\underline{4,320\text{千円}}} + \underset{\text{任意積立金}}{\underline{2,800\text{千円}}} + \underset{\text{繰越利益剰余金}}{\underline{4,000\text{千円}}} = 11,120\text{千円}$

② 資本等金額

$\underset{\text{資本金}}{\underline{16,000\text{千円}}} + \underset{\text{資本準備金}}{\underline{1,600\text{千円}}} + \underset{\text{利益準備金}}{\underline{1,200\text{千円}}} = 18,800\text{千円}$

(2) 問1の分配可能額

①のれん等調整額：$\underset{\text{のれん}}{\underline{8,000\text{千円}}} \times \dfrac{1}{2} + \underset{\text{繰延資産}}{\underline{6,000\text{千円}}} = 10,000\text{千円}$

②資　本　等　金　額：18,800千円

③① ≦ ② → 剰余金から控除するのれん等調整額は 0千円

④分　配　可　能　額：11,120千円 − 0千円 = 11,120千円

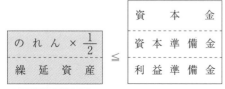

(3) 問2の分配可能額

①のれん等調整額：$\underset{\text{のれん}}{\underline{16,000\text{千円}}} \times \dfrac{1}{2} + \underset{\text{繰延資産}}{\underline{15,000\text{千円}}} = 23,000\text{千円}$

②資　本　等　金　額：18,800千円

③② ＜ ① → 次の判定へ

④資本等金額＋その他資本剰余金：18,800千円 + 4,320千円 = 23,120千円

⑤② ＜ ① ≦ ④ → 剰余金から控除するのれん等調整額は

①23,000千円 − ②18,800千円 = 4,200千円

⑥分　配　可　能　額：11,120千円 − 4,200千円 = 6,920千円

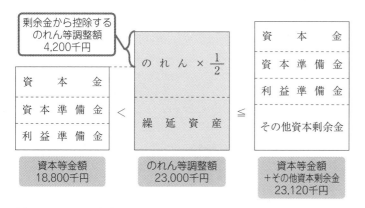

(4) 問3の分配可能額

① のれん等調整額：$\underbrace{40,000\text{千円}}_{\text{のれん}} \times \dfrac{1}{2} + \underbrace{8,000\text{千円}}_{\text{繰延資産}} = 28,000\text{千円}$

② 資 本 等 金 額：18,800千円

③ ② ＜ ① → 次の判定へ

④ 資本等金額＋その他資本剰余金：18,800千円＋4,320千円＝23,120千円

⑤ ② ＜ ④ ＜ ① → さらに次の判定へ

⑥ のれんの $\dfrac{1}{2}$：$40,000\text{千円} \times \dfrac{1}{2} = 20,000\text{千円}$

⑦ ⑥ ≦ ④ → 剰余金から控除するのれん等調整額は

①28,000千円－②18,800千円＝9,200千円

⑧ 分 配 可 能 額：11,120千円－9,200千円＝1,920千円

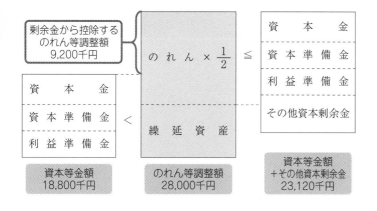

(5)　問4の分配可能額

①のれん等調整額：$\underset{\text{のれん}}{\underline{50,000千円}} \times \frac{1}{2} + \underset{\text{繰延資産}}{\underline{4,000千円}} = 29,000千円$

②資　本　等　金　額：18,800千円

③② ＜ ① → 次の判定へ

④資本等金額＋その他資本剰余金：18,800千円＋4,320千円＝23,120千円

⑤② ＜ ④ ＜ ① → さらに次の判定へ

⑥の れ ん の $\frac{1}{2}$：$50,000千円 \times \frac{1}{2} = 25,000千円$

⑦④ ＜ ⑥ → 剰余金から控除するのれん等調整額は

$\underset{\text{その他資本剰余金}}{\underline{4,320千円}} + \underset{\text{繰延資産}}{\underline{4,000千円}} = 8,320千円$

⑧分 配 可 能 額：11,120千円 － 8,320千円 ＝ 2,800千円

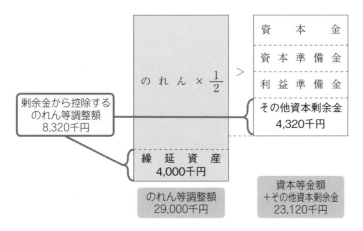

	借 方 科 目	金 額	貸 方 科 目	金 額
(1)	当 座 預 金	800,000	新 株 予 約 権	800,000*1
(2)	新 株 予 約 権 当 座 預 金	400,000*2 8,000,000*3	資 本 金 資 本 準 備 金	4,200,000*4 4,200,000*4
(3)	新 株 予 約 権 当 座 預 金	300,000*5 6,000,000*6	自 己 株 式 その他資本剰余金	6,060,000*7 240,000*8
(4)	新 株 予 約 権	100,000*9	新株予約権戻入益	100,000

* 1 @1,000円 × 800個 = 800,000円
* 2 @1,000円 × 400個 = 400,000円
* 3 @20,000円 × 400個 = 8,000,000円
* 4 $(400,000 + 8,000,000円) \times \dfrac{1}{2} = 4,200,000円$
* 5 @1,000円 × 300個 = 300,000円
* 6 @20,000円 × 300個 = 6,000,000円
* 7 @2,020円 × 3,000株 = 6,060,000円
* 8 貸借差額
* 9 @1,000円 × 100個 = 100,000円

	借 方 科 目	金 額	貸 方 科 目	金 額
(1)	その他有価証券	800,000*1	当 座 預 金	800,000
(2)	その他有価証券	14,700,000*4	その他有価証券 当 座 預 金	700,000*2 14,000,000*3
(3)	新株予約権未行使損	100,000	その他有価証券	100,000*5

* 1 @1,000円 × 800個 = 800,000円
* 2 @1,000円 × 700個 = 700,000円
* 3 @20,000円 × 700個 = 14,000,000円
* 4 700,000円 + 14,000,000円 = 14,700,000円
* 5 @1,000円 × 100個 = 100,000円

	借 方 科 目	金 額	貸 方 科 目	金 額
(A)	株 式 報 酬 費 用	27,000	新 株 予 約 権	27,000
(B)	株 式 報 酬 費 用	37,750	新 株 予 約 権	37,750
(C)	株 式 報 酬 費 用	11,250	新 株 予 約 権	11,250
(D)	新 株 予 約 権 当 座 預 金	60,000 750,000	資 本 金 資 本 準 備 金	405,000 405,000
(E)	新 株 予 約 権	16,000	新株予約権戻入益	16,000

解説

(A) ×1年度（×1年4月1日～×2年3月31日）の株式報酬費用を計上する仕訳

①ストック・オプションの公正な評価額：@200円×（400個−40個）＝72,000円

②当期の株式報酬費用：$72,000円 \times \dfrac{9か月（×1年7/1～×2年3/31）}{2年×12か月} = 27,000円$

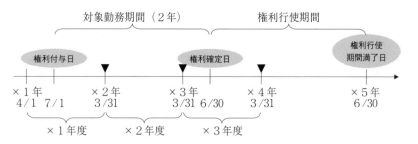

(B) ×2年度（×2年4月1日～×3年3月31日）の株式報酬費用を計上する仕訳

①ストック・オプションの公正な評価額：@200円×（400個−30個）＝74,000円

②当期までの株式報酬費用：$74,000円 \times \dfrac{21か月（×1年7/1～×3年3/31）}{2年×12か月} = 64,750円$

③当期の株式報酬費用：64,750円−27,000円＝37,750円

(C) ×3年度（×3年4月1日～×4年3月31日）の株式報酬費用を計上する仕訳

　×3年6月30日に権利確定日が到来するので、実際の失効数にもとづいてストック・オプションの公正な評価額を計算し、この評価額から前期までに計上した株式報酬費用を差し引いた金額を当期の株式報酬費用として計上します。

①ストック・オプションの公正な評価額：@200円×（400個−20個）＝76,000円

②当期の株式報酬費用：76,000円−27,000円−37,750円＝11,250円

(D) ストック・オプションの権利が行使されたときの仕訳

①消滅する新株予約権：@200円×30人×10個＝60,000円

②発 行 株 式 数：$400株 × \dfrac{30人}{40人} = 300株$　または　10株×30人＝300株

③権利行使時の払込金額：@2,500円×300株＝750,000円

④資本金（資本準備金）：$(60,000円 + 750,000円) × \dfrac{1}{2} = 405,000円$

(E) 権利行使期間が満了したときの仕訳

消滅する新株予約権：@200円×8人×10個＝16,000円

解答 90

	借 方 科 目	金 額	貸 方 科 目	金 額
(1)	当 座 預 金	4,400,000	社　　　　　　債 新 株 予 約 権	4,000,000*1 400,000*2
(2)	新 株 予 約 権 当 座 預 金	250,000*3 2,500,000*4	資 本　　　金 資 本 準 備 金	1,375,000*5 1,375,000*5
(3)	新 株 予 約 権 社　　　　　　債	150,000*6 1,500,000*7	自 己 株 式 その他資本剰余金	1,350,000*8 300,000*9

＊1　$4,000,000円 × \dfrac{100円}{100円} = 4,000,000円$

＊2　@10円×40,000口×1個＝400,000円

＊3　@10円×25,000個＝250,000円

＊4　25,000個×2株＝50,000株
　　　@50円×50,000株＝2,500,000円

＊5　$(250,000円 + 2,500,000円) × \dfrac{1}{2} = 1,375,000円$

＊6　@10円×15,000個＝150,000円

＊7　$4,000,000円 × \dfrac{15,000個}{40,000個} = 1,500,000円$

＊8　15,000個×2株＝30,000株
　　　@45円×30,000株＝1,350,000円

＊9　貸借差額

	借　方　科　目	金　　額	貸　方　科　目	金　　額
(1)	当　座　預　金	4,000,000	社　　　　　債 新　株　予　約　権	3,760,000*1 240,000*2
(2)	社　債　利　息	48,000	社　　　　　債	48,000*3
(3)	社　債　利　息	48,000	社　　　　　債	48,000*3
(4)	社　債　利　息 新　株　予　約　権 社　　　　　債	8,400 168,000*5 2,707,600*6	社　　　　　債 資　　本　　金 資　本　準　備　金	8,400*4 1,437,800*7 1,437,800*7

＊1　$4,000,000 円 \times \dfrac{94 円}{100 円} = 3,760,000 円$

＊2　$4,000,000 円 \times \dfrac{6 円}{100 円} = 240,000 円$

＊3　①金利調整差額：4,000,000 円 − 3,760,000 円 = 240,000 円
　　②当期償却額：240,000 円 ÷ 5 年 = 48,000 円

＊4　代用払込があった社債の金利調整差額の償却：

$$240,000 円 \times 70\% \div 5 年 \times \dfrac{3 か月}{12 か月} = 8,400 円$$

＊5　240,000 円 × 70% = 168,000 円

＊6　①前期末の社債の帳簿価額（全体）：3,760,000 円 + 48,000 円 + 48,000 円 = 3,856,000 円
　　②①のうち権利行使分：3,856,000 円 × 70% = 2,699,200 円
　　③権利行使時の社債の帳簿価額：2,699,200 円 + 8,400 円 = 2,707,600 円

＊7　$(168,000 円 + 2,707,600 円) \times \dfrac{1}{2} = 1,437,800 円$

	借　方　科　目	金　　額	貸　方　科　目	金　　額
(1)	当　座　預　金	4,000,000	社　　　　　債	4,000,000*1
(2)	社　　　　　債	2,400,000*2	資　　本　　金 資　本　準　備　金	1,200,000*3 1,200,000*3

＊1　$4,000,000 円 \times \dfrac{100 円}{100 円} = 4,000,000 円$

＊2　4,000,000 円 × 60% = 2,400,000 円

＊3　$2,400,000 円 \times \dfrac{1}{2} = 1,200,000 円$

さくいん

【著者】

滝澤ななみ（たきざわ・ななみ）

簿記、FP、宅建士など多くの資格書を執筆している。主な著書は
『スッキリわかる日商簿記』1～3級（14年連続全国チェーン売上第
1位[1]）、『みんなが欲しかった！簿記の教科書・問題集』日商2・
3級、『みんなが欲しかった！FPの教科書』2・3級（9年連続売
上第1位[2]）、『みんなが欲しかった！FPの問題集』2・3級など。
※1　紀伊國屋書店PubLine/くまざわ書店全店/三省堂書店/丸善ジュンク堂書店/
　　　未来屋書店　2009年1月～2022年12月（各社調べ、50音順）
※2　紀伊國屋書店PubLine調べ　2014年1月～2022年12月

〈ブログ〉『滝澤ななみ　簿記とか、FPとか・・・書いて□』
URL：http://takizawa773.blog.jp/

・装丁：Nakaguro Graph（黒瀬章夫）

スッキリわかるシリーズ

スッキリわかる　日商簿記1級　商業簿記・会計学II
資産・負債・純資産編　第10版

2009年3月10日	初　版	第1刷発行
2021年11月24日	第10版	第1刷発行
2023年5月25日		第2刷発行

著　者	滝　澤　な　な　み
発　行　者	多　田　敏　男
発　行　所	TAC株式会社　出版事業部
	（TAC出版）

〒101-8383
東京都千代田区神田三崎町3-2-18
電　話　03（5276）9492（営業）
FAX　03（5276）9674
https://shuppan.tac-school.co.jp

イラスト	佐　藤　雅　則
印　刷	株式会社　ワ　コ　ー
製　本	東京美術紙工協業組合

© Nanami Takizawa 2021　　Printed in Japan　　ISBN 978-4-8132-9922-6
N.D.C. 336

簿記検定講座のご案内

選べる学習メディアでご自身に合うスタイルでご受講ください！

通学講座

3級コース 3・2級コース 2級コース 1級コース 1級上級・アドバンスコース

教室講座

通って学ぶ

定期的な日程で通学する学習スタイル。常に講師と接することができるという教室講座の最大のメリットがありますので、疑問点はその日のうちに解決できます。また、勉強仲間との情報交換も積極的に行えるのが特徴です。

ビデオブース講座

通って学ぶ
予約制

ご自身のスケジュールに合わせて、TACのビデオブースで学習するスタイル。日程を自由に設定できるため、忙しい社会人に人気の講座です。

直前期教室出席制度
直前期以降、教室受講に振り替えることができます。

| 無料体験入学 | ご自身の目で、耳で体験し納得してご入学いただくために、無料体験入学をご用意しました。 |
| 無料講座説明会 | もっとTACのことを知りたいという方は、無料講座説明会にご参加ください。 |

無料
予約不要※

※ビデオブース講座の無料体験入学は要予約。
無料講座説明会は一部校舎では要予約。

通信講座

3級コース 3・2級コース 2級コース 1級コース 1級上級・アドバンスコース

Web通信講座

スマホやタブレットにも対応
見て学ぶ

教室講座の生講義をブロードバンドを利用し動画で配信します。ご自身のペースに合わせて、24時間いつでも何度でも繰り返し受講することができます。また、講義動画はダウンロードして2週間視聴可能です。有効期間内は何度でもダウンロード可能です。
※Web通信講座の配信期間は、お申込コースの目標月の翌月末までです。

TAC WEB SCHOOL ホームページ
URL https://portal.tac-school.co.jp/
※お申込み前に、左記のサイトにて必ず動作環境をご確認ください。

DVD通信講座

見て学ぶ

講義を収録したデジタル映像をご自宅にお届けします。講義の臨場感をクリアな画像でご自宅にて再現することができます。

※DVD-Rメディア対応のDVDプレーヤーでのみ受講が可能です。
パソコンやゲーム機での動作保証はいたしておりません。

Webでも無料配信中！
スマホ タブレット パソコン

「**TAC動画チャンネル**」

● **講座説明会** ※収録内容の変更のため、配信されない期間が生じる場合がございます。
● **1回目の講義（前半分）が視聴できます**

資料通信講座（1級のみ）

テキスト・添削問題を中心として学習します。

詳しくは、TACホームページ
「TAC動画チャンネル」をクリック！

TAC動画チャンネル 簿記 検索

コースの詳細は、簿記検定講座パンフレット・TACホームページをご覧ください。

パンフレットのご請求・お問い合わせは、TACカスタマーセンターまで

通話無料 ゴウカク イイナ
0120-509-117

受付時間 月～金 9:30～19:00
土・日・祝 9:30～18:00
※携帯電話からもご利用になれます。

TAC簿記検定講座ホームページ

TAC 簿記 検索

簿記検定講座

お手持ちの教材がそのまま使用可能!
【テキストなしコース】のご案内

TAC簿記検定講座のカリキュラムは市販の教材を使用しておりますので、こちらのテキストを使ってそのまま受講することができます。独学では分かりにくかった論点や本試験対策も、TAC講師の詳しい解説で理解度も120%UP! 本試験合格に必要なアウトプット力が身につきます。独学との差を体感してください。

左記の各メディアが【テキストなしコース】でお得に受講可能!

こんな人にオススメ!

● **テキストにした書き込みをそのまま活かしたい!**
● **これ以上テキストを増やしたくない!**
● **とにかく受講料を安く抑えたい!**

※お申込前に必ずお手持ちのバージョンをご確認ください。場合によっては最新のものに買い直していただくことがございます。詳細はお問い合わせください。

お手持ちの教材をフル活用!!

合格テキスト

合格トレーニング

会計業界への就職・転職支援サービス

TPB

TACの100%出資子会社であるTACプロフェッションバンク（TPB）は、会計・税務分野に特化した転職エージェントです。勉強された知識とご希望に合ったお仕事を一緒に探しませんか? 相談だけでも大歓迎です! どうぞお気軽にご利用ください。

人材コンサルタントが無料でサポート

Step1 相談受付
完全予約制です。HPからご登録いただくか、各オフィスまでお電話ください。

Step2 面談
ご経験やご希望をお聞かせください。あなたの将来について一緒に考えましょう。

Step3 情報提供
ご希望に適うお仕事があれば、その場でご紹介します。強制はいたしませんのでご安心ください。

正社員で働く

- 安定した収入を得たい
- キャリアプランについて相談したい
- 面接日程や入社時期などの調整をしてほしい
- 今就職すべきか、勉強を優先すべきか迷っている
- 職場の雰囲気など、求人票でわからない情報がほしい

キャリアUP / 資格有

TACキャリアエージェント
https://tacnavi.com/

派遣で働く（関東のみ）

- 勉強を優先して働きたい
- 将来のために実務経験を積んでおきたい
- まずは色々な職場や職種を経験したい
- 家庭との両立を第一に考えたい
- 就業環境を確認してから正社員で働きたい

子育中 / 勉強中

TACの経理・会計派遣
https://tacnavi.com/haken/

ご経験やご希望内容によっては支援が難しい場合がございます。予めご了承ください。　※面談時間は原則お一人様30分とさせていただきます。

自分のペースでじっくりチョイス

正社員・アルバイトで働く

- 自分の好きなタイミングで就職活動をしたい
- どんな求人案件があるのか見たい
- 企業からのスカウトを待ちたい
- WEB上で応募管理をしたい

Webで

TACキャリアナビ
https://tacnavi.com/kyujin/

就職・転職・派遣就労の強制は一切いたしません。会計業界への就職・転職を希望される方への無料支援サービスです。どうぞお気軽にお問い合わせください。

TACプロフェッションバンク

■ 有料職業紹介事業 許可番号13-ユ-010678
■ 一般労働者派遣事業 許可番号(派)13-010932

東京オフィス
〒101-0051
東京都千代田区神田神保町1-103 東京パークタワー2F
TEL.03-3518-6775

大阪オフィス
〒530-0013
大阪府大阪市北区茶屋町 6-20 吉田茶屋町ビル 5F
TEL.06-6371-5851

名古屋 登録会場
〒453-0014
愛知県名古屋市中村区則武 1-1-7 NEWNO 名古屋駅西 8F
TEL.0120-757-655

プライバシーマーク
10860572

2022年4月現在

TAC出版 書籍のご案内

TAC出版では、資格の学校TAC各講座の定評ある執筆陣による資格試験の参考書をはじめ、資格取得者の開業法や仕事術、実務書、ビジネス書、一般書などを発行しています!

TAC出版の書籍

*一部書籍は、早稲田経営出版のブランドにて刊行しております。

資格・検定試験の受験対策書籍

- ✪日商簿記検定
- ✪建設業経理士
- ✪全経簿記上級
- ✪税 理 士
- ✪公認会計士
- ✪社会保険労務士
- ✪中小企業診断士
- ✪証券アナリスト

- ✪ファイナンシャルプランナー(FP)
- ✪証券外務員
- ✪貸金業務取扱主任者
- ✪不動産鑑定士
- ✪宅地建物取引士
- ✪賃貸不動産経営管理士
- ✪マンション管理士
- ✪管理業務主任者

- ✪司法書士
- ✪行政書士
- ✪司法試験
- ✪弁理士
- ✪公務員試験(大卒程度・高卒者)
- ✪情報処理試験
- ✪介護福祉士
- ✪ケアマネジャー
- ✪社会福祉士 ほか

実務書・ビジネス書

- ✪会計実務、税法、税務、経理
- ✪総務、労務、人事
- ✪ビジネススキル、マナー、就職、自己啓発
- ✪資格取得者の開業法、仕事術、営業術
- ✪翻訳ビジネス書

一般書・エンタメ書

- ✪ファッション
- ✪エッセイ、レシピ
- ✪スポーツ
- ✪旅行ガイド (おとな旅プレミアム/ハルカナ)
- ✪翻訳小説

日商簿記検定試験対策書籍のご案内

TAC出版の日商簿記検定試験対策書籍は、学習の各段階に対応していますので、あなたの
ステップに応じて、合格に向けてご活用ください！

3タイプのインプット教材

1

● **満点合格を目指し次の級への土台を築く**

「合格テキスト」

「合格トレーニング」

● 大判のB5判、3級～1級累計300万部超の、信頼の定番テキスト&トレーニング！
TACの教室でも使用している公式テキストです。3級のみオールカラー。
● 出題論点はすべて網羅しているので、簿記をきちんと学んでいきたい方にぴったりです！
◆3級 □2級 商簿、2級 工簿 ■1級 商・会 各3点、1級 工・原 各3点

2

● **教室講義のようなわかりやすさでしっかり学べる**

「簿記の教科書」

「簿記の問題集」

滝澤 ななみ 著

● A5判、4色オールカラーのテキスト（2級・3級のみ）&模擬試験つき問題集！
● 豊富な図解と実例つきのわかりやすい説明で、もうモヤモヤしない！！
◆3級 □2級 商簿、2級 工簿 ■1級 商・会 各3点、1級 工・原 各3点

DVDの併用で、さらに理解が深まります！

『簿記の教科書DVD』
● 「簿記の教科書」3、2級の準拠DVD。わかりやすい解説で、合格力が短時間で身につきます！
◆3級 □2級 商簿、2級 工簿

3

● **初学者でも楽しく続けられる！**

「スッキリわかる」

テキスト／問題集一体型

滝澤 ななみ 著（1級は商・会のみ）

● 小型のA5判によるテキスト／問題集一体型。これ一冊でOKの、圧倒的に人気の教材です。
● 豊富なイラストとわかりやすいレイアウト！ かわいいキャラの「ゴエモン」と一緒に楽しく学べます。
◆3級 □2級 商簿、2級 工簿 ■1級 商・会 4点、1級 工・原 4点

売上NO.1

シリーズ待望の問題集が誕生！

「スッキリとける本試験予想問題集」

滝澤 ななみ 監修　TAC出版開発グループ 編著

● 本試験タイプの予想問題9回分を掲載
◆3級 □2級

DVDの併用で、さらに理解が深まります！

『スッキリわかる 講義DVD』
● 「スッキリわかる」3、2級の準拠DVD。超短時間でも要点はのがさず解説。3級10時間、2級14時間＋10時間で合格へひとっとび。
◆3級 □2級 商簿、2級 工簿

TAC出版

コンセプト問題集

● 得点力をつける!

『みんなが欲しかった! やさしすぎる解き方の本』

B5判　滝澤 ななみ 著

● 授業で解き方を教わっているような 新感覚問題集。再受験にも有効。
◆3級　□2級

本試験対策問題集

● 本試験タイプの
　問題集

『合格するための 本試験問題集』
（1級は過去問題集）

B5判

12回分（1級は14回分）の問題を収載。ていねいな「解答への道」、各問対策が充実。

◆3級　□2級　■1級

● 知識のヌケを
　なくす!

『まるっと 完全予想問題集』
（1級は網羅型完全予想問題集）

A4判

● オリジナル予想問題（3級10回分、2級12回分、1級8回分）で本試験の重要出題パターンを網羅。
● 実力養成にも直前の本試験対策にも有効。

◆3級　□2級　■1級

直前予想

『ネット試験と 第○回をあてる TAC予想模試 ＋解き方テキスト』
（1級は直前予想模試）

A4判

● TAC講師陣による4回分の予想問題で最終仕上げ。
● 2級・3級は、第1部解き方テキスト編、第2部予想模試編の2部構成。
● 年3回（1級は年2回）、各試験に向けて発行します。

◆3級　□2級　■1級

あなたに合った合格メソッドをもう一冊!

士訳 『究極の仕訳集』
B6変型判
● 悩む仕訳をスッキリ整理。ハンディサイズ、一問一答式で基本の仕訳を一気に覚える。
◆3級　□2級

理論 『究極の会計学理論集』
B6変型判
● 会計学の理論問題を論点別に整理、手軽なサイズが便利です。
■1級 商・会、全経上級

『究極の計算と仕訳集』
B6変型判　境 浩一朗 著
● 1級商会で覚えるべき計算と仕訳がすべてつまった1冊!
■1級 商・会

電卓 『カンタン電卓操作術』
A5変型判　TAC電卓研究会 編
● 実践的な電卓の操作方法について、丁寧に説明します!

：ネット試験の演習ができる模擬試験プログラムつき（2級・3級）

：スマホで使える仕訳Webアプリつき（2級・3級）

2023年2月現在 ・刊行内容、表紙等は変更することがあります ・とくに記述がある商品以外は、TAC簿記検定講座編です

書籍の正誤に関するご確認とお問合せについて

書籍の記載内容に誤りではないかと思われる箇所がございましたら、以下の手順にてご確認とお問合せを
してくださいますよう、お願い申し上げます。

なお、正誤のお問合せ以外の**書籍内容に関する解説および受験指導などは、一切行っておりません。**
そのようなお問合せにつきましては、お答えいたしかねますので、あらかじめご了承ください。

1 「Cyber Book Store」にて正誤表を確認する

TAC出版書籍販売サイト「Cyber Book Store」の
トップページ内「正誤表」コーナーにて、正誤表をご確認ください。

CYBER TAC出版書籍販売サイト
BOOK STORE

URL：https://bookstore.tac-school.co.jp/

2 1の正誤表がない、あるいは正誤表に該当箇所の記載がない
⇒ 下記①、②のどちらかの方法で文書にて問合せをする

★ご注意ください★

お電話でのお問合せは、お受けいたしません。
①、②のどちらの方法でも、お問合せの際には、「お名前」とともに、
「対象の書籍名（○級・第○回対策も含む）およびその版数（第○版・○○年度版など）」
「お問合せ該当箇所の頁数と行数」
「誤りと思われる記載」
「正しいとお考えになる記載とその根拠」
を明記してください。
なお、回答までに１週間前後を要する場合もございます。あらかじめご了承ください。

① ウェブページ「Cyber Book Store」内の「お問合せフォーム」より問合せをする

【お問合せフォームアドレス】
https://bookstore.tac-school.co.jp/inquiry/

② メールにより問合せをする

【メール宛先　TAC出版】
syuppan-h@tac-school.co.jp

※土日祝日はお問合せ対応をおこなっておりません。
※正誤のお問合せ対応は、該当書籍の改訂版刊行月末日までといたします。

乱丁・落丁による交換は、該当書籍の改訂版刊行月末日までといたします。なお、書籍の在庫状況等
により、お受けできない場合もございます。
また、各種本試験の実施の延期、中止を理由とした本書の返品はお受けいたしません。返金もいたし
かねますので、あらかじめご了承くださいますようお願い申し上げます。

（2022年7月現在）

問題編

解答用紙

解答用紙あり の問題の解答用紙です。

なお、仕訳の解答用紙が必要な方は
最終ページの仕訳シートをコピーしてご利用ください。

解答用紙冊子 色紙

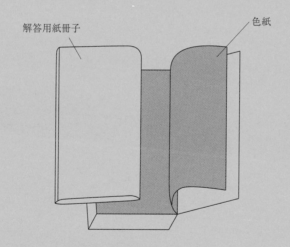

〈解答用紙ご利用時の注意〉

以下の「解答用紙」は、この色紙を残したままていねいに抜き取り、ご使用ください。
また、抜取りの際の損傷についてのお取替えはご遠慮願います。

解答用紙はダウンロードもご利用いただけます。
TAC出版書籍販売サイト・サイバーブックストアにアクセスしてください。

https://bookstore.tac-school.co.jp/

貸 借 対 照 表
×3年3月31日

Ⅰ 流 動 資 産
　　現 金 預 金　　　　　　　　（　　　　　　　）
　　受 取 手 形　　（　　　　　）
　　売 掛 金　　　（　　　　　）
　　貸 倒 引 当 金　（　　　　　）（　　　　　　　）
Ⅱ 固 定 資 産
　　〔　　　　　　　〕　　　　　（　　　　　　　）

勘 定 科 目	金 　 額
	円

＊　勘定科目欄には「雑損」または「雑益」と記入すること。

貸 借 対 照 表
×3年3月31日　　　　　　　　　（単位：円）

Ⅰ 流 動 資 産　　　　　　　　Ⅰ 流 動 負 債
　　現 金 預 金（　　　　　）　　支 払 手 形（　　　　　）
　　受 取 手 形（　　　　　）　　買 掛 金（　　　　　）
　　売 掛 金（　　　　　）　　未 払 金（　　　　　）

1

貸 借 対 照 表
×3年3月31日

Ⅰ 流 動 資 産
　　　受 取 手 形　（　　　　　）
　　　売 　掛 　金　（　　　　　）
　　　短 期 貸 付 金　（　　　　　）
　　　貸 倒 引 当 金　（　　　　　）（　　　　　　）
Ⅱ 固 定 資 産
　　　　　⋮
　3. 投資その他の資産
　　　長 期 貸 付 金　（　　　　　）
　　　貸 倒 引 当 金　（　　　　　）（　　　　　）

損 益 計 算 書
自×2年4月1日　至×3年3月31日　　（単位：円）
　　　　⋮　　　　　　　　　　　　　　⋮
Ⅲ 販売費及び一般管理費
　1. 貸倒引当金繰入　　　　　　　（　　　　　）
　　　　⋮　　　　　　　　　　　　　　⋮
Ⅴ 営 業 外 費 用
　1. 貸倒引当金繰入　　　　　　　（　　　　　）
　　　　⋮　　　　　　　　　　　　　　⋮

問題 15

貸 借 対 照 表
×3年3月31日　　　　　　　　（単位：円）

I　流　動　資　産
　　有　価　証　券（　　　　　　）

損 益 計 算 書
自×2年4月1日　至×3年3月31日　　（単位：円）

　　　　　⋮　　　　　　　　　　　　　　　　⋮

IV　営 業 外 収 益
　　〔　　　　　　　〕　　　　　　　　（　　　　　　）

V　営 業 外 費 用
　　〔　　　　　　　〕　　　　　　　　（　　　　　　）

　　　　　⋮　　　　　　　　　　　　　　　　⋮

問題 17

貸 借 対 照 表
×3年3月31日　　　　　　　　（単位：円）

I　流　動　資　産
　　　未　収　収　益（　　　　　　）
II　固　定　資　産
　3．投資その他の資産
　　　投 資 有 価 証 券（　　　　　　）

損 益 計 算 書
自×2年4月1日　至×3年3月31日　　（単位：円）

　　　　　⋮　　　　　　　　　　　　　　　　⋮

IV　営 業 外 収 益
　　〔　　　　　　　〕　　　　　　　　（　　　　　　）

V　営 業 外 費 用
　　〔　　　　　　　〕　　　　　　　　（　　　　　　）

　　　　　⋮　　　　　　　　　　　　　　　　⋮

貸 借 対 照 表
×3年3月31日　　　　　　　（単位：円）

⋮

Ⅱ　固 定 資 産

　3．投資その他の資産

　　投 資 有 価 証 券（　　　　　）

損 益 計 算 書
自×2年4月1日　至×3年3月31日　　（単位：円）

⋮　　　　　　　　　　　　　　　　⋮

Ⅳ　営 業 外 収 益

　〔　　　　　　　〕　　　　　　（　　　　　　）

Ⅴ　営 業 外 費 用

　〔　　　　　　　〕　　　　　　（　　　　　　）

⋮　　　　　　　　　　　　　　　　⋮

貸 借 対 照 表
×3年3月31日　　　　　　　（単位：円）

　　⋮　　　　　　　　　　　　⋮

Ⅱ　固 定 資 産　　　　　　　Ⅱ　評価・換算差額等

　3．投資その他の資産　　　　　その他有価証券評価差額金（　　　　　）

　　投 資 有 価 証 券（　　　　　）

損 益 計 算 書
自×2年4月1日　至×3年3月31日　　（単位：円）

　　⋮　　　　　　　　　　　　⋮

Ⅳ　営 業 外 収 益

　〔　　　　　　　〕　　　　　　（　　　　　　）

Ⅴ　営 業 外 費 用

　〔　　　　　　　〕　　　　　　（　　　　　　）

4

<u>貸 借 対 照 表</u>
×3年3月31日　　　　　（単位：円）

⋮

Ⅱ　固 定 資 産
　3．投資その他の資産
　　　投 資 有 価 証 券（　　　　　）
　　　子 会 社 株 式（　　　　　）

<u>損 益 計 算 書</u>
自×2年4月1日　至×3年3月31日　（単位：円）

⋮　　　　　　　　　　　⋮

Ⅶ　特 別 損 失
　　〔　　　　　　　〕　　　　　（　　　　　）
　　〔　　　　　　　〕　　　　　（　　　　　）

⋮　　　　　　　　　　　⋮

貸 借 対 照 表
×3年3月31日　　　　　　　　（単位：円）

I　流 動 資 産	⋮
有 価 証 券（　　　　　　）	II　評価・換算差額等
II　固 定 資 産	その他有価証券評価差額金（　　　　　　）
3．投資その他の資産	
投 資 有 価 証 券（　　　　）	
子 会 社 株 式（　　　　）	

損 益 計 算 書
自×2年4月1日　至×3年3月31日　　（単位：円）

⋮	⋮
IV　営 業 外 収 益	
〔　　　　　　　〕	（　　　　　）
V　営 業 外 費 用	
有 価 証 券 評 価 損	（　　　　　）
⋮	⋮
VII　特 別 損 失	
〔　　　　　　　〕	（　　　　　）
〔　　　　　　　〕	（　　　　　）
⋮	⋮

決算整理後残高試算表
×8年3月31日　　　　　　　（単位：千円）

建　　　　　　物（　　　　）	建物減価償却累計額（　　　　）
車　　　　　　両（　　　　）	車両減価償却累計額（　　　　）
減 価 償 却 費（　　　　）	

損 益 計 算 書

自×7年4月1日　至×8年3月31日　　（単位：円）

⋮　　　　　　　　　　　　　⋮

Ⅲ　販売費及び一般管理費

　　減 価 償 却 費　　　　　　　　（　　　　　　）

⋮　　　　　　　　　　　　　⋮

貸 借 対 照 表

×8年3月31日

⋮

Ⅱ　固 定 資 産

　1.　有形固定資産

　　　備　　　品　　（　　　　　）

　　　減価償却累計額　（　　　　　）（　　　　　）

損 益 計 算 書

自×7年4月1日　至×8年3月31日　　（単位：円）

⋮　　　　　　　　　　　⋮

Ⅲ　販売費及び一般管理費

　　減 価 償 却 費　　　　　　　　　（　　　　　　）

⋮　　　　　　　　　　　⋮

Ⅵ　特　別　利　益

　　〔　　　　　　　　〕　　　　　　（　　　　　　）

⋮　　　　　　　　　　　⋮

Ⅶ　特　別　損　失

　　〔　　　　　　　　〕　　　　　　（　　　　　　）

貸 借 対 照 表

×8年3月31日

⋮

Ⅱ　固　定　資　産

　1．有形固定資産

　　　備　　　　品　　（　　　　　）

　　　減価償却累計額　（　　　　　　）（　　　　　　）

損 益 計 算 書

自×7年4月1日 至×8年3月31日 （単位：円）

⋮　　　　　　　　　　　　　　　⋮

Ⅲ　販売費及び一般管理費

　　減 価 償 却 費　　　　　　　（　　　　　　）

⋮　　　　　　　　　　　　　　　⋮

Ⅵ　特 別 利 益

　〔　　　　　　　〕　　　　　　（　　　　　　）

⋮　　　　　　　　　　　　　　　⋮

Ⅶ　特 別 損 失

　〔　　　　　　　〕　　　　　　（　　　　　　）

⋮　　　　　　　　　　　　　　　⋮

貸 借 対 照 表

×8年3月31日

⋮

Ⅱ　固 定 資 産

　1．有形固定資産

　　　建　　　　物　（　　　　　　）

　　　減価償却累計額　（　　　　　　）（　　　　　　）

損 益 計 算 書
自×7年4月1日　至×8年3月31日　　（単位：円）

         ⋮　　　　　　　　　　　　⋮

Ⅲ　販売費及び一般管理費
   減 価 償 却 費　　　　　　　　　　（　　　　　　）

         ⋮　　　　　　　　　　　　⋮

Ⅵ　特　別　利　益
  〔　　　　　　　〕　　　　　　　（　　　　　　）

         ⋮　　　　　　　　　　　　⋮

Ⅶ　特　別　損　失
  〔　　　　　　　〕　　　　　　　（　　　　　　）

         ⋮　　　　　　　　　　　　⋮

貸 借 対 照 表
×8年3月31日

      ⋮

Ⅱ　固　定　資　産
 1．有形固定資産
   建　　　　物　（　　　　　）
   減価償却累計額　（　　　　　）（　　　　　）

決算整理後残高試算表
×8年3月31日　　　　　　（単位：円）

建　　　　　物	（　　　　）	建物減価償却累計額	（　　　　　）
修　　繕　　費	（　　　　）		
減 価 償 却 費	（　　　　）		

10

損 益 計 算 書
自×7年4月1日 至×8年3月31日 （単位：円）

　⋮　　　　　　　　　　　　　　　　⋮

Ⅲ　販売費及び一般管理費

　　の れ ん 償 却 額　　　　　　（　　　　　）

　　商 標 権 償 却　　　　　　　（　　　　　）

　　⋮　　　　　　　　　　　　　　　　⋮

貸 借 対 照 表
×8年3月31日　　　　　　（単位：円）

　　⋮

Ⅱ　固 定 資 産

　　⋮

　2．無形固定資産

　　の　　れ　　ん（　　　　）

　　商　標　権（　　　　）

損 益 計 算 書

自×7年4月1日　至×8年3月31日　　（単位：円）

$\vdots$　　　　　　　　　　　　　$\vdots$

Ⅲ　販売費及び一般管理費

　　開 発 費 償 却　　　　　　　　　（　　　　　　）

$\vdots$　　　　　　　　　　　　　$\vdots$

Ⅴ　営 業 外 費 用

　　株式交付費償却　　　　　　　　　（　　　　　　）

　　社債発行費償却　　　　　　　　　（　　　　　　）

$\vdots$　　　　　　　　　　　　　$\vdots$

貸 借 対 照 表

×8年3月31日　　　　　　　　（単位：円）

$\vdots$

Ⅲ　繰 延 資 産

　　開 　発 　費（　　　　）

　　株 式 交 付 費（　　　　）

　　社 債 発 行 費（　　　　）

損 益 計 算 書

自×7年4月1日 至×8年3月31日　　（単位：円）

⋮

Ⅲ　販売費及び一般管理費

1．販　　売　　費　　　　　　　　（　　　　　　　）

2．一　般　管　理　費　　　　　　（　　　　　　　）

3．修繕引当金繰入　　　　　　　　（　　　　　　　）

⋮

決算整理後残高試算表

×8年3月31日　　　　　　　（単位：円）

退 職 給 付 費 用（　　　　　　　）	退 職 給 付 引 当 金（　　　　　　　　）

問題 73

損 益 計 算 書
自×7年4月1日 至×8年3月31日 （単位：円）
⋮ ⋮
Ⅴ 営 業 外 費 用
社 債 利 息 （　　　　　）
⋮ ⋮
Ⅶ 特 別 損 失
〔　　　　　　　〕 （　　　　　）
⋮ ⋮

貸 借 対 照 表
×8年3月31日 （単位：円）
―――――――――――――――――|―――――――――――――――――
⋮
Ⅱ 固 定 負 債
社　　　　　債（　　　　　）

問題 75

損 益 計 算 書
自×7年4月1日 至×8年3月31日 （単位：円）
⋮ ⋮
Ⅴ 営 業 外 費 用
社 債 利 息 （　　　　　）
⋮ ⋮

貸 借 対 照 表
×8年3月31日 （単位：円）
―――――――――――――――――|―――――――――――――――――
Ⅰ 流 動 負 債
〔　　　　　　〕（　　　　　）
⋮
Ⅱ 固 定 負 債
社　　　　　債 （　　　　　）

貸 借 対 照 表
×3年3月31日　　　　　　　　　　　　　　　　（単位：円）

⋮

純 資 産 の 部

Ⅰ　株 主 資 本

1. 資　　本　　金　　　　　　　　（　　　　　　）
2.〔　　　　　　　〕
 (1)〔　　　　　　　〕　　　　　　（　　　　　　）
3.〔　　　　　　　〕
 (1)〔　　　　　　〕　（　　　　　　）
 (2)〔　　　　　　〕
 　〔　　　　　　〕　（　　　　　　）（　　　　　　）
4.〔　　　　　　　〕　　　　　　　（　　　　　　）
 　　株 主 資 本 合 計　　　　　　（　　　　　　）
 　　純 資 産 合 計　　　　　　　　（　　　　　　）

≪仕訳シート≫　必要に応じてコピーしてご利用ください。

問題番号	借　方　科　目	金　　　額	貸　方　科　目	金　　　額